新文科 · 数字经济系列教材

# 数字保险导论

## DIGITAL INSURANCE

主 编 曾 燕

副主编 林元靖

中国教育出版传媒集团

高等教育出版社·北京

内容简介

　　作为国内最早的数字保险教材，本书致力于探索构建数字保险理论体系。全书主要总结了数字保险的发展现状、发展痛点，以及数字保险下的新型风险及其管理，指明了数据要素如何与数字技术的结合给行业创造的新价值，保险机构如何将新兴技术与传统业务融合提升发展质量，以及监管主体如何构建适应时代的保险监管体系。

　　全书共 9 章，主要内容包括：数字保险的内涵与作用；数字保险运用的主要数字技术及其原理；数字技术在人身保险、财产保险和农业保险领域的应用现状；互联网保险公司、平台型保险中介和保险科技公司三类数字保险的新型主体；数字保险面临的新型风险及其可能带来的社会影响，并提出风险管理措施建议；数字保险监管在监管工具、监管手段和监管政策三个方面发展现状，并从监管理念、监管技术和监管人才的角度阐述了构建数字保险监管体系的具体路径；聚焦数字保险发展前沿，介绍了 UBI 车险、网络安全保险、自动驾驶保险等新型数字保险产品。

　　本书适用于作为保险学专业、数字经济学专业本科生教材，也适用于保险、数字经济实践人员参考阅读。

## 图书在版编目（CIP）数据

　　数字保险导论 / 曾燕主编. -- 北京：高等教育出版社，2023.4

　　ISBN 978-7-04-060072-8

　　Ⅰ. ①数… Ⅱ. ①曾… Ⅲ. ①数字技术-应用-保险学-教材 Ⅳ. ①F840-39

　　中国国家版本馆 CIP 数据核字（2023）第 038185 号

Shuzi Baoxian Daolun

| 策划编辑 | 曾飞华 | 责任编辑 | 曾飞华 | 封面设计 | 李小璐 | 版式设计 | 王艳红 |
| 责任绘图 | 易斯翔 | 责任校对 | 王 雨 | 责任印制 | 刘思涵 | | |

| | | | |
|---|---|---|---|
| 出版发行 | 高等教育出版社 | 网　　址 | http://www.hep.edu.cn |
| 社　　址 | 北京市西城区德外大街 4 号 | | http://www.hep.com.cn |
| 邮政编码 | 100120 | 网上订购 | http://www.hepmall.com.cn |
| 印　　刷 | 北京玥实印刷有限公司 | | http://www.hepmall.com |
| 开　　本 | 787mm × 1092mm　1/16 | | http://www.hepmall.cn |
| 印　　张 | 13 | | |
| 字　　数 | 320 千字 | 版　　次 | 2023 年 4 月第 1 版 |
| 购书热线 | 010-58581118 | 印　　次 | 2023 年 4 月第 1 次印刷 |
| 咨询电话 | 400-810-0598 | 定　　价 | 35.00 元 |

# 前　言

以云计算、大数据、5G、物联网、AI 为代表的新技术正在加速向社会的各个领域渗透，给保险业的发展与变革带来新的机遇。保险行业各主体面对行业供给与市场需求错配的困境，积极求变，应用数字技术改造产品与服务、改善运营管理，同时探索构建新的业务模式和生态圈，数字保险应运而生。在此背景下，本书作者力求对数字保险的发展方向、转型路径、风险管理、监管趋向进行系统总结与深入思考。

1. 本书总体目标

本书主编长期从事保险领域的研究与教学工作。在观察到数字技术给保险行业带来的深刻变革后，本书主编于 2017 年开设"保险创新与互联网保险"课程，尝试以国家发展路线与行业前沿为指引，帮助学生把握保险创新的重要趋势。在讲授该门课程的过程中，本书主编形成了完善的讲稿，积累了丰富的教学资料，同时也萌生了编写一本系统的、适合教学的数字保险教材的想法。

本书的目标主要包括三个方面：第一，总结数字保险的发展现状，指明数据要素与数字技术的结合给行业创造的新价值。第二，总结保险行业的发展痛点，指明保险机构如何将新兴技术与传统业务融合，提升发展质量。第三，总结数字保险下的新型风险及其管理，指明监管主体如何构建适应时代的监管体系。本书致力于将数字保险的新模式、新风险与新监管引入教材，带入课堂，为完善保险学科体系、培养高素质保险专业人才贡献一份力量。

2. 本书内容安排

全书共 9 章。第 1 章介绍了数字保险的内涵与作用，重点从传统保险在保险价值链的各个环节上的痛点出发，阐明了数字保险的优势与创新实践，并从全球与中国的视角梳理了数字保险的发展历程与现状，让读者认识到数字保险的发展给保险行业带来的巨大变革。第 2 章介绍了数字保险运用的主要数字技术及其原理，帮助读者掌握不同数字技术的特点和在保险中的应用。第 3 章聚焦数字技术在人身保险领域的应用现状，详细分析了保险行业主体如何运用数字技术解决传统人身保险行业的痛点，包括提升健康保险产品的保障广度与深度、实现医疗险理赔的实时结算等。第 4 章聚焦数字技术在财产保险领域的应用现状，重点分析了企业财产保险、家庭财产保险、机动车辆保险等数字化实践成果较丰富的险种，向读者展示了数字财产保险在优化保险费率、提高核保精准度等方面的创新之处。由于农业保险在业务和政策上的特殊性，本书将数字农业保险的相关内容单独成章，在第 5 章进行详细介绍。该章聚焦数字技术在农业保险领域的应用现状，介绍了数字农业保险在加强灾前防范服务、提高核保核损精准度等方面发挥的巨大效能。第 6 章介绍了互联网保险公司、平台型保险中介和保险科技公司三类数字保险发展过程中诞生的新型主体，明确了它们的概念，并结合现实中的典型企业举例，阐述了新型主体的主要特征及其与传统主体的差异。第 7 章介绍了数字保险面临的新型风险及其可能带来的社会影响，并为保险机构和政府采取相应的风险管理措施提出了若干建议。第 8 章从数字保险给保险监管带来的新挑战出发，梳理了数字保险监管在监管工具、监管手段和监管政策三个方面发展现状，并从监管理念、监管技术和监管人才的角度阐述了构建数字保险监管体系的具体路径。第 9 章聚焦数字保险发展前沿，介绍了 UBI 车险、网络安全保险、自动驾驶保险等新型数字保险产品的概念和常见类别，梳理了这些产品的发展历程与现状，同时分析了它们的发展前景和可能面临的挑战。

3. 本书特色

本书在选题上具有创新性，能够为保险学现有的教材体系提供良好的补充。在编写的过程中，教材团队注重从学生的角度出发，在框架安排、论述方法、行文逻辑等方面力求全面性、可读性和趣味性。

（1）内容系统全面，科普价值强。本书内容涵盖数字保险的内涵、发展历程、发展现状、主要技术、细分险种、新型主体、风险管理、监管体系与发展前沿，由浅入深，层层递进。从重要现象梳理到核心原理分析，从行业实践到政府监管，本书尝试为学生未来在数字保险的某个领域深耕打开一扇门。

（2）语言通俗、简明，可读性强。无论是名词概念还是理论分析，本书都力求用最精练的语言来向学生传递"干货"。内容编写注重知识点突出，方便学生快速把握重点，也有利于学生根据兴趣有选择地深入阅读与学习。

（3）理论与案例结合，趣味性强。本书注重案例的使用，帮助学生更好地理解数字保险在现实中的发展及其具体效用。每个章节开头都编有导读案例，引导学生在开始学习前思考该章节讨论的一系列问题。在所有理论总结的部分，本书都尽可能地添加一些案例，既提高教材的趣味性，更能使学生对知识点有更加生动的认识。

（4）逻辑清晰，注重深度总结。数字保险改造、重塑保险价值链，同时以互联网保险公司、平台型保险中介、保险科技公司为代表的新型主体在市场中发挥着举足轻重的作用。基于此，本书以保险价值链为逻辑脉络总结数字保险的现状，详细分析数字技术对产品设计与定价、展业、核保、理赔四个环节的赋能表现。同时，本书对数字保险市场新型主体的特征及其与传统主体的区别进行了系统总结，帮助学生更好地理解市场参与主体的角色。

4. 编写分工

本书由中山大学岭南学院曾燕担任主编，中山大学岭南学院林元靖担任副主编，共同负责制定教材写作大纲、各章的编写和全书统稿。本教材的编写分工具体如下：第一章，曾燕、唐菁菁、王露瑶；第二章，曾燕、肖遥、王雪萌；第三章、第六章，曾燕、林元靖；第四章，曾燕、黄欣竹；第五章，曾燕、黄小川；第七章，曾燕、肖伊彤；第八章，曾燕、杨佳慧；第九章，曾燕、刘欢。

5. 致谢

本书得到国家自然科学基金创新研究群体项目"金融创新、资源配置与风险管理"（项目编号：71721001）、广东省自然科学基金卓越青年团队项目（项目编号：2023B1515040001）"产业数字金融赋能实体经济的理论及其应用研究"、广东省自然科学基金项目"基于政策激励、金融科技与共生关系的银行信贷配置研究"（项目编号：2022A1515011472）、广东省哲学社会科学规划项目"数字普惠金融赋能广东乡村振兴的模式、机理与效果研究"（项目编号：

GD22CYJ17）的资助。

此外，诚挚感谢京东安联保险李浩恩、中山大学岭南学院刘语、中山大学岭南学院杨存奕等专家学者对本书的编写提出宝贵意见。

6. 联系作者

本书虽然经过了编写团队的长时间打磨，但仍难免存在不足和错误。因此，欢迎专家学者、业界同仁以及使用本书的教师和同学提出宝贵意见。E-mail：zengy36@ mail.sysu.edu.cn。

编　者

2022 年 10 月

# 目　　录

# 第一章  数字保险概述

通过本章学习，学生应能够：掌握数字保险的内涵与作用；从全球与中国视角了解数字保险的发展历程；了解各国数字保险发展现状；明确数字保险的创新之处。

## 导读案例

### 保险业务智能化——中国人寿打造"国寿大脑"

中国人寿保险公司（以下简称"国寿"）深度融合数字技术和保险场景，形成以慧学（深度学习平台）、慧听（智能语音平台）、慧眼（生物认证识别平台）为核心的"国寿大脑"智能系统，将其应用于保险业务的各个环节。

依托"国寿大脑"系统，国寿实现销售展业、风险管控等环节的智能化。例如，销售展业环节的"智能保顾"通过大数据和 AI 算法，整合分析客户家庭结构、资产负债、生活习惯等多维度数据，针对性地提出个人或家庭购保建议和保险保障规划，缓解了营销人员的压力，且提高了消费者购保体验。此外，"国寿大脑"还具备客户身份核验、反洗钱查证等一系列功能。

国寿打造的"国寿大脑"智能系统已投入使用，并陆续斩获多项殊荣，如 2018 年度金融行业科技创新突出贡献奖、2019 年中国保险业信息化优秀案例一等奖等。未来，国寿将继续聚焦数字化升级，通过打造"智慧国寿"，稳步提高整体服务水准和企业运营效率。

（资料来源：中国人寿保险公司官网。）

随着数字技术飞速发展，各保险机构①运用数字技术优化保险全价值链②。中国人寿保险公司打造"国寿大脑"智能系统是数字保险的缩影。那么，数字保险究竟是什么？数字保险的发展历程如何？各个国家和地区的数字保险发展水平如何？数字保险有哪些相较于传统保险的创新之处？本章将探讨这些问题。

本章第一节阐述数字保险的内涵与作用；第二节介绍数字保险的发展历程与各国数字保险的发展现状；第三节分析数字保险产品设计与定价的创新之处；第四节分析数字保险展业的创

---

① 保险机构：主要指保险产品的供给方保险公司、保险中介机构以及提供技术服务的保险科技公司。

② 保险价值链：本书中指保险产品设计与定价、展业、核保和理赔。

新之处；由于本章重在概述数字保险的创新，而数字保险核保与理赔的创新优势与实践有相似之处，因此第五节将二者合并阐述，分析数字保险核保与理赔的创新之处，而各细分险种数字保险的核保与理赔创新将会在后续章节分开介绍。

# 第一节　数字保险的内涵与作用

《中华人民共和国保险法》（以下简称《保险法》）定义保险为投保人向保险人支付保险费后，保险人向投保人提供保险服务的商业保险行为。广义的保险包括社会保险和商业保险，狭义的保险专指商业保险，商业保险则包括财产保险和人身保险。本书讨论的保险一般情况下指狭义的保险概念。

在全球信息化与数字化背景下，数字技术快速发展并不断应用于传统行业与新兴行业。保险行业在数字技术推动下发生了巨大变化，数字保险应运而生。近年来，数字保险受到保险业界、资本市场和监管者的共同关注，成为保险行业未来发展的方向。我们在学习数字保险相关内容之前，首先要掌握数字保险的概念、内涵与作用。

## 一、数字保险的概念

在本书中，数字保险指保险行业各参与主体以数字技术为核心驱动力，以数据资源为关键要素，一方面对现有的产品与服务进行改造，优化保险全价值链，另一方面挖掘保险需求未被满足的新兴场景，打通行业上下游产业链，共同构建数字保险生态圈的行为。

为避免读者混淆互联网保险、保险科技与数字保险，表 1-1 阐述了三个概念的相同点与不同点。互联网保险是保险人依托互联网提供保险服务的商业保险行为，侧重于互联网的应用。保险科技是数字技术在保险行业的创新使用，侧重于大数据、人工智能等数字技术的应用。数字保险则强调保险业务模式的数字化过程，侧重点在于保险本身。

表 1-1　互联网保险、保险科技、数字保险概念辨析

| 概念 | 相同点 | 不同点 |
|---|---|---|
| 互联网保险 | 均为保险行业与数字技术融合的体现 | 突出互联网应用，强调保险公司借助互联网渠道提供保险服务，重心在"互联网" |
| 保险科技 | | 突出其技术特性，强调数字技术在保险行业的创新应用，重心在"技术" |
| 数字保险 | | 涵盖方面广泛，强调保险业务模式的数字化过程，重心在"保险" |

数字保险的参与主体包括保险公司、保险中介机构、保险科技公司、投保人和保险监管主体。传统保险行业的参与主体包括保险产品的供给方——保险公司，保险产品的需求方——投保人，保险产品的中介方——保险中介机构，保险的监管方——保险监管主体。随着数字技术快速

发展，保险科技公司也进入保险市场。① 本书中数字保险参与主体的具体分类如图 1-1 所示。

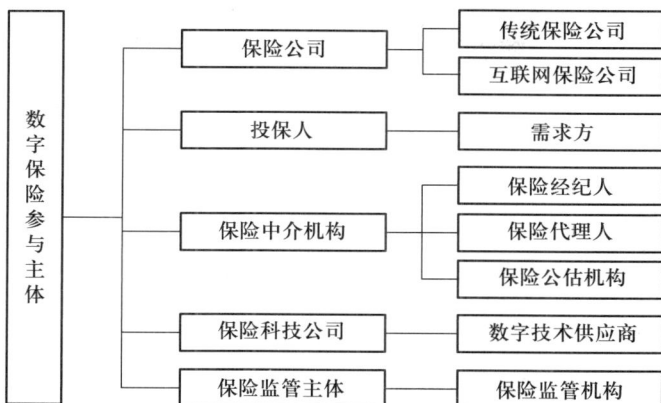

图 1-1　数字保险参与主体

## 二、数字保险的内涵

为了更好地理解数字保险，我们还需进一步了解其内涵。数字保险的内涵主要包括以下三个方面：数据资源是数字保险的关键要素；数字技术是数字保险的核心推动力；优化保险价值链和构建数字保险生态圈是数字保险的发展方向。

### （一）数据资源是数字保险的关键要素

数据作为数字保险的关键要素，能够帮助保险机构形成精准的客户画像，从而使保险机构更好地提供客户所需的保险产品和服务。首先，保险机构通过物联网、互联网等与客户进行多触点的高频交互活动，收集客户的消费习惯、生理健康、个人偏好等多维度信息（见图 1-2）。

图 1-2　客户数据资源维度

资料来源：编者根据公开信息绘制。

---

① 由于本书不涉及再保险内容，因此数字保险参与主体中不包含再保险公司。

接着，保险机构运用大数据、人工智能等数字技术识别转化、存储并集中管理收集到的信息，形成客户数据资源。在此基础上，保险机构通过分析上述数据资源深入掌握客户特征和潜在需求，绘制精准的客户画像。保险机构根据客户画像推动产品端更好地满足客户多层次、个性化的保险需求，营销端实现产品适销对路，第三方机构也能提供与客户需求更加匹配的保险产品附加服务。

### （二）数字技术是数字保险的核心推动力

根据中国银行保险监督管理委员会（以下简称"银保监会"）发布的《关于银行业保险业数字化转型的指导意见》，到 2025 年银行业保险业数字化转型取得明显成效，基于数据资产和数字技术的金融创新有序实践，个性化、差异化、定制化产品和服务开发能力明显增强，金融服务质量和效率显著提高。[①] 可见，数字保险离不开数字技术的推动，数字技术主要从以下两个方面赋能数字保险。

一方面，保险机构运用数字技术打造数字化中台，赋能数字保险的业务运作。数字化中台包括业务中台和数据中台。业务中台在核心业务逻辑相似的基础上，整合并赋能保险基础服务和流程，快速匹配所需的能力和资源，从而帮助前台（与客户进行交互的应用端）快速应对高并发、大规模的业务场景。数据中台实时收集业务流程中产生的数据信息，从而监测保险机构的业务情况，及时控制保险业务中的风险，使保险机构进入业务决策自动改进和良性循环的轨道。

另一方面，保险机构运用数字技术不断推演并完善智能定价和智能风控等模型，从而提升数字保险的智能化与自动化水平。保险机构运用大数据技术收集并储存客户信息和过往交易信息，形成核保与风控的基础数据库。在不断搭建并完善基础数据库后，保险机构运用大数据分析、机器学习等数字技术建立智能的保险定价与风险管控等模型，再通过模型的实际应用和反馈，持续推动模型的自我优化和迭代，从而实现数字保险定价与风控等环节的自动化和智能化。

### （三）优化保险价值链和构建数字保险生态圈是数字保险的发展方向

优化保险价值链是数字保险的发展方向之一。传统保险创新囿于有限的技术与客户信息，难以精准把握客户需求。随着生活水平提高，人们对保险产品有了更高的期待，投保人的购保需求从风险偿付延伸至深层服务和风险预防等多个方面。因此，未来保险机构有必要以客户需求为导向，运用数字技术收集客户数据，从中挖掘客户的真实需求并反馈到保险业务活动中，提供与客户需求更加匹配的保险产品与服务。

构建数字保险生态圈是数字保险的另一发展方向。保险机构运用数字技术打通行业上下游产业链，实现与同行业各个主体高效连接与协作，构建数字保险生态圈。该生态圈主要包括三大主体：保险公司、保险中介机构与保险科技公司。这些主体依靠各自优势实现技术升级，进而相互开展信息共享与专业化分工。其中，保险公司主要负责优化保险产品并提供深层次的附加服务；保险中介机构主要负责保险的高效率展业和保后管理；保险科技公司则面向保险公司

---

① 中国银行保险监督管理委员会. 关于银行业保险业数字化转型的指导意见. http://www.gov.cn.

和保险中介机构进行技术输出，帮助其进行数字化升级和落地智能化应用。

### 三、数字保险的作用

保险的作用是保险功能在特定社会条件下的反映，是保险对社会发展的影响的具体表现。与传统保险相比，数字保险不仅具有传统保险保障经济、稳定社会和造福人民的作用，而且能够扩大承保范围、提升保险机构竞争力并满足消费者个性化和多样化的保险需求。

从保险产品来看，数字保险能够扩大保险产品的承保范围。数字技术为保险机构的风险识别与管理提供技术支持，从而使数字保险突破现有可保风险的界限，同时使传统的事后补偿保障形式扩展为事前风险预防形式。保险机构的业务经营范围扩展至原来不可承保的风险上，显著扩大了保险产品的承保范围，增强了保险经济补偿的作用。例如，在过去保险技术落后、再保险市场规模小的背景下，保险机构难以承保地震、洪水等巨灾风险。但随着数字技术在保险业的应用以及再保险市场的扩大，2016 年 7 月，中国城乡居民住宅地震巨灾保险产品正式全面销售，由中国城乡居民住宅地震巨灾保险共同体共同参与损失分担，巨灾保险制度逐渐由理论迈向实践。

从保险机构来看，数字保险能够提升保险机构的市场竞争力。为保持自身行业领先地位，传统保险公司主动以数字技术优化原有的业务链条，推出以提高客户体验为核心的业务流程再造和以提高运作效率为核心的企业运营管理方案。对于保险中介机构，一方面，随着数字技术发展，部分仅发挥产品介绍功能的保险代理人逐渐被人工智能所替代。另一方面，保险中介机构连接产品与场景，售前提供专业的前端咨询服务，售后提供优质的增值服务。受益于数字保险突出的互联网属性与技术属性，互联网保险公司和保险科技公司积极布局保险行业，成为保险行业的新型主体。互联网保险公司依托互联网渠道开展保险业务，打造互联网保险生态圈。凭借自身海量的渠道资源与技术能力，保险科技公司为保险机构设计通用技术解决方案，对保险行业进行技术赋能。

从保险消费者来看，数字保险所带来的业务模式创新能够更好地满足消费者个性化与多样化的保险需求。一方面，数字保险能够更好地满足消费者的个性化保险需求。数字保险打破了保险行业与互联网等行业的边界，为我国保险行业注入了新鲜血液。保险机构运用大数据、人工智能等数字技术重塑保险业务流程，为消费者提供定制化的保险产品与针对性的保险服务，满足消费者个性化保险需求。另一方面，数字保险能够更好地满足消费者多样化的保险需求（李涵、成春林，2021）。近年来，保险行业与通信、汽车、健康等领域正在加速融合，将保险生态圈进一步延伸到上下游行业，打造多产业融合的保险生态圈，为用户提供全方位生活服务，满足消费者多样化的保险需求。例如，前海人寿布局医养产业，将保险服务链延伸至医疗、养老领域，为消费者打造"保险+医疗+养老"解决方案。消费者不仅可以体验前海人寿自建自营三级医院、高端养老社区的医疗和养老服务，还可以获得高端海外体检、指定专家门诊与手术等增值服务。[①]

---

① 精耕细作升级保险服务体系，前海人寿全方位守护客户美好生活. 时代财经，2021-12-15。

# 第二节　数字保险的发展历程与现状

梳理数字保险发展历程、把握其发展现状对提高大众对数字保险的认知度意义重大。本节将从全球与中国视角出发，分别介绍全球数字保险的发展历程、全球代表性国家的数字保险的发展现状、中国数字保险的发展历程与中国数字保险的发展现状。

## 一、全球数字保险的发展历程

自 20 世纪以来，数字技术从根本上影响了保险机构的运营与服务模式。根据数字保险的发展特征，本书将全球数字保险的发展历程划分为三个时期：萌芽期、高速发展期与成熟稳定期（见图 1-3）。

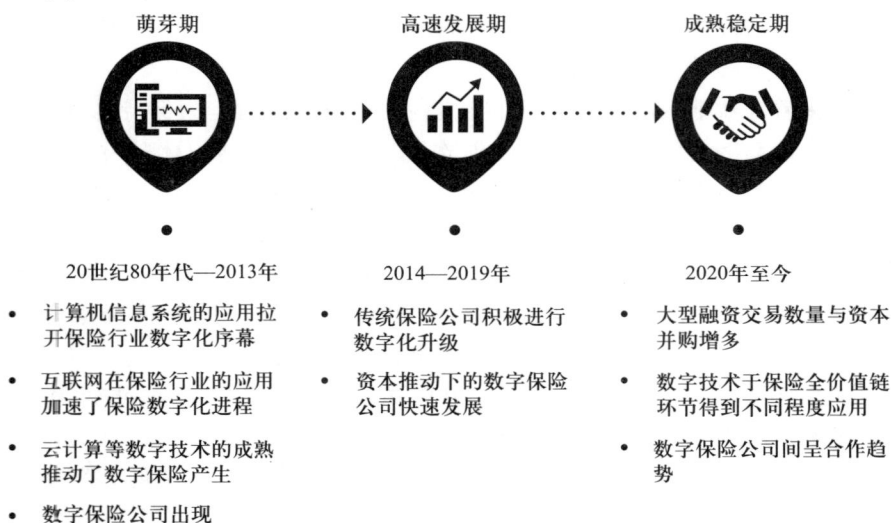

| 萌芽期 | 高速发展期 | 成熟稳定期 |
| --- | --- | --- |
| 20世纪80年代—2013年 | 2014—2019年 | 2020年至今 |
| • 计算机信息系统的应用拉开保险行业数字化序幕<br>• 互联网在保险行业的应用加速了保险数字化进程<br>• 云计算等数字技术的成熟推动了数字保险产生<br>• 数字保险公司出现 | • 传统保险公司积极进行数字化升级<br>• 资本推动下的数字保险公司快速发展 | • 大型融资交易数量与资本并购增多<br>• 数字技术于保险全价值链环节得到不同程度应用<br>• 数字保险公司间呈合作趋势 |

图 1-3　全球数字保险的发展历程

资料来源：编者根据公开信息绘制。

### （一）萌芽期：20 世纪 80 年代—2013 年

计算机信息系统的应用拉开了保险行业数字化的序幕。20 世纪 80 年代，保险机构使用计算机代替手工出单，一定程度上提高了保险业务效率。日本生命保险公司在 1988 年全面推广计算机信息系统，建立公司内部数据、电话、传真系统。1989 年，该公司建立客户综合资产管理系统，构建更加全面的客户信息数据库。

互联网在保险行业的应用加速了保险数字化进程。互联网保险最早诞生于美国，而后在各国不断涌现，网络平台也逐渐成为保险销售的新渠道。20 世纪 90 年代，美国国民第一证券银行首次做出利用互联网销售保险单的尝试。1995 年，第三方网络保险平台 InsWeb 成立，进一步推动互联网在保险行业的应用。20 世纪末，美国大部分保险公司已经建立起各自的官方网站。

云计算、大数据等数字技术的成熟与普及推动了数字保险的产生。2006 年，谷歌前 CEO 埃里克·施密特在搜索引擎大会上首次提出"云计算"概念，保险领域的云服务业务随之迅速发展。2006 年 Hadoop 的开源与 2008 年 Facebook 贡献的 Hive 很大程度上降低了大数据的使用门槛，推动了大数据技术在保险行业的应用。2009 年谷歌启动的自动驾驶汽车项目标志着车联网技术初步成熟，随之而来的是"按驾驶情况付费"的车险等新型保险产品。

得益于数字技术在保险领域的应用，数字保险公司①出现。许多著名的数字保险领域的公司都诞生于该时期。美国最大的员工福利平台 Gusto 创立于 2011 年，其主要竞争对手 Zenefits 创立于 2013 年。印度数字保险领域的代表性公司 PolicyBazzar 于 2008 年成立，在印度数字保险市场中发挥"领头羊"作用。全球数字保险公司的数量增加拉开了数字保险高速发展的序幕。

**（二）　高速发展期：2014—2019 年**

在高速发展期，数字保险的发展前景受到资本的认可。传统保险公司积极进行数字化升级，数字保险的创投市场也迸发出强大的活力。

面对差异化的客户需求与数字保险新型主体的冲击，传统保险公司推出以数字技术为驱动力的发展战略，积极进行数字化升级。在此时期，传统保险公司进行数字化升级的路径主要有三种。第一，传统保险公司设立数字创新机构，培育企业内部数字能力，提高自身市场竞争力。例如，平安科技是中国平安的数字创新机构，致力于为集团内各子公司的数字化升级提供数字化解决方案。2021 年第一季度中国平安科技业务总收入 238.24 亿元，同比增长 20.1%。②第二，传统保险公司与科技公司、高校或研究机构建立合作关系，将成熟的数字技术解决方案应用于保险业务流程中，同时共同探索数字技术在更多场景、更深层次的应用。例如，安联集团与科技公司 Cyence 合作，将 Cyence 的网络分析平台应用于自身的核保平台，建模分析不同客户的风险趋势，从而为客户提供自动化与定制化的网络风险核保服务。第三，传统保险公司投资数字保险公司，紧跟行业发展趋势。例如，安联集团旗下的 Allianz X 投资了 Lemonade、Nauto 等多家数字保险公司。③

在资本推动下，数字保险公司快速发展，数字保险独角兽企业④数量增加，业务类型更加广泛。图 1-4 显示了 2012 年至 2020 年全球数字保险市场融资交易量与融资金额的变化趋势。2014 年起全球数字保险领域投资规模不断扩大，2014 年与 2015 年连续两年实现全球数字保险融资金额每年翻三倍。虽然 2016 年与 2017 年融资金额有所下降，但是融资事件数目仍然稳步上升。2020 年全球数字保险领域融资金额已经超过 71 亿美元，创历史新高。在资本的推动下，全球出现数十家数字保险独角兽企业，业务类型涉及车险、健康险等多个领域。

---

① 数字保险公司：本章中数字保险公司主要指互联网保险公司与保险科技公司，指数字技术应用于保险业之后产生的新公司，主要特点为数字化程度高与成立时间短。

② 中国平安官网，2021-04-23。

③ 保险巨头的数字化转型之路（上）. 保观，2018-10-09。

④ 独角兽企业：指成立时间未超过 10 年且估值超过 10 亿美元的未上市创业公司。

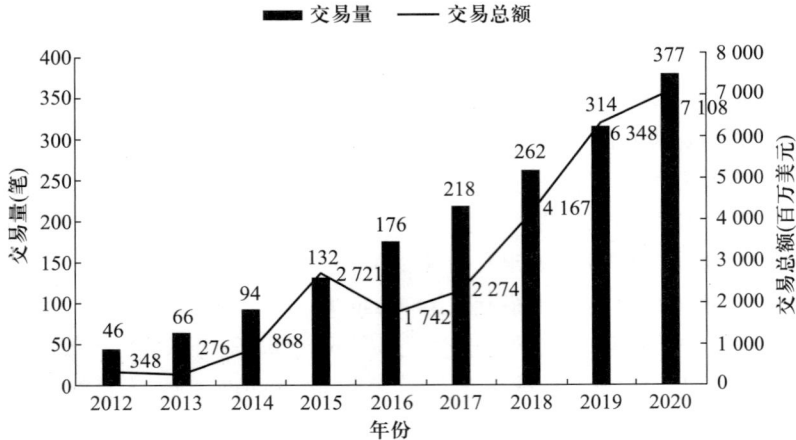

图 1-4　2012—2020 年度数字保险融资交易量与金额

资料来源：编者根据韦莱韬悦《2021 第一季度全球保险科技简报》绘制。

### （三）成熟稳定期：2020 年至今

在成熟稳定期，数字保险主要呈现以下三个特点：大型融资交易数量与资本并购数量增多；数字技术已于保险全价值链各环节得到不同程度的应用；数字保险公司之间呈现合作趋势。

从资本角度来看，该时期的数字保险相关的资本交易呈现出大型融资交易数量增多、资本并购增多的特点。2021 年第一季度的大型融资交易创下历史新高，共有 8 家数字保险公司获得超过 1 亿美元的融资，融资总额超过 11.3 亿美元。同时，部分发展势头较好的数字保险公司开始收购小型公司，旨在获取新人才与新技术。2020 年共有 81 家数字保险公司被收购。[①]总而言之，大型融资交易数量增多与资本并购增多均为数字保险行业集中度提升的表现。

从实际落地情况来看，数字技术已于保险全价值链各环节得到不同程度的应用，其中展业环节落地最多，创新重心逐渐转向理赔服务。麦肯锡于 2021 年发布的研究报告显示，数字技术在展业环节渗透率最高，各保险公司纷纷推出线上客户服务渠道，各类保险比价平台也相继出现。数字技术在产品设计与定价、核保、理赔环节的应用也不断深入。例如，安联集团的全球数字工厂推出新型定制化产品"客户旅程"，提供车险和寿险的定制化解决方案。

在该时期，数字保险公司之间呈现合作趋势，部分传统保险公司与数字保险公司从竞争关系转向合作关系。受益于长期的经营积累，传统保险公司拥有忠实的现有客户群与大量用户数据，而数字保险公司则走在行业变革前沿，往往具备成熟的数据分析能力、系统开发能力等，能够更快地对市场变化做出反应，因此，传统保险公司与数字保险公司的合作能为客户提供更优质的保险服务。

---

① 2021 第一季度全球保险科技简报. 韦莱韬悦（Willis Towers Watson）官网，2021-04-28。

## 二、全球代表性国家的数字保险发展现状

数字技术的发展给保险行业带来前所未有的变革，为数字保险发展创造了新动能。如今，发达国家引领数字保险发展潮流，少数发展中国家的数字保险也处于迅速发展的阶段。本节将概述部分代表性发达国家与发展中国家的数字保险发展现状，包括美国、德国、日本与南非共和国四个国家。

### （一）美国

美国是全球数字保险的领先者。如图 1-5 所示，在数字保险行业，美国数字保险交易数量占比位居全球第一。美国占 2021 年第一季度全球数字保险交易数量的比例达到 48%，2012年至 2021 年第一季度的全球累计交易量占比则达到 52%。[①] 从数字保险公司角度看，一方面，美国数字保险公司成长迅速。根据 FinTech Global 于 2021 年 11 月发布的 INSURTECH100 榜单，美国的数字保险公司占据全球保险科技企业百强名单中的 30 席。另一方面，美国数字保险公司聚焦于特定的产品领域，深度挖掘数字技术在不同细分市场的应用，促进数字保险多方向发展（唐金成、刘鲁，2020）。例如，Bright Health 与 Oscar Health 等公司专注于开发健康险，Lemonade 等公司专注提供房屋保险产品。

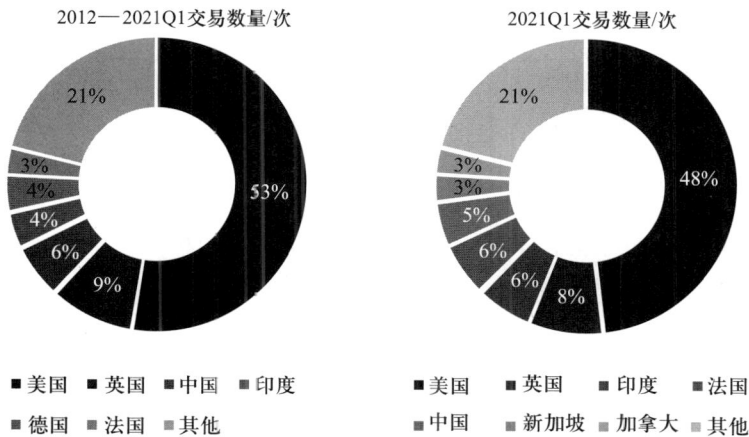

图 1-5 各国数字保险交易数量占比

资料来源：编者根据 CB Insight 官网发布的数据绘制。

### （二）德国

德国发起数字中心计划，为数字保险公司的发展提供良好环境。[②] 2016 年 11 月，联邦经济事务与能源部发起数字中心计划，迄今已经设立 12 个数字中心。数字中心计划聚焦人工智能、物联网等数字技术，为数字保险公司与研究教育机构之间的合作提供有利环境，意图构建

---

[①] CB Insights 官网，2021-04-28。

[②] Germany Digital Hubs. Deloitte 官网，2013-11-09。

覆盖各领域的数字生态。数字中心计划对德国数字保险人才的培养具有重要作用。以居 12 个数字中心之首的慕尼黑科技中心为例。慕尼黑科技中心连接数字保险公司、企业、大学、研究中心、投资者与政府，旨在通过合作创新保险产品与服务。慕尼黑科技中心曾发起两个加速器计划：W1 Forward Insurtech 与 InsurTechEurope pwd。这两个计划通过为期八周的课程，一方面为数字保险公司提供技术、金融、法律等领域的指导，另一方面为数字保险公司提供与数字保险独角兽公司或投资者、媒体等跨行业参与者联系的机会（见图 1-6）。

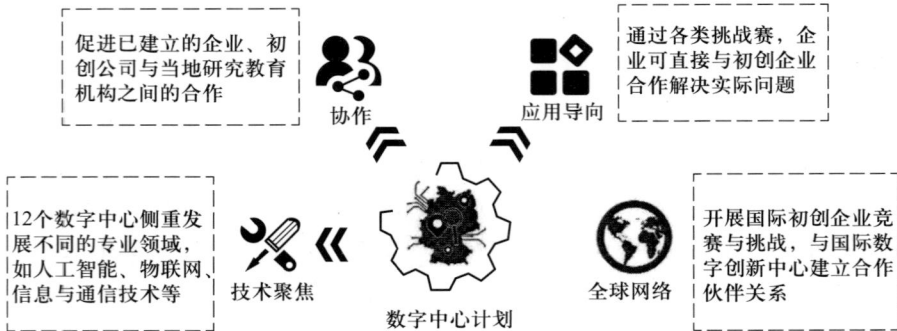

图 1-6　德国数字中心计划

资料来源：编者根据公开信息绘制。

## （三）日本

日本数字保险的发展速度较缓，主要受到人口老龄化、遗留 IT 系统[①]和人才资源匮乏的制约。第一，日本人口老龄化阻碍移动支付的推行。研究显示，日本老年人口比例由 2008 年的 21% 上升至 2018 年的 28%，且预计 2038 年将达到 34%。[②] 与年轻人相比，老年人大多对互联网金融产品的安全性存在疑虑。线上业务操作困难等原因也使得老年人通过互联网办理金融业务的水平较低。日本人口老龄化不断上升将会阻碍互联网的推广，进而制约数字保险发展。第二，日本保险公司存在遗留 IT 系统，影响数字技术的应用。根据日本经济产业省的 DX 报告，日本金融公司大多有遗留 IT 系统，存在运行时间长、维修成本高等问题。数字技术难以应用到遗留 IT 系统中，从而阻碍日本数字保险的发展。第三，日本保险行业人才资源匮乏。数字保险发展离不开具备数据分析能力的技术人员与精通保险行业知识的业务人员。但是，由于日本保险公司的终身雇佣制度与员工优厚的福利待遇，传统保险公司的保险行业人才跳槽的意愿低，限制了日本数字保险的发展。

近年来，日本保险公司正加大创新力度，传统保险公司纷纷进行数字化升级，数字保险公司也开始出现。2018 年 7 月，日本第一生命保险公司在美国硅谷设立第一生命创新实验室中心。同年 12 月第一生命保险公司推出一款可通过智能手机 App 进行线上认知功能检查的老年痴呆症保险。2018 年 9 月，日本财产保险公司（SOMPO）与中国众安国际签署合作协议，借

---

[①] 遗留 IT 系统：指某种程度上已过时的关键系统，往往存在无法支持业务运营、因其脆弱性或复杂性难以升级修复等问题。

[②] 安永集团官网，https://assets.ey.com/content/dam/ey-sites/ey-com/en_gl/topics/insurance/insurance-outlook-pdfs/ey-global-insurance-outlook-japan.pdf。

助众安国际的数字保险解决方案，实现自身保险核心系统升级。除了日本传统保险公司的科技创新，数字保险公司也开始出现。justInCase 是第一家在日本开展业务的数字保险公司，主要提供 P2P 保险与基于人工智能的健康险与小额医疗险。iChain 是日本领先的数字保险公司，致力于运用区块链技术推动保险行业创新。该公司推出的 iChain Base 是通过将保险单信息存储在区块链上来确保其安全性的保单管理平台。

### （四）南非共和国

南非共和国（以下简称"南非"）的数字保险正处于起步阶段，数字分销渠道与创新商业模式快速发展。保险机构逐渐开始拓展数字分销渠道。例如，OUTsurance 是一家通过网页、App 等数字化渠道提供保险服务的公司，消费者能够通过其在线平台完成保险购买、索赔申请等活动。成立于 2016 年的 Click2Sure 针对高价值消费品提供保险服务，消费者能够通过其在线平台随时访问相关投保记录并完成全流程理赔。除此之外，P2P 保险模式①在南非开始出现。成立于 2018 年的 Pineapple Insurance 是一家典型的 P2P 保险公司。消费者可以于 Pinapple App 上发布被保险物品的图片，并选择共同分担风险的人，构建自己的风险分担社区。每一个消费者支付的保费都会进入自己的"Pineapple Wallet"，当索赔事故发生时，社区中的每个人都需要帮助支付索赔费用，从而达到分担风险与降低个人支付的索赔费用的目的。截至 2019 年，南非共有 22 家数字保险公司，其中 12 家公司使用数字化渠道销售保险产品，6 家提供客户互担风险的平台，即 P2P 保险。②

南非的智能手机普及率及互联网参透率持续上升，南非数字保险发展前景广阔。Statista 的数据显示在南非，智能手机普及率已从 2016 年的 29.42% 上升至 2020 年的 40% 左右，互联网渗透率也在 2020 年达到 56.3%，且据 Statista 预测，二者未来将会持续走高。智能手机普及率与互联网渗透率的提高有助于南非移动互联网行业的发展，增加可获得数字保险服务的消费者数量。

## 三、中国数字保险发展历程

纵观世界经济发展历程，中国抓住了第三次技术革命的机遇，大力发展互联网与数字技术。在新一轮科技革命的浪潮下，我国数字保险也得到迅速发展，保险行业的创新实践不断涌现。本书将我国数字保险的发展历程划分为萌芽期、探索期与高速发展期三个阶段，如图 1-7 所示。

---

① P2P 保险模式：国外的 P2P 保险类似于国内的相互保险，每个成员可以通过社交功能自行选择互相分担风险的成员，并缴纳一定的金额。保险公司保存这部分费用。如果有人出险需要赔付，赔付的金额首先与之建立互助联系的成员的缴纳金额中出。如果这部分不足以支付赔付金额，保险公司支付剩下的费用。如果没有人出险，那么成员会拿回部分费用或将其留到下一年。

② SECO，世界银行，IFWG，GENESIS. Fintech Scoping in South Africa. http://www.treasury.gov.za/comm_media/press/2020/WE081_Fintech%20Scoping%20in%20SA_20191_27_final%20(002).pdf。

萌芽期　　　　　　　　　探索期　　　　　　　　高速发展期

1997—2004年　　　　　　2005—2012年　　　　　　2013年至今

- 互联网在保险行业的应用是中国数字保险的开端
- 渠道创新：中介代理模式与银保合作模式替代保险公司直销模式；保险公司推出专属保险网站

- 第一张全流程电子保单标志中国数字保险进入探索期
- 渠道创新：互联网保险中介机构产生；第三方电子商务平台与保险公司的合作模式出现
- *产品创新：场景创造概念进入保险市场*
- 数字保险监管走向规范化、正规化

- 第一家互联网保险公司成立，标志中国数字保险进入高速发展期
- 保险公司纷纷推出数字保险产品与服务
- 数字保险监管政策逐步建立、完善

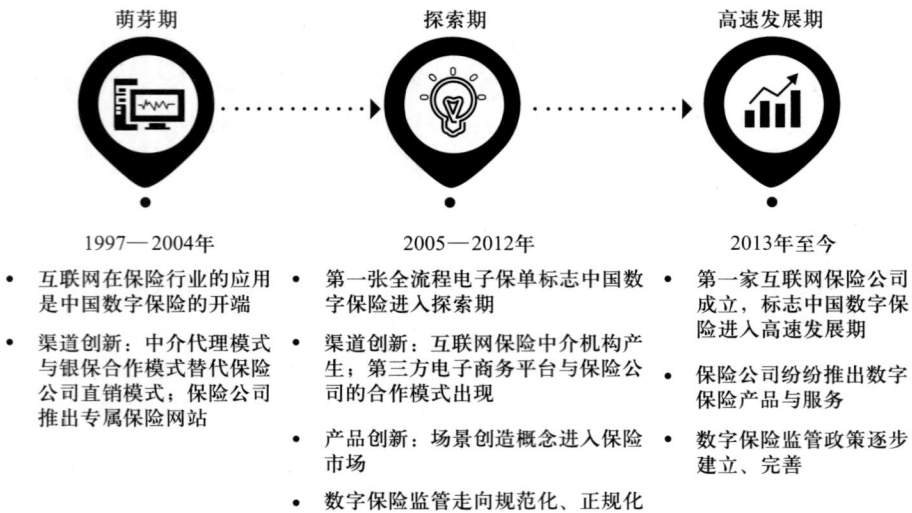

图 1-7　中国数字保险发展历程

资料来源：编者根据公开信息绘制。

**（一）萌芽期：1997—2004 年**

互联网在保险业的应用是我国数字保险的开端。1997 年年底，我国第一家保险网站——中国保险信息网（现中国保险网）成立，致力于为消费者提供保险交流、保险咨询共享平台，标志着互联网在保险行业的初次应用，数字保险在中国诞生。同时，中国保险网的成立也促成了中国网上投保第一单，此举标志着互联网开始应用于保险业务流程。

保险以渠道创新为重心，呈现线上化特点。一方面，中介代理模式、银行与保险公司合作模式（以下简称"银保合作模式"）逐渐替代传统的保险公司直销模式（见图 1-8）。传统保险行业多采用传统的柜台销售模式。1992 年，友邦集团将保险代理人制度引入中国，为消费者提供一对一服务，保险公司销售战略转向低门槛的"人海战术"。保险代理人制度改变了传统保险展业模式，成为推动保险行业发展的重要力量。成立于 2000 年的江泰保险公司是我国第一家保险经纪公司，标志着中国保险经纪市场正式启动。同年，平安保险公司推出国内首个在银行柜台销售的保险产品——平安千禧红两全保险，拉开了银保合作模式发展的序幕。此后，中国人寿、泰康人寿等保险公司纷纷推出面向银保渠道销售的产品。另一方面，保险公司纷纷推出专属保险网站，保险呈现线上化特点。2000 年 8 月 1 日，平安保险公司开通自己的全国性网站 PA18，线上开展证券、保险、银行、个人理财等业务，被称为"品种齐全的金融超市"。2000 年 8 月 6 日，中国太平洋保险公司创立我国第一个贯通全国、连接全球的互联网保险系统。同年 9 月，泰康人寿保险公司宣布开通"泰康在线"网站，实现了投保、核保、缴费的全流程线上化。

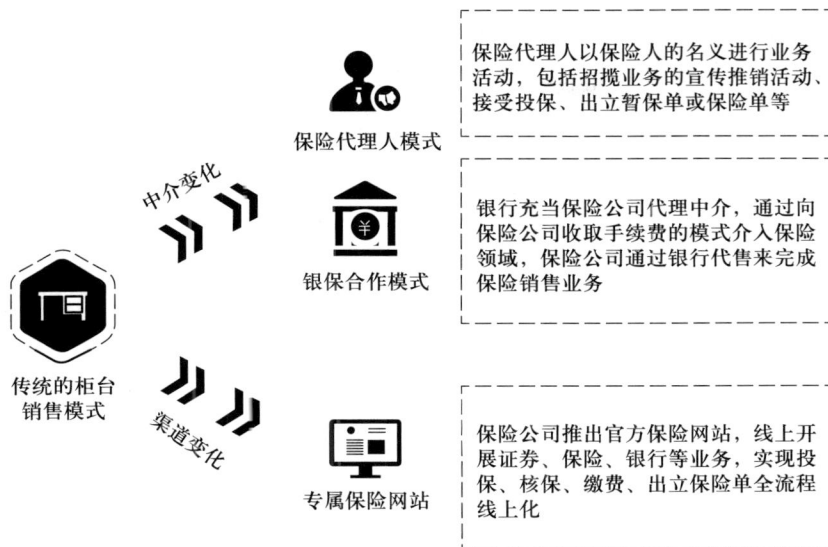

图 1-8　萌芽期保险的渠道创新

资料来源：编者根据公开信息绘制。

**（二）探索期：2005—2012 年**

2005 年 4 月 1 日，《中华人民共和国电子签名法》的颁布规范了电子签名行为，明确了电子签名的法律效力。同日中国人民保险公司通过电子签章技术签下国内第一张全流程电子保单，标志着中国互联网保险开始快速发展，数字保险发展进入探索期。在探索期，我国保险行业的创新从以渠道为重心转变为以"渠道+产品"为重心。

渠道创新主要体现在互联网保险中介机构的产生、第三方电子商务平台与保险公司合作模式的出现。一方面，优保网、慧择网、向日葵保险网等旨在提供保险产品信息的互联网保险中介机构进入市场。保险公司可于线上平台发布相关保险产品信息，消费者可于同平台咨询产品信息、筛选保险产品、比较同类产品价格并完成线上投保行为。互联网保险中介机构的产生很大程度上节省了消费者购买保险产品的时间，同时为保险公司提供便利的销售渠道。另一方面，各保险公司逐步探索并开展互联网业务，第三方电子商务平台也成为推动数字保险发展的重要力量。各保险公司积极拓展线上销售渠道，纷纷在淘宝、京东等第三方电子商务平台注册官方旗舰店，探索保险销售新渠道。2011 年至 2012 年，我国在线保费收入规模从 17.7 亿元上升至 39.6 亿元。① 其中，国华人寿公司通过淘宝聚划算销售保险产品，三天销量曾达 1 亿元。

产品创新主要体现于场景创造的概念进入保险市场。基于自有的海量数据，互联网巨头深入挖掘细分消费场景，分析客户保险保障需求，与保险公司合作推出新型消费场景下的保险产品。此类产品由保险公司负责承保，互联网巨头则提供平台并收取技术服务费和渠道费，实现保险公司与互联网公司双赢。"退货运费险"是其中最典型的案例之一。为了解决居高不下的

---

① 2012—2013 年中国保险销售电商化研究报告. 艾瑞咨询，2013-03-07。

退货纠纷率，2010年淘宝平台与华泰保险公司合作，共同推出"退货运费险"。买家在购买商品时，勾选"运费险"选项并确认下单，即可成功签订保险合同。网络购物发生后，买家若对商品不满意，只需在约定期间退货，即可获得退货运费险的理赔。

监管机构针对互联网保险提出一系列鼓励与规范措施，推动数字保险监管走向规范化、正规化。2006年6月，国务院发布《国务院关于保险业改革发展的若干意见》，鼓励保险公司运用数字技术积极发展互联网保险。2011年9月，原保监会发布《保险代理、经纪公司互联网保险业务监管办法（试行）》，促进互联网保险业务健康发展，防范网络保险欺诈事件发生，标志着我国互联网保险监管走向正规化、规范化。2012年5月，原保监会发布的《关于提示互联网保险业务风险的公告》限制开展互联网保险业务的主体，提出除保险公司、保险代理公司、保险经纪公司之外，其他单位与个人不得开展互联网保险业务。激励与规范并重的监管环境促进我国数字保险进入良性发展轨道。

### （三）高速发展期：2013年至今

国内第一家互联网保险公司的成立标志着我国数字保险迈入高速发展期。2013年，原保监会批准首张互联网保险公司牌照，蚂蚁金服、腾讯与中国平安集团合资设立众安在线。作为我国第一家互联网保险公司，众安在线的成立标志着我国数字保险迈入高速发展阶段。众安在线结合腾讯的用户资源、蚂蚁集团的数字服务体系与中国平安保险集团的保险业务能力，完成线上投保到线上理赔全流程服务，不设置任何线下分支机构。2015年，原保监会又陆续通过了易安财产保险公司、安心财产保险公司与泰康在线财产保险公司三家互联网保险公司的筹建申请。

在高速发展期，各大保险公司纷纷推出基于数字技术的保险产品与服务。2015年，众安保险联合大华基因，共同推出我国首个互联网基因检测保险计划"知因保"。2016年，基于区块链技术，阳光保险推出"阳光贝"积分服务，成为国内首家推出区块链应用的保险公司。2018年，中再产险、华泰财险与轻松筹合作推出首个基于区块链技术的全程产业链健康险产品——鸿福e生尊享版百万医疗保险，为消费者提供智能化、透明化的健康保障体系。

在政策方面，激励创新与严格监管并重，数字保险监管政策逐步建立与完善。表1-2列示了该时期中国数字保险相关政策。在激励创新方面，国务院与银保监会陆续发布相关文件，鼓励保险公司积极运用互联网等数字技术，培养自主创新能力。2016年《中国保险业发展"十三五"规划纲要》中明确指出，要推动云计算、大数据等数字技术在保险行业的创新应用。2020年1月，《中国银保监会关于推动银行业和保险业高质量发展的指导意见》提出保险业的发展需要坚持科技赋能。在严格监管方面，数字保险监管政策逐步完善。2015年7月，原保监会发布的《互联网保险业务监管暂行办法》是我国第一部完整规范互联网保险业务的监管规定。2020年12月，银保监会印发《互联网保险业务监管办法》，规范互联网保险业务，维护消费者合法权益。总而言之，我国数字保险监管政策坚持激励创新与严格监管并重，并在政策实行中逐步完善，建立有条理、有逻辑、有针对性的政策体系。

表 1-2　中国数字保险相关政策

| 政策类型 | 相关政策 |
| --- | --- |
| 激励创新型 | 2014 年 8 月《国务院关于加快发展现代保险服务业的若干意见》;<br>2015 年 7 月《助力"互联网+保险业"改革创新　保监会进一步推动专业互联网保险公司试点》;<br>2015 年 9 月《关于深化保险中介市场改革的意见》;<br>2016 年 8 月《中国保险业发展"十三五"规划纲要》;<br>2020 年 1 月《中国银保监会关于推动银行业和保险业高质量发展的指导意见》 |
| 严格监管型 | 2015 年 7 月《互联网保险业务监管暂行办法》;<br>2016 年 10 月《互联网保险风险专项整治工作实施方案》;<br>2019 年 2 月《中国银保监会办公厅关于加强保险公司中介渠道业务管理的通知》;<br>2020 年 12 月《互联网保险业务监管办法》 |

资料来源:编者根据公开信息整理。

## 四、中国数字保险的发展现状

在数字技术的驱动与国家政策的支持下,我国数字保险快速发展。本节梳理了数字保险的发展现状,可以归纳为以下四点:数字保险成为保险行业新热点;数字保险创投市场热度升温;保险机构积极践行中国保险业的创新发展;数字技术应用落地发展前景向好。

### (一)数字保险成保险行业新热点

从主体角度来看,我国数字保险市场主体多元化。随着互联网等数字技术在保险行业的应用,保险行业主体呈现多元化趋势。数字保险市场参与主体从传统保险公司和保险中介机构二元格局,发展至包括传统保险公司、互联网保险公司、保险科技公司与产业链上下游关联企业在内的多元格局。

从险种角度来看,车险与健康险成为数字保险发展热点。在财产保险市场,车险成为数字技术主要应用的市场。在商车费改①与数字技术发展的背景下,传统车险行业痛点凸显,车险数字化升级成为行业热点。技术服务公司通过提供 SaaS 服务与 UBI 车险服务切入市场,车险企业将互联网等数字技术应用于业务流程改造。在人身保险市场,健康险实现爆发式增长。2020 年,我国健康险原保费收入达到 8 173 亿元,相较 2019 年的 7 066 亿元,同比增长15.67%,健康险成为人身保险市场上增速最快的险种。② 同时,聚焦于健康险领域的数字保险公司开始出现。例如,2018 年由众安在线孵化成立的暖哇科技,是一家为健康险业务提供数字化解决方案的保险科技平台。暖哇科技拥有医疗知识库、医疗服务平台、医疗数据平台、商保反欺诈平台、商保风控、定制化保险服务平台与 AI 医疗服务平台七大科技产品,致力于提供涵盖产品设计与定价、风控、理赔、系统设计等数字化的健康险解决方案。

---

① 商车费改即深化商业车险条款费率管理制度改革。
② 去年健康险 8 173 亿元保费创新高,赔付率高企. 新浪财经,2021-02-01。

**（二）数字保险创投市场热度升温**

资本市场融资为数字保险发展提供了稳定的资金支持。在融资总额方面，我国数字保险融资规模实现快速增长。如图1-9所示，2018年我国数字保险投融资金额为17.7亿元，2019年投融资金额高达46.8亿元。2020年在疫情影响下，融资总额仍达到39.7亿元。在单笔融资规模方面，我国数字保险领域巨额融资不断出现。2020年融资金额排名前十的交易总额达到36.9亿元，占全年融资总额的92.9%。[①] 其中，水滴公司D轮融资与D轮后追加战略融资分别达到2.3亿美元与1.5亿美元，全年合计融资金额达到3.8亿美元，居2020年全球数字保险融资排名第四位。在融资热点方面，我国数字保险融资热点从渠道转向核保、理赔等多方向。2013年前，我国数字保险投资多集中在保险展业环节。2014年以来，产品设计与定价、核保、理赔环节也逐渐受到投资者关注。

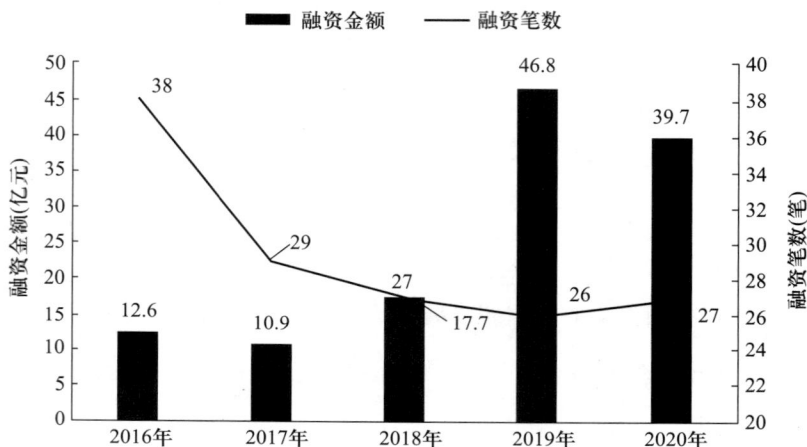

图1-9　2018—2020年中国数字保险领域融资规模

资料来源：编者根据零壹财经《中国保险科技投融资全景报告2014—2020Q3（上篇）》绘制。

**（三）保险机构积极践行数字化创新发展**

为响应国家政策，中国保险机构开始加大研发投入，以中国平安、中国太保、中国人寿、中国人保为代表的保险公司纷纷提出并全面实施数字化发展战略。2016年8月，原保监会发布《中国保险业发展"十三五"规划纲要》，提出要推动大数据、云计算等数字技术在保险行业的创新应用。随后，中国太保在2017年提出"数字太保"战略，布局数字化五大战场，揭开了其数字化升级序幕。2018年，中国人保发布"智·惠人保"战略，加大科技投入与创新力度，致力于提供更优质的保险产品与服务。2019年，中国人寿提出"科技国寿建设三年行动方案"，全力建设科技驱动型企业，以科技重振国寿。同年，中国平安保险在以"金融+科技"为核心主业的基础上，提出要强化"金融+生态"建设，并发布2019年至2021年的发展规划，强化人工智能、区块链与云计算三大核心数字技术领域的研究。在大型保险公司的带领下，我国保险机构的科技投入保持较高增速。2018年我国保险机构信息科技资金总投入为268

---

亿元，2020年上升至351亿元。[1] 且据艾瑞咨询的测算，2022年我国保险机构科技投入将增长至534亿元。持续增长的研发投入为我国数字保险高速发展保驾护航。

### （四）数字技术应用落地发展前景向好

从应用环节落地程度角度，我国数字技术在展业环节应用较多，在产品设计环节应用程度相对较浅，核保与理赔环节的未来应用重点和突破点在于风险控制能力与效率的提高。根据艾瑞咨询调查报告，产品设计与定价环节数字应用程度较浅，现阶段主要是在大数据分析的基础上进行产品的差异化定价与定制化设计。数字技术在核保和理赔环节的应用正不断深入。展业环节的数字技术渗透时间最长。

从数字技术应用程度角度，云计算技术、大数据技术、人工智能技术在保险行业的应用相对成熟，区块链技术与物联网技术的应用则正处于初步探索阶段。各技术在保险领域的相关应用如图1-10所示。调查显示，在中国数字保险市场，大数据技术与云计算技术在保险行业的应用相对成熟，人工智能技术在展业环节的应用具有较大突破，物联网技术在车联网、可穿戴设备方面初步应用，区块链技术的应用则还处于初步探索期。

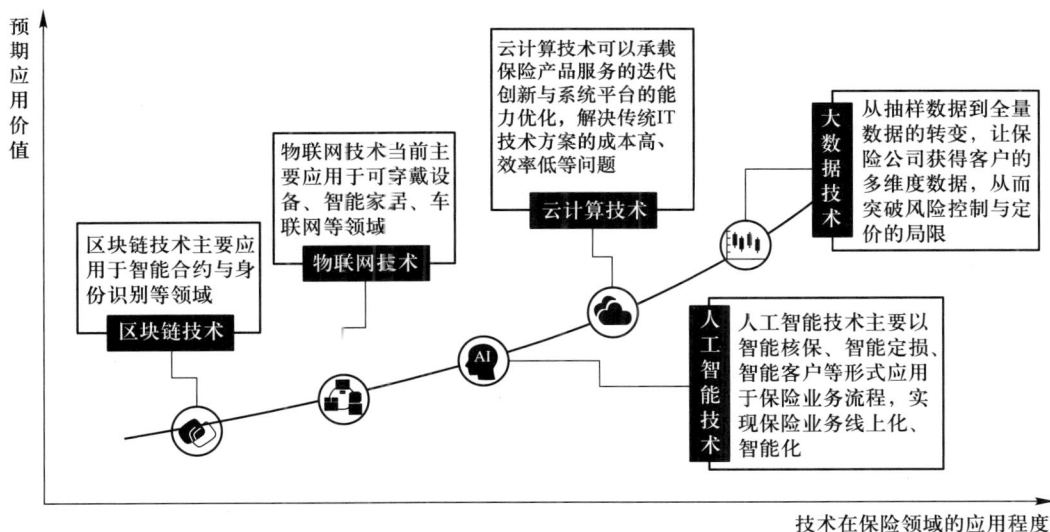

图1-10 五项关键技术在保险领域的应用

资料来源：编者根据亿欧《待到山花烂漫时——2020保险创新发展研究报告》绘制。

## 第三节 数字保险产品设计与定价的创新

在讨论数字保险相较于传统保险的创新之处之前，我们首先要界定"传统保险"。本书中的"传统保险"是指保险行业各参与主体不运用大数据、人工智能等数字技术提供保险服务

---

[1] 2020年保险机构信息科技资金总投入351亿元，同比增长27%. 中国财经官网，2021-03-02。

的商业保险行为。

保险产品设计与定价是保险机构生存与发展的基础，但在传统保险产品设计与定价过程中存在很多弊病，这阻碍保险机构更好地满足客户的保险需求，也阻碍保险机构提供合理、公平、科学的产品定价。因此，本节将重点探讨传统保险产品设计与定价存在哪些痛点，而保险机构如何利用数字保险产品设计与定价创新的优势以解决这些痛点。

## 一、传统保险产品设计与定价的痛点

首先我们分析传统保险产品设计与定价中存在的问题，主要包括传统保险产品偏离客户实际购保需求、产品定价精确度有待提高两大痛点。

### （一）传统保险产品偏离客户实际购保需求

传统保险产品设计以"产品导向"为主，偏离客户实际购保需求。传统保险机构受到数据收集和数据处理能力的限制，难以精准把握细分客群的购保需求，导致许多保险条款与需求产生偏差。艾瑞咨询 2021 年市场调研数据显示（见图 1-11），31% 的未投保人虽然存在购保意愿，但由于未发现与自身购保需求相契合的保险产品而延迟了购保计划。例如，在健康保险领域，50 岁以上的中老年人存在较强的健康管理服务需求，但由于健康原因投保难、保费高，且市场上缺乏针对该年龄段的保险产品，导致保险供给与需求发生错配。

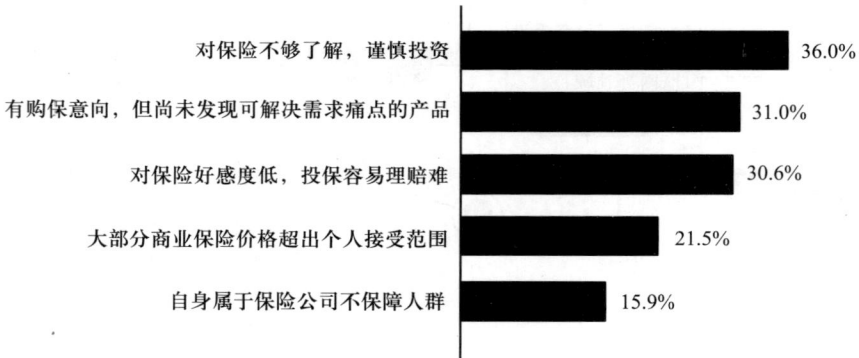

| 对保险不够了解，谨慎投资 | 36.0% |
| 有购保意向，但尚未发现可解决需求痛点的产品 | 31.0% |
| 对保险好感度低，投保容易理赔难 | 30.6% |
| 大部分商业保险价格超出个人接受范围 | 21.5% |
| 自身属于保险公司不保障人群 | 15.9% |

图 1-11　未投保人群没有将保险作为资产配置的一部分的原因

资料来源：编者根据艾瑞咨询研究院发布数据绘制。

保险产品偏离客户购保需求进而导致产品的客户满意度低。艾瑞咨询 2021 年市场调研数据显示，2020 年中国寿险行业整体 NPS[①] 水平仅为 17%，车险行业整体 NPS 水平也仅为 20%，均存在较大提升空间。这说明，当前保险市场上的绝大部分产品无法符合客户预期。

### （二）保险产品定价精确度有待提高

我国传统保险产品定价精确度有待提高。由于传统保险机构无法对不同客户做出精准细

---

① NPS：又称净推荐值，是一种计量某个客户将会向其他人推荐某个企业或服务可能性的指数，是企业衡量客户满意度的重要指标，NPS=（推荐者数/总样本数）×100%-（贬损者数/总样本数）×100%。

分，导致保险费率厘定的科学性不足，难以精准反映客户和保险标的的风险情况。究其原因是传统保险机构受到严重的信息不对称和费率厘定技术的限制，以及面临着传统保险定价原理的科学性有待提高的现实难题。

其一，传统保险机构受到严重的信息不对称和费率厘定技术的限制，面向不同客户差异定价的精确度较低。一方面，传统保险机构囿于有限的信息收集渠道，难以保证所采用数据的时效性和全面性。传统保险机构主要依赖历史业务数据和市场调查的抽样数据厘定费率，这些数据往往存在时效性较差的问题。此外，传统保险机构与同行企业、行业协会、第三方机构之间缺乏信息共享，导致收集数据的渠道较为封闭，数据无法全面反映保险标的的风险情况。另一方面，传统保险机构费率厘定技术相对落后和局限，缺乏动态调整机制。由于缺乏强大的数据存储、处理与分析能力，传统保险机构对保险标的的数据和历史经验数据的存储、处理分析不到位。在数据量庞大、数据维度众多、数据样本差异较大的环境下，传统定价方式对保险标的风险预测的科学性不足。此外，传统保险机构缺乏价格的动态调整机制，产品定价难以精确反映保险标的的实时风险情况。

其二，传统保险定价原理的科学性有待提高。大数定律是传统保险产品定价的基本原理之一，其假设每个风险分类集中的个体风险状况同质，即每个分类集下保险标的都具有相同的索赔概率。保险机构往往把具有类似特征的损失风险置于同一风险分类集中，并根据该风险分类集过往损失规律所估计的平均风险水平收取相同的保险费率。但这一传统保险产品定价原理会引发逆向选择问题，即每个分类集中高风险的个体更倾向于购买保险，导致该分类集的出险率与根据过往损失规律所估计的发生偏差。尽管保险公司也会针对非标体群体调高保险费率或增加某些限制性条款，但由于保险公司仍是将非标体归入风险分类子集进行费率调整，而非针对非标体个体风险情况制定差异化价格，所以仍旧存在上述逆向选择的情况。

## 二、数字保险产品设计与定价的优势

针对以上传统保险产品设计与定价中存在的痛点，数字保险为保险机构提供了新的解决思路。在研究其具体实践之前，我们首先需要了解数字保险产品设计与定价的优势。

### （一）绘制精准的客户画像

数字保险产品设计与定价的核心是从样本数据的测算过渡到全量数据的测算。全量数据在数字保险产品定价中的优势主要包括以下三点：

第一，全量数据意味着从抽样数据转变至总体数据，覆盖的对象更加广泛。在大数据技术强大的数据处理和存储能力下，保险机构数据收集对象的范围更广，能覆盖尽可能多的潜在客户。

第二，全量数据意味着从历史数据转变至实时数据，数据时效性更强。2020 年以来，得益于 5G 通信技术的蓬勃发展，保险机构能够实时收集市场反馈信息和保险标的的风险情况等数据。如在"5G+医疗健康"模式下，保险机构可通过穿戴式智能设备等健康检测工具，实时跟踪人体多项指标。

第三，全量数据意味着从单一数据形式转变至多维数据形式，数据维度更加多元。数字技术为保险机构提供了形态更丰富的数据视角，包括文本数据、音视频数据、用户行为数据等类别，能覆盖客户多角度的信息，帮助保险机构更加准确地把握客户的保险需求和保险标的的风险情况（张引等，2013）。

保险机构利用全量数据设计更贴合客户需求的保险产品，并针对单一保险标的和投保人给出精准定价。一方面，保险机构利用全量数据中的客户个人特性、需求偏好、实时风险情况等信息，绘制精确的客户画像。客户画像能辅助保险机构挖掘各细分市场中的客户购保需求，在此基础上设计更加符合客户购保需求的保险产品。此外，全量数据中关于产品销售状况和客户反馈等实时信息，能够辅助保险机构进行产品的优化与迭代。另一方面，保险机构利用全量数据能实现精准定价。保险机构基于实时与多维度的全量数据进行定价决策和调整，能在很大程度上提高保险产品定价的时效性，并使价格精准反映投保人和保险标的的风险水平。

### （二）提高产品设计与定价的效率

在数字保险产品设计环节，保险机构运用产品模型降低保险产品设计成本，提高保险产品设计效率。对于部分保险产品，保险机构结合已有条款规则，运用数字技术搭建出标准化的保险产品模型。基于这些产品设计模型，保险机构能够输入客户购保需求和客户基本信息，为客户设计并推荐最佳保险产品组合。在数字保险产品设计流程中，保险机构运用数字技术替代传统人力劳动，使保险产品设计得以自动化，大幅降低保险产品设计成本，同时提高保险产品设计效率，快速响应客户需求的变化。

在数字保险产品定价环节，保险机构运用智能定价模型提高定价效率。保险机构整合海量客户数据，运用大数据挖掘分析技术梳理风险因子与定价数据之间的相关性，寻找更为科学的评估风险的方法，从而搭建出智能定价模型。该模型能够辅助保险机构进行定价决策。保险机构只需将相关参数输入模型中，如保险标的的使用情况、保险标的的区域环境等特征，以及客户使用习惯、客户信用等客户特征。基于上述参数，智能定价模型能够估算客户风险评分与预测赔付成本，从而提升保险机构风险定价的准确性和效率。如精励联讯分别从车和人两大维度出发搭建客户风险评分系统，并将其应用于车辆保险产品的定价，从而提升自身的客户风险细分能力以及车辆赔付水平预测的精确度。

## 三、数字保险产品设计与定价的实践

随着数字保险的优势逐渐凸显，各保险机构纷纷运用数字技术解决自身产品设计与定价的痛点。当前，数字保险产品设计与定价的创新主要有三大实践方向：一是保险机构为客户设计个性化保险产品；二是保险机构设计场景化数字保险产品；三是保险机构提供差异化定价。

### （一）保险机构为客户设计个性化保险产品

保险机构运用数字技术和客户数据资源，为客户设计个性化保险产品。传统保险产品难以全面覆盖客户需求，且存在高度同质化的问题。于是保险机构开展数字保险在产品设计环节的实践，推动保险产品向定制化、差异化、个性化方向发展。尽管保险机构当前无法为客户定制"千人千面"的保险产品，但通过深入挖掘客户数据资源，能够做出更加细致的客户画像，从而设计出更具针对性的保险产品，让产品更加符合客户的购保需求。比如，友邦保险推出的重疾险产品"友如意",可按客户需求灵活调整保障利益、赔付额度,首批产品包含 1924 种组合模式,覆盖投保人个性化的保险需求。

### (二) 保险机构设计场景化数字保险产品

保险机构运用数字技术深入细分场景,挖掘客户的消费需求。随着互联网和移动支付兴起,许多线下业务如购物、医疗、出行、餐饮、旅行、理财等得以在线上布局,众多线上场景相应产生。许多保险机构切入这些场景中,提供与客户即时需求相一致的场景化数字保险。

场景化数字保险发展方向之一是"碎片化",其特征包括:① 产品形式简单,对应客户转瞬即逝的消费需求;② 单笔交易成本和保费低廉。保险机构运用数字技术捕捉客户实时购保需求并即时推荐保险产品,在特定时间点与消费者需求精准适配,销售碎片化场景保险产品。如众安保险进行碎片化场景保险创新,推出退货运费险、手机意外险、航空延误险等碎片化场景保险。

场景化数字保险另一发展方向是"服务化"。与传统保险产品只注重保险赔付的定位不同,场景保险的核心在于为客户打造多触点的服务场景。保险机构需要通过海量信息推送、线上线下服务结合、常态化交流互动等方式,为客户提供场景沉浸式服务体验。以中国平安医疗生态圈为例。中国平安通过流量端和支付端的切入搭建完整的"患者—提供商—支付方"综合模式(如图 1-12 所示)。其中平安好医生是该生态圈的主要组成部分,其推出的"平安医家"致力于打造中国规模最大的互联网医疗服务平台,提供线上医疗问诊、健康商城、健康知识和广告信息推送等线上服务。同时,中国平安与 11 万家药店、4.9 万家诊所、2 000 多家体检中心以及医疗机构等合作布局线下医疗服务网络。中国平安通过打造医疗生态圈的服务型场景,提供场景化数字健康保险产品,增强客户黏性,满足客户医疗健康方面的多层次需求。①

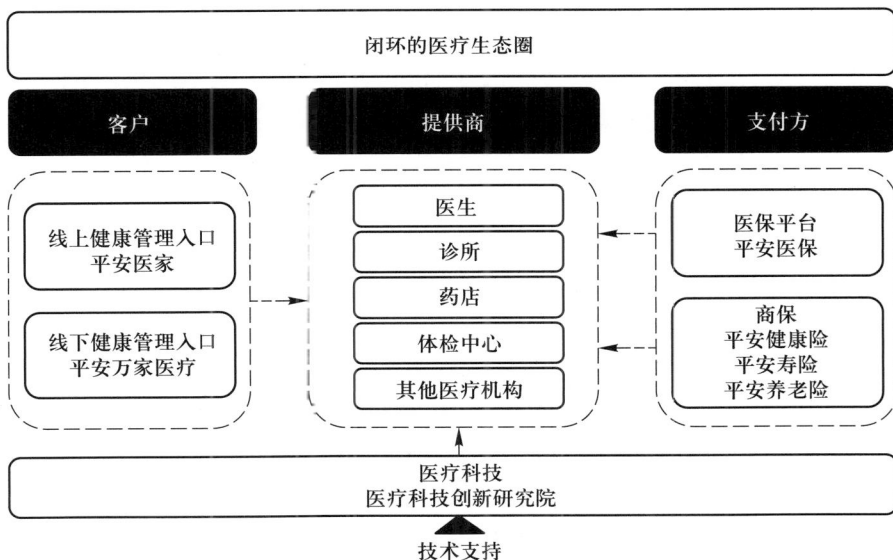

图 1-12  平安健康生态圈构成

资料来源:编者根据中国平安发布的信息绘制。

---

① 中国平安官网。

### （三）保险机构提供差异化定价

保险产品差异化定价分为横向差异定价与纵向差异定价。其中，横向差异定价是指保险机构根据不同保险标的的风险情况给出不同定价；纵向差异定价是指保险机构根据单个保险标的在保险期间风险情况的变化给出不同定价。

横向差异定价能针对不同的投保人和保险标的风险水平给出精准价格。以车险市场产品定价为例。传统车险定价模式主要从车辆的情况出发厘定费率，参考的信息包括车型、车龄、配置、事故经历等，如宝马汽车与保时捷汽车、3年车龄汽车与7年车龄汽车的车险费率存在较大差别。但是，传统保险机构难以基于车辆驾驶人的风险情况进行客群细分，导致保险产品定价精确度较低。借助数字化解决方案，保险机构能够收集并综合分析车辆与驾驶人数据，让车险的风险定价因素由"以车为主"转向"人车结合"。例如，蚂蚁金服推出的"车险分"能够在获得客户授权的前提下，根据客户职业特性、身份特质、信用历史、消费习惯、驾驶习惯等细分特征绘制客户的精准画像。保险机构结合上述精准画像，对保险标的和客户的整体风险情况进行量化分析，进而提高保险产品定价的精确度和差异性。

纵向差异定价能针对同一投保人和保险标的给出反映其实时风险水平的精准价格。如图1-13所示，保险机构能够通过智能手机和车载装置等设备，收集投保人每天的驾驶路线、附近路况、驾驶行为和车辆使用情况等数据。一方面，保险机构将上述数据输入至运用人工智能技术搭建的车险定价模型和驾驶行为评分模型中，从而得到最新的投保人风险评分和车险定价。保险机构的运营平台据此对投保人在保险期间的费率进行更新调整，得到精确反映保险标的风险情况的产品定价。这有助于激励投保人改善驾驶习惯和调整行车路线，使保险机构实现对投保人驾驶行为的有效管理和前馈控制。另一方面，保险机构的运营平台根据车辆实时数据监测车辆情况，发现异常状况及时发出预警，以提醒投保人及时处理车辆异常情况。

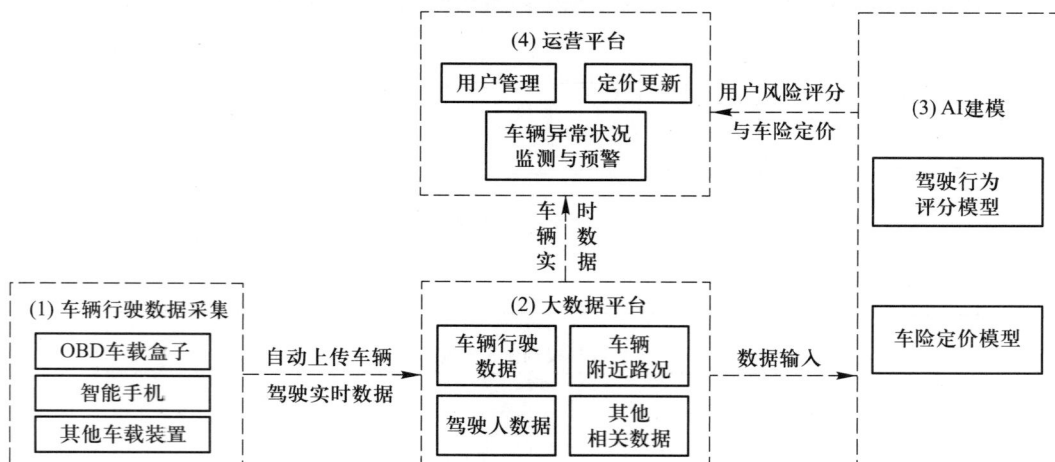

图 1-13 车险纵向差异定价流程

# 第四节　数字保险展业的创新

保险展业①是保险机构触及消费者的重要环节，也是保险机构开拓市场的制胜关键。传统市场展业模式存在诸多痼疾，这阻碍保险机构高效率展业。因此，本节将重点探讨传统保险展业环节存在哪些痛点，而保险机构如何利用数字保险展业创新的优势以解决这些痛点。

## 一、传统保险展业的痛点

我们首先分析传统保险展业中的现存问题，主要包含两个方面：一是保险销售员服务水准有待提高，人员流转率较高；二是企业展业效率较低，销售成本较高。

### （一）保险销售员服务水准有待提高且人员流转率较高

保险销售员主要包括保险机构销售员和保险中介机构。前者是指保险公司内部员工中面向客户群体销售保险产品的销售人员或自建的专属代理人团队；后者包括保险代理人②与保险经纪人③。传统保险的展业渠道存在的主要问题是销售员服务水准有待提高且人员流转率较高。

（1）保险机构缺乏对保险销售员的严格筛选和职业发展培训。传统保险机构在销售保险产品时主要使用"人海战术"的方式，主要依靠销售员的人际关系网获客，而不重视在销售能力、职业品质上筛选和培养销售员，导致销售员在学习能力、专业能力、道德素质方面良莠不齐。如图1-14所示，2020年的保险销售员队伍中，学历本科及以上的仅占27.0%，约40%为大专学历。可见保险销售员专业程度偏低。这容易导致保险销售员在展业过程中对保险产品解释不到位，进而拉低行业整体服务水准。

（2）保险销售员薪酬激励手段不合理。保险销售员的薪酬制度中，保险销售的佣金根据保费提成。其中，财险代理人的佣金大多为一次性给付；寿险代理人的首年佣金提成比重最高，然后佣金提成比重逐年递减，第5年后不再获得续期佣金。因此，许多销售员更重视保单销售，而忽视保后服务和客户关系管理。同时，保费提成模式使部分代理人倾向于向客户推荐保费更高的保险，导致部分客户可能只是买到了保费较高的产品，而非真正契合需求的品类。

---

① 保险展业：指以保险商品为客体，以市场交换为中心，以满足被保险人的需求为目的，将保险商品转移给保险消费者以实现保险公司经营目标的一系列活动。保险展业主要活动包括保险市场的调研分析、展业渠道的构建、保单销售以及售后服务等。

② 保险代理人：指根据保险人的委托，向保险人收取佣金，并在保险人授权范围内代为办理保险业务的机构或个人。其中，保险个人代理人是保险公司聘用的具有从业资格的、作为公司推销保险产品专用的外勤员工。保险代理机构包括专门从事保险代理业务的保险专业代理机构，以及兼营保险代理业务的保险兼业代理机构，如银行、旅行社等机构。

③ 保险经纪人：指基于投保人的利益，为投保人与保险人订立保险合同提供中介服务，并依法收取佣金的机构。

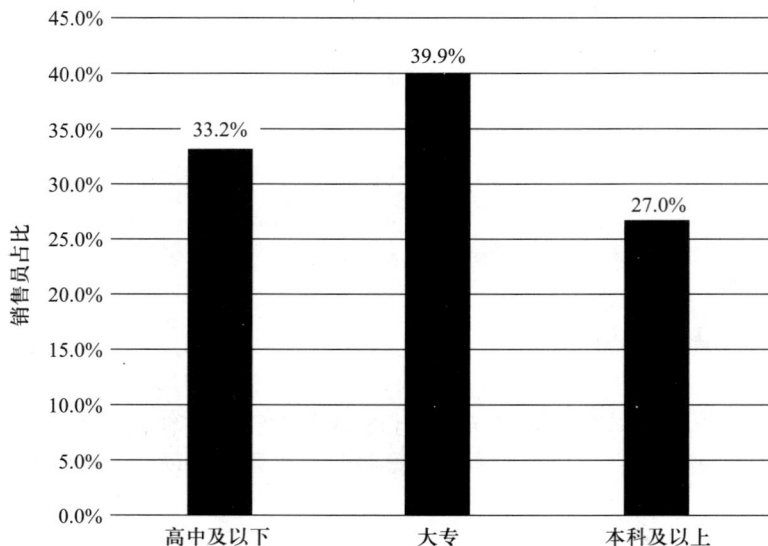

图 1-14　2020 年保险销售员学历分布

资料来源：编者根据北京大学汇丰商学院风险管理与保险研究中心、保险行销集团保险资讯研究发展中心《2020 年中国保险中介市场生态白皮书》绘制。

（3）保险销售员流转率居高不下，大进大出现象较为严重。美国寿险行销协会（LIMRA）与中再寿险联合发布的《中国保险代理人渠道调查报告 2019》指出，2019 年国内保险代理人的平均从业年限为 1.65 年，这说明了国内保险销售员的低留存和高流转现状。[①] 一方面，这种不断换血的模式会给保险机构遗留下许多"孤儿保单"，造成保后客户关系管理缺位，增大客户流失风险并损害公司声誉。另一方面，较高的流转率会进一步增加保险机构对销售人员的培训频次和培训成本。

**（二）保险机构的展业效率较低且销售成本较高**

传统保险的展业模式存在展业效率较低且销售成本较高的问题。一方面，传统销售模式依靠人力驱动，耗费大量人力成本。2019 年保险行业直接销售成本高达 5 503 亿元，相当于保费收入的 15%，接近行业利润总额的 2 倍。[②] 另一方面，当前国内保险市场专业代理机构和保险经纪人渠道的发展程度较低，许多大型保险公司主要靠自建代理人团队以及兼业代理机构销售保险产品。如图 1-15 所示，2019 年我国保险中介渠道保费收入中 50.40% 的保费由保险公司专属代理人团队实现，25.34% 的保费来自兼业代理机构，而专业代理机构和经纪人渠道仅贡献了 15.50% 的保费。[③] 反观国外成熟的保险市场，专业化、职业化的经纪人渠道占保险销售的主力，使得保险公司能够专注于产品研发和风险控制等环节，避免自建代理人团队带来较高

---

① 2015 年中国保险行业人力资源白皮书. 中国保险行业协会官网，2015-12-30。

② 中国银行保险监督委员会官网。

③ 北大汇丰风险管理与保险研究中心. 2018 中国保险中介市场生态白皮书，https://ida-image.oss-cn-hongkong. aliyuncs.com/file/2018 保险中介市场生态白皮书.pdf。

的运营成本。

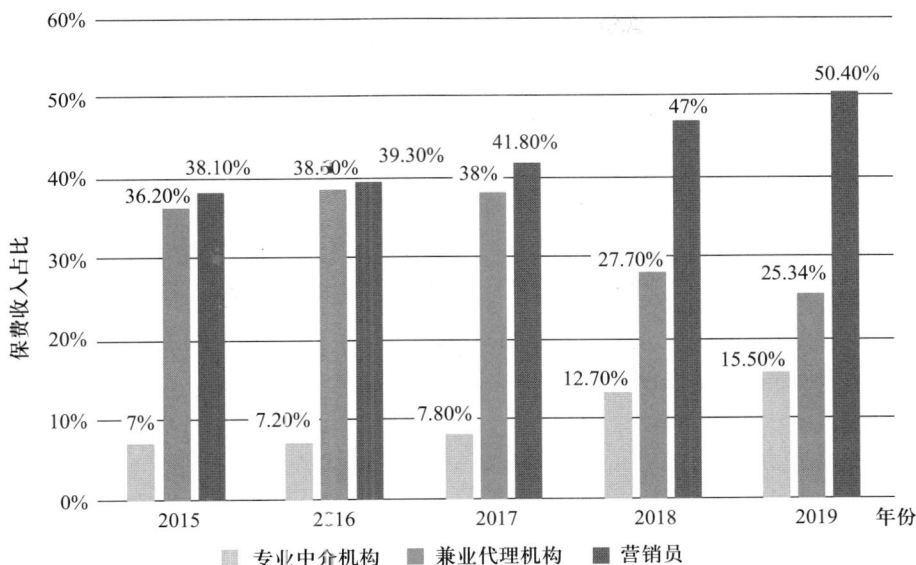

图 1-15　2015—2019 年我国保险中介渠道保费收入结构

资料来源：编者根据中国银行保险监督管理委员会发布数据绘制。

## 二、数字保险展业的优势

针对以上传统保险展业中的痛点，数字保险为保险机构提供了解决思路。在研究其具体实践之前，我们首先需要了解数字保险展业的优势。

### （一）依托线上线下融合展业渠道

互联网和网上支付的大规模普及为保险展业线上化布局提供了良好的发展基础。前瞻产业研究院在其《2022 年中国互联网保险行业发展现状及市场规模分析》研究报告中指出，2018年以来，中国互联网保险保费规模持续增长，2020 年中国互联网保险保费规模为 2 909 亿元，较 2019 年同比增长 7.9%。未来，随着传统保险的展业渠道竞争愈发激烈，互联网将成为数字保险展业渠道不可小觑的发展方向。

线上线下融合展业渠道能增强保险公司与客户的双向互动，实现数字保险的高效展业。在传统线下展业渠道的基础上，保险公司依托互联网渠道展业，不仅能在网络上推销和交易保险产品，而且能通过互联网的实时信息传输功能接收海量的客户反馈信息。此外，保险公司能通过互联网与客户进行实时、不受地理限制的沟通互动，结合精准的客户画像，针对性地进行数字保险产品的推销、售前咨询和售后服务。

互联网展业渠道推动数字保险产品销售降本增效。传统保险的展业渠道需要耗费大量人力与物力构筑线下展业网络。而保险公司使用线上渠道销售数字保险产品，一方面很大程度上减少展业环节的人力成本，另一方面能够实现快捷与简易的全线上购保流程，降低数字保险展业

25

的交易成本和时间成本。

**（二）赋能保险销售员展业**

数字技术能够推动保险销售团队升级。数字技术能够全方位赋能保险销售员日常业务活动，包括从售前培训、售中销售到售后服务一系列业务流程，并推动代理人培训系统、薪酬体系、员工业务管理等方面优化升级。通过上述升级，保险机构能够在很大程度上提升展业效率、降低销售成本，从而带动利润增长。平安集团董事长曾在中国平安 2019 年业绩发布会上透露，平安通过打造一支数字技术赋能的高素质代理人队伍，已实现平安寿险代理人人均新业务利润同比增长 16.4%，新业务利润率达到 47.3%，同比增长 3.6 个百分点。

**三、数字保险展业的实践**

随着数字保险展业的优势逐渐凸显，各保险机构纷纷运用数字技术解决自身展业的痛点。当前，数字保险展业的创新主要有保险机构打造数字化保险展业团队、保险机构创新线上展业渠道两大实践方向。

**（一）保险机构打造数字保险展业团队**

保险机构主要通过搭建智能培训系统、数字化运营管理系统和数字化展业系统，打造数字保险展业团队。这能够有效提高数字保险展业团队的专业素质、服务水准和展业效率。

1. 智能培训系统

智能培训系统提升销售员专业技能和整体素质。该系统能合理评测员工展业技能，提供提升专业素质的培训课程，针对性地规划每一位员工的职业发展方向。智能培训系统一方面有利于提升销售队伍整体素质，另一方面能显著增强销售员职业获得感、敬业度和忠诚度，从而降低保险销售人员流转率。如平安人寿推出代理人个人助理 AskBob 工具，能模拟多元化销售场景演练提升代理人销售技巧，并推出代理人远程培训和线上学习系统，从而培养出高素质、高效能、高留存的代理人队伍。

2. 数字化运营管理系统

数字化运营管理系统对销售员业务活动实施精细化管理，提高团队展业效率。首先，保险展业团队管理层通过数字化运营管理系统下达业务指标，并追踪销售员日常业务活动，如员工每天拜访哪些客户，拜访目的、效果，客户评价如何。其次，管理层利用以上经营数据，结合每位销售员个人特长和能力方面的数据，对销售员日常展业活动开展精细化和扁平化管理，打造专业化分工型团队，推动展业团队高效率展业。最后，数字化运营管理系统对销售员业务活动进行量化分析，并辅以合理的、全面的薪酬奖励制度，为销售员打造高保障、合理的薪酬评价体系，从而推动销售员提供高水准服务并加强客户售后关系管理。

3. 数字化展业系统

数字化展业系统为销售员提供"售前获客+售中服务+售后管理"全流程的数字化营销解决方案。在售前获客阶段，数字化展业系统借助大数据技术和物联网技术收集在社交平台、设备终端等处的潜在销售线索，帮助销售员准确判断投保人的保险需求。在售中服务阶段，数字化展业系统运用数字技术赋能销售员的营销能力，支持销售员多元化营销需求，帮助销售员促成交易。以 i 云保上线的展业工具"微店海报"为例。销售员可事先在海报中设置想要推荐的保险产品以及个人名片，客户扫描"微店二维码"后，可直接进入代理人的专属微店在线浏览保险产品。销售员可使用"微店海报"工具化被动等待为主动吸引，从而增加保险展业的成功率。在售后管理阶段，数字化展业系统支持销售员为客户提供续保提醒、保单管理等多项服务。如 i 云保提供家庭成员保单集中管理的功能，支持电子保单获取、续保提醒、在线缴费等服务，能够有效解决客户保单过期等问题，提高客户保后服务体验。

**（二）保险机构创新线上展业渠道**

保险机构开拓线上保险展业渠道，主要包括官网直销渠道、互联网保险中介机构渠道和第三方网络平台渠道。

1. 官网直销渠道

保险机构依托官网直销渠道展示企业品牌和产品信息、销售保险产品、提供在线咨询和服务。一方面，官网直销渠道为具有品牌忠诚度和购买意向的客户提供更加便捷、简易的网上购保渠道。另一方面，官网也为保险机构与客户提供实时交流互动平台，理赔信息提交与结果查询、售前客服咨询、保险产品询价等服务都可通过官网渠道实现。例如，中国平安通过官网、App、微信小程序等渠道触达客户，在线销售健康险、意外险、家财险等多种产品，同时提供在线咨询和理赔进度查询等服务。

2. 互联网保险中介机构渠道

互联网保险中介机构是指利用自营网络平台代理销售互联网保险产品、开展保险经纪业务或提供保险公估业务的互联网企业。其核心业务包括两大板块：一是作为专业保险服务顾问，为客户提供精准推送、产品问询、方案定制、理赔代办等服务。例如，大童保险推出的"童管家"，充分发挥中介机构的服务属性，提供保险全生命周期的一站式服务。二是整合保险供应链，提供增值服务，包括产品比价服务、保单托管服务等。产品比价服务运用大数据技术实时追踪并更新不同产品价格的准确数据，充当保险产品信息的整合平台。保单托管服务打破了不同保险机构的服务壁垒，为客户全面管理多方保单。

3. 第三方网络平台渠道

第三方网络平台是指除自营网络平台外，在互联网保险业务中为保险消费者和保险机构提供网络技术支持辅助服务的网络平台，主要包括第三方电子商务平台①和网络兼业代理机构②。

第三方电子商务平台收集多类险种下不同商品的产品信息、客户评价信息等，为客户提供产品介绍、产品同类推荐、产品内容比较、产品体验评价等多功能服务。电子商务平台的高浏览量和高交易量具有正外部性。一方面，高浏览量和高交易量能吸引更多保险机构入驻第三方电子商务平台，丰富平台上的保险品类，并产生更多的客户评价信息。另一方面，丰富的产品

---

① 第三方电子商务平台：指独立于产品或服务的提供者和需求者，依靠互联网服务平台，按照一定的规范，为交易双方提供相关服务的电子商务网站。

② 网络兼业代理机构：指非保险公司在从事自身业务的同时，在保险公司授权范围内，利用企业官网代为办理保险业务，包括销售保险产品和提供相关服务。

信息和用户评价信息能有效辅助客户完成购保决策，进而提高平台的浏览量和使用量。上述二者相互促进，推动更多的客户与保险机构参与进来，创造更大的价值，形成电子商务平台的双边市场效应。保险机构通过该渠道展业的手段主要包括两种：一是直接入驻电商平台开设保险直销店；二是由平台开设保险超市进行保险销售。例如，淘宝当前已有平安、泰康、华泰等保险公司入驻，为消费者提供方便、快捷的保险购买渠道，涉及的险种包括意外险、车险、家财险、健康医疗险等。

网络兼业代理机构主要销售与其主营业务相联系的保险产品，通过将保险产品嵌入主营业务的场景中，激发并满足客户潜在风险保障需求。如携程作为旅游出行服务预订平台，依托其天然的用户与流量资源，代理销售航空意外险、航空延误险、旅游意外险等保险产品。

## 第五节　数字保险核保与理赔的创新

核保与理赔均是提高消费者服务体验的关键，其中风险控制是保障保险机构稳定经营和盈利能力的重要环节。但在传统保险核保与理赔的过程中存在诸多弊病，阻碍保险机构提供高质量的核保理赔服务以及有效进行控制风险。因此，本节将重点讨论传统保险核保与理赔存在哪些痛点，数字保险如何进行创新以解决这些痛点。

### 一、传统保险核保与理赔的痛点

我们首先分析传统保险核保与理赔中的现存问题，主要包括两个方面：一是信息不对称导致道德风险问题；二是核保与理赔成本较高，效率较低。

#### （一）信息不对称导致道德风险问题

传统保险核保与理赔过程中，保险机构处于信息劣势方。其主要原因有两点：一方面，保险机构采集保险标的的渠道单一。企业大部分信息来自投保人沟通告知、保险机构手工收集的证明资料以及历史交易数据，难以保证数据的准确性和真实性。另一方面，保险机构与同行企业、行业协会、第三方机构之间数据无法共享。根据 2019 年 FRISS[①] 保险欺诈调查，在被调查对象中有 34% 的保险机构认为，公司在有效应对欺诈方面所面临的最大挑战是外部数据访问不足，这说明存在保险行业中各险企数据共享不足的问题。

信息不对称[②]导致保险的道德风险问题。根据被保险人行为发生的时间可以把道德风险分为两类：若行为发生在保险事故前，则属于"事前的道德风险"；若发生在保险事故后，则属于"事后的道德风险"。前一类中，被保险人有可能会减少防范或降低风险的行为（Bengt Holmstrom，1979），甚至故意造成损害或加剧损失以索取赔偿，但保险机构由于无法完全掌握

---

[①] FRISS：是一家为全球财险保险公司提供基于人工智能的保险欺诈预防和检测解决方案的供应商，其财产和意外险欺诈分析解决方案涵盖整个保单生命周期——从自动承保风险评估到索赔期间的欺诈检测和综合案例管理。

[②] 信息不对称：指市场上交易双方之间信息分布不对称，其中信息优势方为追求自身利益最大化，会损害信息劣势方的利益。在保险市场上是指保险公司无法全面掌握被保险人真实、完整的风险状况信息。

被保险人的行为信息，难以控制该类行为及其增加的赔付风险。后一类中，保险人依据被保险人提供的报告或高成本的调查来判定事故发生的原因和损失程度，这给被保险人留下伪造事故或夸大损失的机会，即被保险人的保险欺诈问题（Georges Dionne，1982）。根据国际保险监管者协会测算，全球每年约有 20%～30% 的保险赔款涉嫌欺诈，损失金额约 800 亿美元。在我国，车险欺诈是保险欺诈的重灾区。存在汽修厂、4S 店等专业人员通过故意制造交通事故、虚构未曾发生的交通事故以及伪造理赔材料等手段进行保险欺诈的现象。

### （二）核保与理赔成本较高，效率较低

复杂的核保理赔流程、繁多的审核材料和人力驱动为主的服务模式导致传统保险核保与理赔服务的成本较高，效率较低。通常来讲，投保环节包括投保单填写、投保单审核、风险核验、缮制单证、复核签单、保费缴纳等多个步骤。保险事故发生后，保险机构需要经过登记立案、资料审核、现场查勘、理算复核、保险费赔付等多个环节。传统核保与理赔服务全程采用人工办理，需要耗费较大的人力、物力成本，且效率较低。同时，部分核保与理赔工作对人员专业技能和工作经验要求较高，如重疾险的核保对核保人的医学知识储备要求较高，否则容易发生误判和漏判的问题。

除此之外，核保与理赔较易受到自然地理等不可抗力的负面影响。在大面积受灾区或极端恶劣天气的情形下，查勘效率和准确性会受到较为严重的影响。如在农业险查勘定损中，对于受灾严重、面积较大的土地，损失面积难以确认，查勘人员进入现场进行查勘的难度和危险性也较大。

## 二、数字保险核保与理赔的优势

针对以上传统保险核保与理赔口的痛点，数字保险为保险机构提供了解决思路。在研究其具体实践之前，我们首先需要了解数字保险核保与理赔的优势。

### （一）整合内外部数据辅助风险控制

保险机构整合内外部数据，建立客户与保险标的的风险信息数据库。在区块链、云计算等数字技术驱动下，保险机构能够搭建由投保人节点、保险机构节点、监管部门节点等构成的分布式的、不可篡改的信息数据库。其中，保险机构采集保险标的数据信息的方式更加多样化、便捷化，通过车联网、智能可穿戴设备、智能家居等设备的应用，实时掌握客户与保险标的的各项数据信息；相关第三方机构能够通过密钥访问并录入数据，如客户的健康医疗记录、车辆风险状况核查信息等，实现外部数据的有效接入。分布式保险数据库能够实现内部经营数据、客户数据、行业数据与相关第三方机构数据的对接和整合，从而减少保险行业不同层级、不同主体之间数据壁垒，提升保险机构整体服务水平和风控能力。

### （二）推动核保与理赔服务降本增效

保险机构主要运用以下三项数字技术推动核保与理赔由"纯人工"向自动化和智能化转变，实现核保与理赔服务降本增效。

基于人工智能的图像识别技术。保险机构能通过分析关键风险点，有效识别保险标的的损

失程度，实现定损的自动化和智能化。例如，太平洋保险与百度智能云联合发布的车辆智能定损产品"太·AI"，通过识别车辆损失的外观图片，自动分析车辆受损部件和损伤类型，判断损失程度，进行快速定损。当前该技术能够精准识别32种车辆的主要部件，部件识别准确率超过98%，损伤识别准确率超过90%。

基于人工智能的生物识别技术，如人脸信息识别、声纹信息识别、电子签名认证等，投保人能够进行身份的线上认证，完成在线自助填单、证明资料线上传输等一系列过程，较大程度上节省了人工认证投保人身份信息的成本。例如，弘康人寿开通的"人脸识别办业务"功能，客户通过面部特征扫描与识别即可完成身份认证，实现足不出户办理保单变更、退保等业务。

基于无人机遥感摄像技术和传感技术，无人机对风险事故现场进行图像采集、多角度测量，辅助理赔人员快速、高效和精准地勘查风险损失情况。例如，空中影像分析软件研发公司Betterview运用无人机技术采集房屋图像与数据，再运用计算机视觉、深度学习等人工智能技术进行数据处理，快速输出关于房屋空间结构、损坏程度、区域风险、建筑许可等信息，辅助保险机构进行定损决策和保险欺诈识别，为保险机构核保与理赔提供智能无人机检测解决方案。

## 三、数字保险核保与理赔的实践

随着数字保险的优势逐渐凸显，各保险机构纷纷运用数字技术解决自身核保与理赔的痛点。当前，数字保险核保理赔的创新主要有两大实践方向：一是保险机构搭建核保与理赔线上服务平台；二是保险机构搭建数字化风控系统。

### （一）保险机构搭建核保与理赔线上服务平台

保险机构整合再造传统线下核保与理赔流程，依托网页、App、微信小程序等线上服务平台，搭建核保与理赔线上服务平台。对于形式简单的保险产品，该体系支持客户在系统上远程自助办理购保业务，以及自主办理保险事故定损与赔付；对于较为复杂的保险产品，客户可以在平台上进行线上身份认证、核保与理赔材料远程传输等。该平台突破传统保险核保与理赔过程中人力成本高、效率低的瓶颈，推动业务办理更加高效、业务流程更加顺畅、服务体验更加优质。

如平安车险打造的一站式用车综合服务平台，如图1-16所示，为客户提供从核保到理赔全流程的一站式线上服务。在核保环节，平安好车主为客户智能推荐个性化车险方案，电子投保流程采用"电子签名＋人脸识别＋CA认证①"技术，快速办理线上投保业务，同时保证客户投保资料的安全性。在理赔环节，客户通过App上传风险事故现场照片、车辆损失照片等内容，理赔后台依托AI图片识别技术实现极速定损与智能闪赔，达到96.4%的现场案件能于5至10分钟极速处理。案件处理完毕后，App会向客户推荐附近修理厂，并支持一键导航。这样平安公司能够在与客户"零接触"的情况下完成从核保到理赔的全流程业务，实现保险核

---

① CA（Certificate Authority）认证：即电子认证服务，是指为电子签名相关各方提供真实性、可靠性验证的活动。

保理赔的全面线上化。

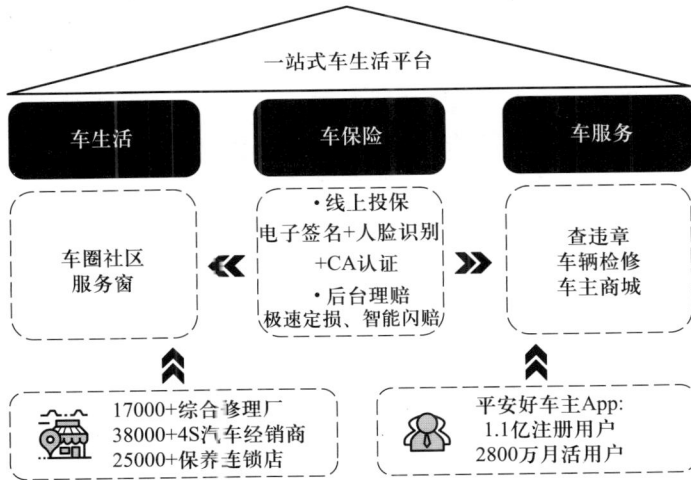

图 1-16　平安车险一站式用车综合服务平台

资料来源：编者根据平安保险官网发布信息绘制。

### （二）保险机构搭建数字化风控系统

保险机构利用客户数据资源搭建并不断优化数字化风控系统。保险机构结合人工风险测算的经验，以客户信息数据为训练集运行统计学算法解析，识别出关键风险因素并建立风险规则，从而搭建风险评估与预测模型。接着，保险机构在落地实践中不断迭代与完善模型，优化其风险测算规则，提高风险评估的精确度。

数字化风控系统为保险机构核保与理赔环节的风险控制提供智能化解决方案。首先，系统从客户的核保与理赔资料中识别关键风险要素数据。在核保环节，资料主要是投保人在线填写的资料信息；在理赔环节，资料主要是投保人上传风险事故现场照片、保险标的受损照片、医疗诊断记录等理赔证明材料。借助人工经验输入和算法推演相结合的方式，系统能从上述核保与理赔资料中识别出关键风险要素。接着，系统将关键风险要素数据输入风险评估与预测模型中，自动分析判断是否存在保险欺诈的可能并进行评级；对于风险等级较高的客户，系统发出风险预警，保险机构根据系统的分析结果进行人工二次核验，决定是否进行承保或理赔。

如泰康在线打造健康险场景下的反欺诈智能风控模型。泰康在线首先输入数据集进行模型搭建，数据集主要是从医疗理赔记录中获取的与客户风险信息相关的数据。在模型搭建过程中，关键步骤是对风险因子及其关联关系的识别分析和规则鉴定。在模型搭建完毕并投入使用阶段，保险机构直接输入客户理赔信息，风控模型就能够自动提取所需的风险因子相关信息，分析并得出欺诈风险评分，辅助保险机构进行欺诈风险识别。当前该智能风控模型已覆盖全公司 87% 的保费业务规模，持续赋能公司风险控制。

## 本章小结

　　数字保险指保险业各参与主体以数字技术为核心驱动力，以数据资源为关键要素，一方面对现有的产品与服务进行改造，优化保险全价值链，另一方面挖掘保险需求未被满足的新兴场景，打通行业上下游产业链，共同构建数字保险生态圈的行为。

　　本章将全球数字保险的发展历程划分为萌芽期、高速发展期和成熟稳定期三个时期，将中国数字保险的发展历程分为萌芽期、探索期和高速发展期三个时期。近年来，数字保险已成为全球保险业发展新热点。美国为数字保险的领先者，中国数字保险也处于高速发展阶段。

　　数字保险相较于传统保险的创新主要体现于产品设计与定价、展业、核保、理赔四个环节。数字保险产品设计与定价的创新主要体现在设计个性化保险产品、场景化数字保险产品与产品的差异化定价；数字保险展业的创新主要体现在打造数字保险展业团队和开拓线上展业渠道；数字保险核保与理赔的创新主要体现在搭建核保与理赔线上服务平台和数字化风控系统。

## 思考与练习

　　1. 什么是数字保险？简述数字保险、保险科技与互联网保险的异同。

　　2. 谈谈你对我国数字保险未来发展路径的思考。

　　3. 传统保险产品设计与定价中存在哪些痛点？数字保险是如何解决的？

　　4. 保险机构是如何通过打造数字保险展业团队，以提高保险展业效率和团队服务水准的？

　　5. 数字保险在核保与理赔中存在哪些优势？

## 即测即评

## 参考文献

　　[1] Bengt Holmstrom. Moral Hazard and Observability [J]. Bell Journal of Economics, 1979, 10 (1): 74-91.

　　[2] Georges Dionne. Moral Hazard and State-Dependent Utility Function [J]. The Journal of Risk and Insurance, 1982, 49 (3): 405-422.

　　[3] 国务院发展研究中心创新发展研究部. 数字化转型：发展与政策 [M]. 北京：中国发展出版社，2019.

　　[4] 李涵，成春林. 保险科技研究进展：内涵、动因及效应 [J]. 金融发展研究，2021 (11): 73-80.

［5］廖敏，方有恒. 保险营销学［M］. 2版. 上海：复旦大学出版社，2019.

［6］唐金成，刘鲁. 保险科技发展模式比较与经验启示［J］. 金融理论与实践，2020（8）：96-102.

［7］张引，陈敏，廖小飞. 大数据应用的现状与展望［J］. 计算机研究与发展，2013，50（S2）：216-233.

# 第二章　数字技术及其在保险中的应用

学习目标

通过本章学习，学生应能够：了解数字保险中主要运用的数字技术及其原理；掌握不同数字技术的特点和在保险业务中的应用；理解数字技术在保险行业中应用的主要难点与发展前景。

导读案例

## 众安科技上线计量子账系统，推动数字技术赋能保险

2021 年 12 月 20 日，众安在线财产保险公司（下称"众安保险"）宣布自主研发的 IFRS17[①]计量子账系统（下称"子账系统"）成功通过了内部保险业务的验证，且将面向行业全面上线。

子账系统首先通过了众安保险内部试验。众安保险旗下子公司众安科技早于 2018 年就启动系统的自主研发工作，经过三年对子账系统的完善，众安科技与核心系统无界山及内部数据平台、业务、财务、OA[②]等系统对接，提前一年实现子账系统在公司内部上线。在遵循 IFRS17 财务报告准则要求、不影响现有业务系统前提下，子账系统可以成功梳理存量业务，完成过渡期数据准备和计量。在内部试验完成后，众安科技将向众安保险以外的保险机构提供子账系统服务。

子账系统体现了"保险+科技"双引擎驱动的创新理念。该系统具备数据管理、初始确认、假设管理、核心计量、报表等核心功能，实现系统灵活配置、多计量版本、多账套的服务，满足公司应用过程中的多维度需求。同时，子账系统与众安保险现有各源系统基于标准数据结果对接，可以实现实施过程中快速对接，满足系统实施过渡期内新老系统协同运行及测试的需求。

随着子账系统顺利上线，众安保险将可以加速推动保险机构落地 IFRS17，降低保险机构实施 IFRS17 的启动门槛和工作量。子账系统支持云端及私有化等多种部署方式，可快速扩

---

① IFRS17：《国际财务报告准则第 17 号——保险合同》，是 2017 年由国际会计准则理事会（IASB）发布的全新保险会计准则，替换现行全球保险行业普遍参考适用的 IFRS4 会计准则。2020 年，我国财政部发布《企业会计准则第 25 号——保险合同》，要求境外上市或境内外同时上市的国内公司，于 2023 年起执行新准则。这意味着保险行业将开启会计处理模式的崭新时代，IFRS17 能更真实地反映保单"含金量"。

② OA 系统（Office Automation System，办公自动化系统）。

容、扩展和对接保险机构产品中心、OA、报表等系统，帮助保险机构解决数据、模型、系统、技术等多方面问题，产品部署最快可在数天内完成。

众安保险开发的子账系统是数字技术在保险行业深度运用的缩影，未来保险行业还会继续探索数字技术在保险行业中运用的创新，积极运用区块链、大数据、人工智能等数字技术实现各保险业务流程再造。

（资料来源：众安保险自主研发 IFRS17 计量子账系统并完成上线验证．中国证券网，2021-12-20。）

众安保险开发的子账系统融合了多种数字技术，能够帮助公司更高效地开展会计业务。同时该系统成功上线，也证明了对保险公司而言，数字技术的应用已不局限于保险价值链，而是向更广阔、更多元的场景发展。

各种数字技术的核心是什么？有什么特点？在保险业务中能发挥什么作用？数字技术在保险行业中的应用会遇到哪些难点？未来的发展趋势如何？本章将对这些问题进行探讨。

本章第一节介绍了大数据技术、区块链技术、云计算技术、人工智能技术、物联网技术，概括这五种数字技术的原理与核心技术体系。第二节从上述数字技术出发，探讨其分别在保险行业中的应用与效果。第三节从技术发展、机构执行、规范化管理三个角度出发，梳理数字技术应用于保险行业的难点，并展望其未来发展的方向。

# 第一节　数字保险中运用的主要数字技术

近年来，得益于数字技术的进步，保险行业迎来了重大变革，开辟了广阔的增长蓝海。本节将介绍大数据技术、区块链技术、云计算技术、人工智能技术、物联网技术五种数字技术的原理与核心技术体系。

## 一、大数据技术

大数据技术泛指以大数据①为分析对象，通过处理相关数据获得有价值的信息的技术。它是处理大数据的一类技术的总称。

大数据技术起源于 2000 年前后互联网的高速发展时期。伴随着数据特征的不断演变以及数据价值释放的需求增加，大数据技术也不断发展。目前，大数据技术已演进为围绕数据存储、处理计算等基础技术，同配套的数据管理、数据分析应用、数据安全流通等助力数据价值释放的周边技术组合起来形成的整套技术生态。经过 20 多年的发展，大数据技术已经发展成为覆盖面庞大的技术体系。表 2-1 展示了国内认可度较高的大数据技术体系。

---

① 大数据：一种在获取、存储、管理、分析等方面都很大程度上超过传统数据库工具能力的数据集合，具有数据规模大、数据流转快、数据类型多与价值密度低四大特征。

表 2-1　大数据技术体系表

| 技术类别 | 具体技术 |
|---|---|
| 基础技术 | 流计算、批量计算、图计算、分布式协调系统、集群管理及调度、工作流管理、关系型数据库、分析型数据库、K-V 数据库、文件存储、对象存储等 |
| 数据管理技术 | 元数据管理、数据集成、数据建模等 |
| 数据分析应用技术 | BI 工具、数据可视化、数据挖掘平台、深度学习、图分析等 |
| 数据安全流通技术 | 隐私计算、数据脱敏、身份认证等 |

资料来源：编者根据中国信息通讯研究院《大数据白皮书 2020》整理。

不同技术类别对应了不同的大数据处理目标。大数据基础技术能够满足海量异构数据存储与计算的需求，并由此诞生了包括规模并行化处理（MMP）、批处理（以 Hadoop 生态体系为主）和流处理（以 Spark Streaming 为主）的分布式计算架构①。数据管理类技术解决企业数据质量低、标准混乱与使用困难的问题，随之诞生了一系列能够提高企业数据运用效率的数据集成技术。数据分析应用技术解决了数据资源内蕴价值的开发问题，使得以商业智能工具为代表的简单统计分析与可视化展现技术，和以传统机器学习、基于深度神经网络的深度学习为基础的挖掘分析建模技术纷纷涌现。数据安全流通技术则解决了数据泄露、数据滥用等隐私安全问题，由此发展出数据加密、数据脱敏、隐私计算等数据安全流通技术（曾燕等，2022）。

大数据技术的发展节点同数据存储技术与数据分析技术的兴起节点相一致。如图 2-1 所

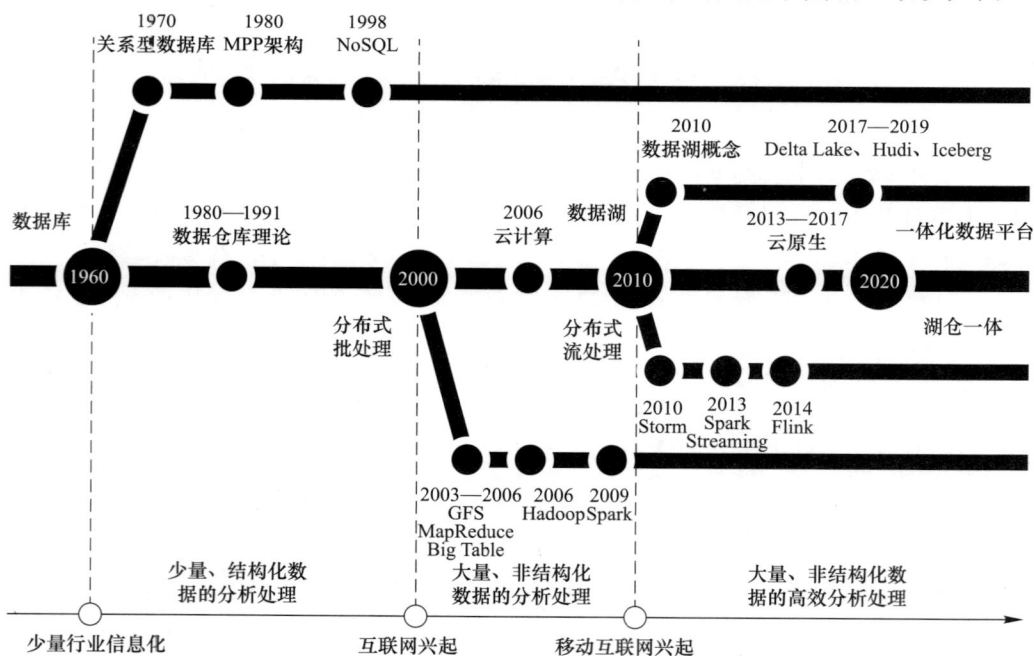

图 2-1　大数据技术的发展历程

资料来源：编者根据中国信息通讯研究院《大数据白皮书 2021》绘制。

① Hadoop、Spark Streaming：可以简单理解为以不同技术为核心的数据处理平台。

示，中国信息通讯研究院发布的《大数据白皮书 2021》对大数据技术的发展阶段做出了详细梳理，揭示了大数据技术从少量结构化数据的 PC 端分析处理，向大量非结构化数据的移动端高效分析处理的转变与发展过程。

## 二、区块链技术

区块链技术是一种全新的分布式基础架构与计算范式的技术。它利用块链式数据结构来验证与存储数据，利用分布式节点共识算法来生成和更新数据，利用密码学技术保证数据传输安全和访问安全，利用由自动化脚本代码组成的智能合约来编程和操作数据。区块链技术具有可追溯性、开放性、数据不可篡改性和去中心化等特征（邵奇峰等，2018）。可追溯性是指交易在发生时会被记录为一个数据块，并按时间顺序与相邻的数据块链接，因此数据库完整可追溯。开放性是指除了被私钥加密的私有信息外，任何人都可以通过公钥查询区块链上的信息。数据不可篡改性是指修改区块链信息时需要至少控制 50% 的节点，因此区块入侵者不易进行数据篡改。去中心化特点是指区块链中每一个节点都有相等的地位，承担相同的数据记录功能。这些特点使得区块链技术具有高效率、高安全性以及高信任度。

我们参考袁勇等（2017）的研究，介绍区块链的四大核心技术：共识机制（或称共识算法）、分布式存储（或称分布式文件系统）、智能合约和密码学技术。

共识机制本质是一个投票系统，当区块链在延长过程中面对多个有效链时，参与者可以查看每个链上的"投票"以达成共识（Abadi 和 Brunnermeier，2019）。共识机制是保证各参与者（各节点）的数据处理行为和结果认证规则达成一致的准则，使系统在去中心化的情形下也能保证数据交互的规范性。根据共识算法的不同，区块链大致可分为三类，分别是节点选取算法、区块生成算法和区块选取协议（蔡晓晴等，2021）。其中节点选取算法最为常见。节点选取算法根据节点竞争和节点验证权力不同，将区块链分为许可区块链（Permissioned Blockchain）、权益证明区块链（Proof-of-Stake Blockchain，PoS）和工作证明区块链（Proof-of-Work Blockchain，PoW）[①]。

分布式存储技术是指数据文件分散存储在集群服务器中，而这样的集群服务器由大量的存储硬件构成。在分布式存储系统中，各节点独立、平等地写入并存储数据，形成去中心化的数据块。分布式存储技术能够有效避免数据丢失并防止数据篡改，提高了数据的可用性和可靠性。

智能合约技术本质上是一套计算机代码实现的数字合同，其保证在没有第三方的情况下，参与者按既定规则（如共识机制）进行交易。智能合约技术保证业务流程公平公正地自动执行，拓展了区块链的应用范围。简单概括，智能合约类似于一般编程语句中的 If-Then 语句。图 2-2 展示了智能合约的全生命周期。经过前期部署，智能合约就能实现自我执行和自我验证（何海武等，2018），在分布式计算和物联网领域均有广阔应用。

---

① 三类不同共识机制对应不同区块链认可方式：许可区块链对应的共识机制是参与链条的主体拥有完全更新分类账的权力；PoS 和 PoW 共识机制下，更新分类账的投票权力分配至持有的代币数量（即 Stake）或贡献的计算资源的比例（即 Work）上。因此，这类共识机制也可以理解为投票权力的分配方式。

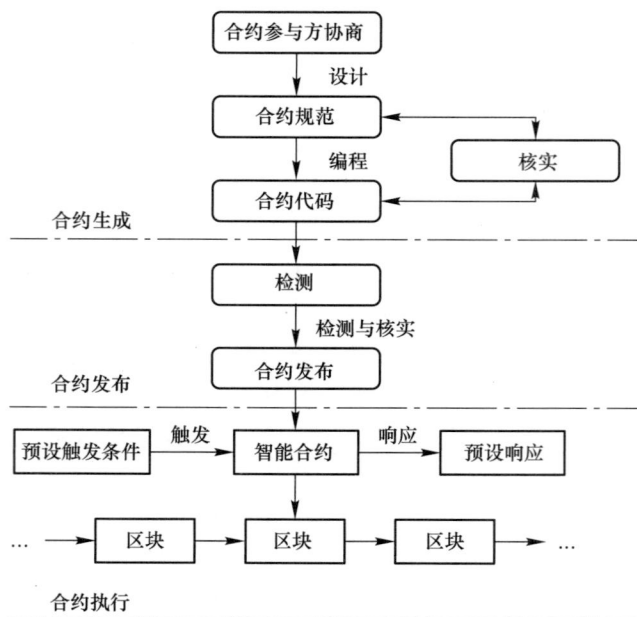

图 2-2 智能合约的全生命周期

资料来源：编者根据何海武等（2018）绘制。

　　密码学技术主要用于加密算法，即通过加密技术保护数据安全，为区块链系统提供安全保障。具体而言，密码学在区块链中的算法包括哈希函数、Merkle 树、数字签名、环签名算法等（蔡晓晴等，2021）。密码学的应用原理是将大量数字的随机组合作为密码，从而有效遏制枚举法等强行破解密码的方式。然而量子计算机的产生对基于传统公私钥密码的分布式账本系统形成了巨大的安全威胁，量子计算机的算力可以轻松达到普通计算机算力的亿倍以上，基于传统密码学的保护机制可以被轻松破解。

　　简而言之，共识机制进行数据规范，分布式存储实现数据记录，智能合约完成自动化执行，密码学技术保障系统安全——四大核心技术各司其职，共同维护区块链的平稳运行。

### 三、云计算技术

　　云计算技术是指可用于对共享的可配置计算资源池进行网络访问的技术。云计算技术的典型特征包括共享性、灵活性和可扩展性。共享性指云计算技术服务提供商可以将计算资源集中并合理配置，充分利用闲置资源，使公共计算能力在客户群体中共享。灵活性是指云计算技术服务提供商可以依据云应用的资源情况，根据服务对象的需求灵活分配算力和数据资源，而不受地域限制。可扩展性则是指用户的"云"规模可以动态伸缩，从而灵活满足用户流量规模变化。

　　云计算技术主要包括虚拟机技术、分布式资源管理技术与并行编程技术。虚拟机技术是将主机的计算能力分割并分配至虚拟主机，为用户提供非实体的线上硬件或软件。虚拟机技术打破了空间局限，使用户在远离主机的操作端也能进行计算。分布式资源管理技术是在多节点并发的执行环境中，各节点可按照同一协议，同步、统一地执行操作，如公司可借助分布式资源管理技术一次性同步更新所有员工计算机上的某一软件。并行编程技术是指主系统将计算任务切分成多个子任务并分配给虚拟主机，各子任务协调运行、共同完成计算。这使得主系统可整合来自各虚拟主机的计算能力，很大程度上提高主系统的计算效率。云计算技术已成为数字保险的重要基石，分布式云计算逐渐替代单纯的数据虚拟化和数据上云，支撑保险行业的敏态业务需求，满足业务数字化需求。随着技术进步，云计算衍生出了"云原生"这一概念，成为云计算领域的蓝海市场。

## 拓展阅读

### 从云计算到云原生

云原生是云计算的衍生概念。为了更好地理解这一概念，我们可以将云原生拆分成"云"和"原生"两部分：云是相对于本地而言的，传统的应用都是运行在本地机房的服务器上，而云的应用则是运行在云端（如 IaaS、PaaS、SaaS）。原生则是指在"云"端进行相应架构设计、开发方式、部署维护。如果说云计算是将数据上云并进行数据分析的话，那么云原生就是在云计算的基础上增加云的各项服务能力，如以传统云计算应用为中心，构建韧性高、弹性大、可移植和可扩展的应用。

从技术上讲，云原生特有的核心要素包括微服务技术、DevOps、持续交付、容器化等。微服务是一种用于构建应用的架构方案，其将应用拆分成多个核心功能，具有针对特定服务发布、影响小、风险小等特点。DevOps 是基于敏捷开发[1]将软件开发、测试人员、IT 运维关联在一起，通过工具、组织等方式使开发、测试、发布流程自动化，软件发布频繁、高效。持续交付即不间断交付。敏捷开发和 DevOps 要求随时都有一个合适的版本部署在生产环节上，并满足频繁发布、快速部署、快速验证等需要，持续交付就是一系列能力的统称。容器化是指系统需要较成熟和稳定的容器技术，即拥有一个单独的应用程序进程和运行资源的高度隔离能力。[2]

"云"作为数字保险建设发展的重要基础设施，已经逐步由"面向云迁移应用"的阶段演进到"面向云构建应用"的阶段。利用智能的调度、高效的管理、协同的资源、安全的隔离，云原生技术能够打造全场景机制服务体验，构建数据全栈智能，提升大规模业务冲击能力，实现更短的端到端业务延时，助力保险行业数字化升级。

（资料来源：金融云原生 2.0 发展应用白皮书. 北京金融科技产业联盟，https://www.bfia.org.cn。）

---

[1] 敏捷开发：早期的项目使用的是瀑布模型进行软件交付，即一个阶段所有的工作完成之后再进入下一个阶段，但这样的模式无法满足业务快速开发交付及变更需求的情况，于是后面就出现了敏捷开发这一概念，即一种快速应对需求变化软件开发能力。

[2] 微服务、DevOps、持续交付等内容，要求应用要原子化、快速的开发迭代、快速的上线部署，划分为虚拟机的方式不能保障应用在每个环境（Dev、Test、Pre、Prod）都一致，容易引起应用因环境的问题而产生程序错误，容器的出现较好地解决了这个问题。

云计算技术共有三种服务模式，分别是软件即服务（Software-as-a-Service，SaaS）、平台即服务（Platform-as-a-Service，PaaS）和基础设施即服务（Infrastructure-as-a-Service，IaaS）。SaaS 模式为用户提供云平台上的软件服务。用户无须下载至本地，也无须关心软件的升级维护和使用许可证，即可在不同的硬件设施上使用该技术。在这种模式下，云计算技术服务商根据用户使用的软件种类、时长等进行收费，如我们常用的微软 Office365。PaaS 模式是指云计算技术服务商提供开发、部署、运维软件的平台，用户无须关心底层逻辑，只需着眼于自己应用程序的创建，如 Google App Engine[①]。IaaS 模式向用户提供虚拟主机、存储空间等基础设施，用户可自行选择 CPU 核数、内存空间大小等，并按需付费，如 Amazon Web Services[②]。图 2-3 也展示了云计算在应用服务、基础服务和支撑服务上的服务内容。

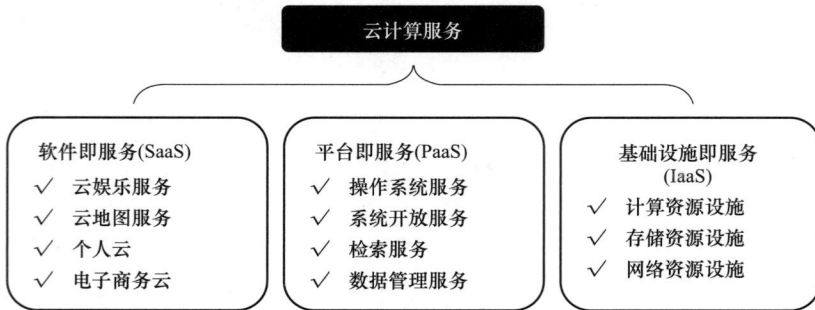

图 2-3　云计算技术的服务内容

资料来源：编者根据公开信息绘制。

## 四、人工智能技术

早期人工智能是指基于人类智能行为规律（如学习、计算、推理、思考、规划等），具备一定智慧能力的人工系统。它能够完成往常需要人类智慧才能胜任的工作（Patrick Henry Winston，1984）。人工智能技术在本书中泛指一类能够模拟、延伸和拓展人类智能的技术。类似于大数据技术，人工智能技术不能狭义地被概括为机器学习或者智能识别等技术，它可以泛指一切能够使得机器或程序代替人类实现认知、识别、分析、决策等功能的技术。从这个角度来看，人工智能技术与大数据技术有交集，但不是完全包含的关系。

人工智能技术有许多分类方式。在学界，人工智能既是一类技术，也是一类融合了计算机、智能工程等多领域的交叉学科。在经过了以让机器具备逻辑推理能力为核心的第一次发展浪潮（1956—1974 年）、以知识库系统和知识工程为核心的第二次发展浪潮（1980—1987 年）后，深度学习理论的突破正在推动人工智能第三次发展浪潮（2006 年至今）。移动互联网、云计算、大数据等新兴数字技术为人工智能各项技术的发展提供了充足的数据支持和算力支撑，以"人工智能+"为代表的业务创新模式也随着人工智能技术和产业的发展日趋成熟。中国科

---

① Google App Engine：是一个允许用户在 Google 的基础架构上运行自己应用程序的平台。用户无须维护服务器，只要上传相应代码，即可运行、部署和拓展应用程序。

② Amazon Web Services：是向全球提供云基础设施的平台，具有极高的安全性、拓展性和可靠性。运用该平台提供的云基础设施，用户可以实现在全球部署应用程序负载，而不受空间、时间的限制。

学院张钹院士、中国工程院李德毅院士和王恩东院士等指出，人工智能已经历计算智能、感知智能阶段，正将迈入认知智能阶段。本书参考有关机构和学者的研究结果，借鉴清华大学人工智能研究院的划分方式，在图2-4中展示了人工智能技术的7大关键技术领域和13个外延技术子领域。

图2-4　人工智能技术核心子领域与外延子领域

资料来源：编者根据清华大学人工智能研究院的《人工智能发展报告2011—2020》绘制。

人工智能技术最常见的子领域包括机器学习、知识图谱、人机交互、自然语言处理等。机器学习技术是多学科（概率统计、神经网络等）交叉的技术，也是人工智能的核心技术之一。机器学习技术研究如何让计算机能够像人类一样获取新知识，不断更新其数据库。知识图谱技术帮助人工智能实现结构化信息存储，在知识图谱中每一个节点代表真实世界中的一个对象，每一条边代表两个对象之间的关系，节点与边交织构成复杂的知识网络。人机交互技术用于实现人类与计算机之间的信息交换，不同于传统的交互技术（鼠标操作、键盘输入等），一些新兴交互方式如语音交互、体感交互，能够显著提高用户体验。人类将信息传达给计算机后，计算机对这些信息进行处理，这就要用到自然语言处理技术。这一技术将人类语言转化为计算机语言，便于后续计算机功能的运行，常见应用有问答系统、机器翻译等。

## 五、物联网技术

物联网技术是一种通过互联网与多种信息传感手段连接所有物品，实现智能化识别和管理的技术。物联网技术使万物实现智能互联，将实物与计算机实时连接，如共享单车、智慧家居、可穿戴设备、车联网等。物联网在便利人们生活的同时，也给社会各行各业带来了深刻变革。物联网技术的应用，掀起了继计算机、互联网之后信息产业发展的第三次浪潮。

物联网技术包括射频识别（RFID）技术、传感器技术和无线传输技术等。射频识别技术由阅读器、电子标签和数据管理系统三部分组成。阅读器通过无线电波获取电子标签的信息，并传回数据管理系统进行分析处理，以实现身份识别与数据读写。射频识别技术的常见应用有电子门禁、物流追踪、一卡通系统等。传感器技术是物联网用于获取数据的重要方式，将声、光、温度、压力等信号转变为电信号，使万物可读取、可控制。例如，智慧家居中，温度、湿度传感器在连接空调、加湿器后可以用于调节室内温度和湿度，光电传感器可用于控制电器开关，红外传感器可用于感知用户所处位置，节约资源的同时优化用户体验。而物联网的无线传输技术则将传感器连接起来构成庞大的网络，如同物联网的"神经系统"，分为近距离和远距离两种类型。近距离传输多用于局域网，常见应用有工厂生产、公司管理等；而远距离传输则是物联网技术进步的重要突破点，目前多用于物流管理、农业远程监测等场景。图2-5展示了相关技术的关系。

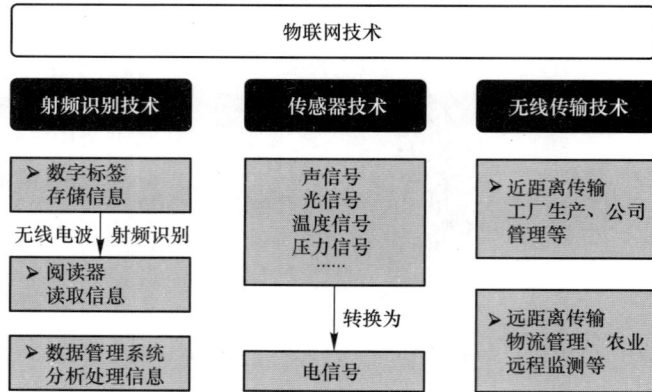

图2-5　物联网主要技术图

资料来源：编者根据公开信息绘制。

车联网技术是物联网技术的一个重要分支，是一种将汽车、电子、信息通信、交通运输和交通管理等行业深度融合的技术，可实现车内网、车际网和车载移动互联网的连接。随着技术发展，车联网技术已不限于车辆自身及周边数据的采集，还包括车—人、车—车、车—路、车—云之间的数据传输，以及对数据的分析和应用。车联网技术主要有汽车电子技术、V2X无线通信技术以及多接入边缘计算技术。汽车电子是车辆所有电子设备的总称，由传感器、处理器等组成。汽车电子技术可用于对车体及车载各部件的感知、分析与控制。例如，紧急刹车辅助系统（EBA）使用汽车电子技术来检测紧急情况下驾驶员制动行为是否满足安全需要，并自动减弱或增强制动力，帮助用户实现安全驾驶。V2X无线通信技术，包含车—车（V2V）、车—环境（V2I）、车—行人（V2P）、车—外部网络（V2N）等场景，便于驾驶员及时感知路况，从而提升驾驶安全性，减少驾驶事故。多接入边缘计算是指将收集到的数据在更靠近用户的一端（即车机端）进行运算分析，能够减少响应延时，提高效率，也在一定程度上保证数据的安全。

## 第二节　数字技术在保险行业中的应用

数字技术拓宽了保险行业发展的边界，使保险机构、保险客户和保险监管机构多方受益。数字技术的应用正在逐步改变保险行业的经营模式、竞争格局和产业生态。本节将基于数字技术的特性与优势，阐述大数据、区块链、云计算、人工智能和物联网五种数字技术在保险行业中的应用。需要指出的是，保险机构在数字化发展的过程中，往往会将多种数字技术结合起来，应用于同一项业务中。例如，保险机构绘制客户画像时既需要使用大数据技术，也可能使用云计算技术和物联网技术。因此本节中不同数字技术的应用指代不同应用中最关键的数字技术，而非唯一的数字技术。

## 一、大数据技术在保险行业中的应用

对保险行业而言，大数据技术是行业创新与增效的核心所在。运用大数据技术，保险机构可以挖掘并分析行业积累的海量数据，得出有价值的结论。在这些结论的基础上，保险机构能够实现广告的精准投放、产品定价体系的优化，以及欺诈识别能力的增强。

（1）运用大数据技术绘制客户画像，实现广告精准投放。随着行业合作度和信息公开度的提高，保险机构能够获取并积累海量数据，这为大数据分析提供了基础。如图 2-6 所示，借助这些数据，保险机构可以为客户画像，内容包括客户的个人属性和金融信息（如业务订单、客户收入、理财产品交易）等，建立覆盖衣食住行各方面的客户标签。保险机构据此将客户市场细分，识别潜在客户，进行精准的广告投放。此外，保险机构运用大数据技术识别客户需求，确定产品创新方向，从而实现从产品研发到保险广告的个性化、定制化，提高保险机构的竞争力。

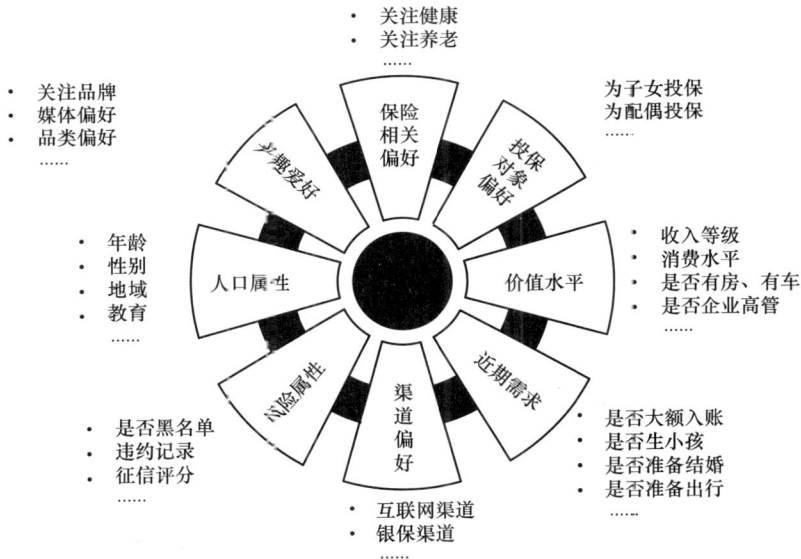

图 2-6　客户画像结构简图

资料来源：编者根据道口保险观察《保险科技技术发展趋势系列报告》绘制。

### 小案例

#### 中国人寿财险"财数宝"：基于客户价值挖掘的精准营销支持

在保险行业数字化转型进程中，部分公司缺乏精准化营销、精细化服务的有效办法，过度依赖费用比拼而忽略客户需求，最终导致产品销售成本高、产品质量低。中国人寿财险针对上述痛点，搭建了"财数宝"这一基于客户价值挖掘的精准营销支持平台。

"财数宝"汇总中国人寿财险客户的业务数据和标签画像，总结一线业务员业务经验，运用认知计算和机器学习技术进行建模，最终形成各类产品高概率购买客群的画像。利用财数宝平台，中国人寿财险实现保险产品高精度推荐，助力保险营销。

"财数宝"的核心在于大数据技术。在综合运用中国人寿财险和广发银行客户数据的基础上，财数宝平台构建了包括客户财险保费、投保年限、出险次数、寿险保费、寿险星级、广发银行资产、储蓄金额等众多指标，覆盖指标范围广。同时，财数宝平台综合运用 LightGBM 模型、XGBoost 模型、认知计算技术等进行数据建模，通过算法的高精度实现产品推荐预测的高精度，以此实现精准营销。目前，财数宝平台已为多家保险机构、多种产品的营销提供了技术支持，赋能营销成效显著。例如，2020 年中国人寿财险借助财数宝平台，将车险客户的非车险产品购买率提升了十倍以上。

（资料来源：中国银行保险传媒股份有限公司. 2020 保险业信息化优秀案例精编. 北京：中国金融出版社，2020。）

（2）运用大数据技术建立精准定价模型，赋能保险产品定价体系。保险产品定价的数理基础是大数法则，保险机构通常以大量相似风险标的的数据为基础确定可保风险，并进行产品定价。不同于传统定价方法的抽样数据分析，大数据技术使保险机构可以实现对全量数据样本的分析，得到更完整的数据表现与更全面的风险评估，从而得到更精准、更合理的保险产品定价。此外，在寿险和健康险领域，可穿戴设备技术将大数据的收集范围扩展至客户的日常生活，为保险机构提供客户的生活习惯、身体状态等信息。在此基础上，保险机构运用大数据技术进行实时分析，为运动量达标或作息习惯良好的客户降低保费，实现动态定价，提高产品竞争力。

（3）大数据技术具有高效的识别分析能力，可提高保险理赔效率。理赔过程包括报案、事故查勘、定损、专家核赔、理算、赔款支付等环节，通常需要客户等待较长时间。保险机构运用大数据交互技术，将保险机构、相关部门和第三方数据进行关联分析，快速识别异常场景和异常状态，完成保险赔付条款匹配，大幅提高理赔效率。同时，大数据技术的终极目标是借助对数据的理解辅助人们在各类应用中作出合理的决策（程学旗，2014），而大数据计算能够实现对客观事物高效而精准的判断。例如，在应对事故判定时，结合机器学习等技术，保险机构可以运用大数据技术分析客户上传的事故现场图片，根据过往积累的数据和判断经验，迅速识别事故原因并确定各方责任，为客户提供精准而便捷的理赔服务。

（4）运用大数据技术建立反欺诈数据库，识别保险诈骗规律。保险欺诈行为包括夸大理赔金额、重复理赔、内部人员舞弊和故意制造损失等。针对这些欺诈行为，保险机构和第三方科技公司可以共同构建保险欺诈案例的数据库。基于对保险业务数据、客户数据、社交数据的有机整合，保险机构可以运用大数据技术总结投保方欺诈规律，建立欺诈风险识别模型。利用这些识别模型，保险机构可以实时检测保险业务中的异常数据、识别可疑案件并及时采取措施。因此，大数据技术能显著提高保险机构应对欺诈的能力，帮助其规避风险，降低损失。图 2-7 展示了北明软件基于图计算的保险智慧反欺诈平台的应用架构。平台改变了仅依赖人工经验的欺诈识别和风险管理模式，通过引入关联关系网络，丰富了数据库与风险识别能力，让风险识别更加精准化，增强了欺诈犯罪的精准打击能力。

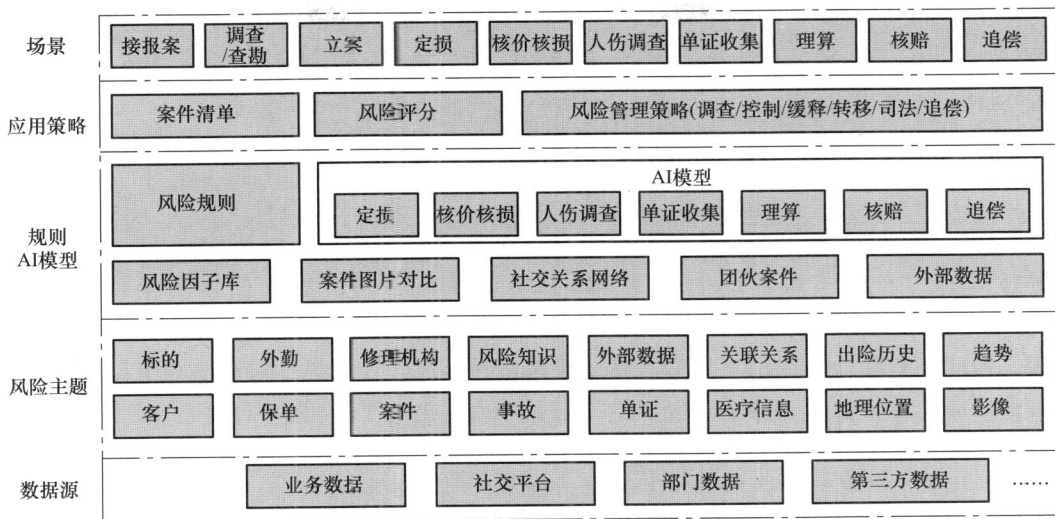

图 2-7　大数据技术在反欺诈建模中的应用架构

资料来源：编者根据北明软件官网信息绘制。

## 二、区块链技术在保险行业中的应用

现阶段，保险机构通常运用区块链某一特定的核心技术来赋能保险业务，不同的核心技术能够发挥不同的作用。具体而言，区块链技术在保险中的应用主要包括：保险机构使用智能合约技术简化合约签订流程；运用时间戳技术形成不可更改记录；借助分布式存储技术打造一致信任的数据库系统。

（1）运用智能合约技术简化保险业务流程，降低人工成本。区块链的智能合约技术以产品购买记录和特定情形作为支付触发条件，使保险业务流程各环节在无须人工参与的情况下"自治"运作。以保险理赔为例，智能合约技术将保险合同的款项数字化，将理赔条件参数化，结合各类信息记录和实时数据库比对，自动触发并执行智能合约。计算机可据此判断被保险人是否满足赔付要求，若被保险人满足要求则能在无人工参与的情况下自动执行理赔，一定程度上降低了保险机构的人工操作成本。

## 小案例

### 安盛保险："智能合约+保险"为航空旅客提供自动航班延迟赔偿

2017 年，法国保险巨头安盛保险推出一款名为 Fizzy 的新区块链保险产品，该产品使用以太坊公有区块链为航空旅客提供自动航班延迟赔偿。借助该产品，安盛保险成为第一家提供使用区块链技术的保险产品的大型保险集团。

这款名为 Fizzy 的产品，在航班延误超过两个小时后，将会自动执行赔偿机制。安盛保险将公有以太坊区块链用于记录保险产品购买，并通过使用区块链上的智能合约来触发自动支付。以太坊智能合约还与全球空中交通数据库相连接来不断监视航班数据。

　　安盛保险研发主管 Laurent Benichou 表示，通过 Fizzy 这种独立的智能合约而非保险公司来触发消费者赔偿是一种新的保险架构模式，将会成为未来产品的主流。

　　（资料来源：安盛：以太坊智能合约助力航空延误险自动理赔. 未央网，2018-06-19。）

　　（2）运用时间戳①技术形成不可更改记录，增强风险控制能力。由于时间戳技术的使用，区块链技术具有数据不可篡改的特性，这确保了保险公司数据存储系统的安全（许闲，2017）。信息按时间顺序被储存在不可更改的链中，每一个节点上记录的数据都真实可靠，并可追溯，因此能够降低伪造用户身份、篡改核保信息等风险。同时，保险公司可以通过公有链数据对索赔历史进行检索，防止多次索赔等骗保行为，提高了赔付的准确性。

　　（3）运用分布式存储技术建立一致信任数据库系统，提高客户信任程度。区块链技术的运用，使数据具有开放性、透明性与不可篡改性，能够保障数据的安全性和可靠性。一方面，保险机构可以引入区块链技术建立一个多方参与者一致信任的数据库系统，并且能在最小化账簿记录的激励成本的基础上最大化参与者信任程度（Abadi 和 Brunnermeier，2019）。另一方面，由于区块链具有公开性，区块链技术的运用也一定程度上降低了客户与保险机构之间的信息不对称。例如，保险机构和中介机构可以建立区块链联盟，双方基于区块链平台进行交易的确认、记录、对账与结算，并运用智能合同自动执行相关协议，避免造假，提高客户信任度。

## 小案例

### 德华安顾人寿保险：依托区块链的保单数字化托管

　　2021 年 12 月 10 日，德华安顾人寿基于区块链技术的保单数字化托管业务正式上线运行。保单数字化托管业务是指保险机构在向投保人出具保单的同时，将相同的保单托管至上海保险交易所；上海保险交易所负责保障所托管保单的安全性和不可篡改性，并为投保人配发实名制保险账户，将托管保单以电子簿记方式统一登记至该账户内，同时向投保人提供保单信息的在线查询验证服务。

　　保单数字化托管业务充分利用了区块链技术能够有效防止数据被篡改以及造假的特点。一方面，上海保险交易所是银保监会的直接管理机构，保险公司的保单由其托管，表明公司销售产品的真实性与合规合法性；另一方面，客户保单使用区块链技术进行加密，可保证客户保单信息无法被篡改，增强电子保单可信度。客户可通过 App、微信、网站等多种方式查询，实现多元化、多方位验证，保障了客户保单的安全性。

　　（资料来源：科技雷达 2021 案例探秘：德华安顾人寿的区块链应用. 2021-12-14，百度网。）

---

　　①　时间戳：指对区块链某个节点上的数据进行时间验证的技术，用于证明该节点上的数据是在此时间之前产生的，且未经过此时间后的修改。

### 三、云计算技术在保险行业中的应用

在科技重构保险业态的阶段，发展云计算是保险机构实现数字化升级及科技驱动的第一步。基于云计算能力构建的保险业务平台，具有算力弹性扩展、系统运行稳定、客户体验良好等优点。云计算技术的运用一定程度上解决了传统 IT 架构存在的诸多问题，并推动了技术创新助力业务创新这一时代发展趋势。

（1）运用云计算技术使算力资源得到更合理的分配，实现保险业务降本增效。云计算技术的核心在于算力分配的灵活性。一方面，不同于传统的机房等 IT 基础设施自建、自用的模式，云计算的 SaaS 等服务模式可以实现对保险机构 IT 基础设施的共享。通过云计算对散落在各个数据终端的各类数据资源进行整合，保险机构可以根据产品开发、风险定价、保险展业、承保理赔等不同环节的特点，分配适当的算力。另一方面，云计算能够满足保险机构灵活部署算力资源的需求，解决传统 IT 技术方案投入成本高、运维工作量大的问题。由于市场的灵活多变，保险机构内部也需要快速实现业务上下线与产品更替迭代。云计算技术能够快速抽调算力进行场景分析或业务计算，提高保险机构运营能力。

---

**小案例**

#### 阳光保险：保险容器云实现公司内部降本增效

阳光保险容器云是阳光保险集团应用容器化技术，结合 DevOps 和微服务等技术搭建的云原生平台。容器云平台底层采用了 K8s 技术来动态调度管理容器及应用，以 Jenkins 为枢纽打通自动化开发和自动化运营流程，实现产品的自动集成与自动发布。

截至 2020 年 6 月，容器云平台已运行包括车险核心系统、寿险全能保等 20 个系统。该平台通过容器化技术对 GPU 资源的调度，极大地提升了系统资源利用率。其镜像技术和容器化技术的配合提高了单位资源利用率，降低了系统资源单价，使整个系统运营成本降低20% 以上。与此同时，该平台显著提高了公司 IT 资源管理能力，提升了资源供给和应用发布效率。平均资源申请流程耗费时间从原来的 14 天降低至 5 天。该平台有效解决了公司日常运作中存在的 IT 资产不明确等问题，为公司数据资源开发和营运效率提升做出了巨大贡献。

（资料来源：中国银行保险传媒股份有限公司. 2020 保险业信息化优秀案例精编. 北京：中国金融出版社，2020。）

---

（2）运用云计算技术增强保险机构流量高峰时期的算力，保障承保效率。保险机构可借助云计算技术对现有算力扩容，同时处理海量并发数据。例如，在"双 11"等流量高发期，云计算技术提供的算力支持尤为重要。保险机构可以按需购买云计算服务器，在特定时间段内应对高发的用户数据，弹性拓展算力，从而高效地进行承保，以应对大批量订单。云计算技术通过提高保险机构在订单高发时期的算力，有效保障了承保效率，帮助保险机构减少当下客单的流失，以及后期核保失误造成的损失。

**小案例**

### 永安保险：基于云原生的核心业务系统保障运营能力

　　永安保险经过多年的 IT 建设，目前已有超 200 个 IT 系统，这些系统主要分为四大类：第一类是核心业务类系统，第二类是渠道业务与服务类系统，第三类是数据分析类系统，第四类是公共基础类系统。其中，意健险核心业务系统（下简称意健系统）是基于云原生实施的重要 IT 建设项目，于 2020 年 2 月和 5 月分两批次成功上线。

　　意健系统立足云原生的全栈①能力，可有效应对流量高峰场景下运营能力不足的问题。意健系统在技术方面具有高度领先优势，其基于云原生环境部署并使用云服务组件，如容器、服务网格、分布式缓存与消息队列、微服务框架与监控、前后端分离技术与 H5（跨设备、浏览器）、搜索引擎与读写分离等。此外，意健系统还基于云原生数据库 GaussDB（for MySQL）实现了主流商业数据库 Oracle 至 GaussDB 的安全切换。这些功能基本覆盖了运营必需的所有功能，能够保证在流量高峰时进行特定功能的扩容。

　　因此，即使在海量数据高并发场景下，意健系统仍然可以保持数据库超高性能，确保系统数据不丢失。它还具有支持跨 AZ（Available Zone，可用分区）部署、故障恢复时间短（最长 10 秒内恢复）等优点，使永安保险业务连续性程度得到大幅提升，实现 RPO（数据恢复点目标）为 0、RTO（恢复时间目标）达到秒级。这些能力，不仅满足了金融监管要求，还降低了数据库运维压力，大幅提升了业务运转效率，为永安保险数字化升级打下坚实的云上核心分布式架构和数据底座基础。

　　（资料来源：金融云原生 2.0 发展应用白皮书. 北京金融科技产业联盟官网，2022-04-15。）

## 四、人工智能技术在保险行业中的应用

　　智能保险是人工智能技术与保险行业深度融合的新业态，是用机器代替和超越人类部分经营管理经验与能力的保险模式变革。人工智能正逐步成为决定保险行业沟通客户、发现客户保险需求、辅助客户保险决策的重要因素。在服务应用中，以自然语言处理、语义识别、机器学习和信息检索与推荐为核心的人工智能技术，满足了智能客服、智能推荐、智能核保等需求。

**小案例**

### 同方全球人寿：探索人工智能技术在智能核保中的应用

　　2020 年，同方全球人寿启动"智能核保引擎"项目。基于海量的医疗类保险核保案例，同方全球人寿使用人工智能技术，搭建了可自主学习、自主决断的智能核保系统。该系统具

---

　　①　全栈（Full Stack）：一般代指全栈工程师，即掌握多种技能，并能利用多种技能独立完成产品的人。本书指云原生的产品开发能力全面且完整。

备文本交互实现智能识别、人机耦合实现智能决断和语音交互实现智能咨询三大功能。首先,该系统运用光学字符识别技术(Optical Character Recognition,OCR),自动提取体检报告的信息,并采用行业先进的语言模型来识别语义要素,从而实现对体检报告信息的智能识别。其次,该系统在自动解析投保材料的基础上,配合专业的核保人员进行人工反馈,从而及时纠正错误,攻克核保过程中的重难点问题,提高系统的决断能力。最后,该系统还可用于预核保咨询,借助语音交互技术与客户沟通,为客户推荐最适合的保险方案。

(资料来源:同方全球人寿官网。)

(1)智能保险顾问代替人工,实现产品推荐自动化,定损核赔智能化,赋能业务流程。人工智能技术可助力保险公司开展智能保顾业务,实现保险销售自动化、定制化。客户向保险公司提供相关信息后,人工智能技术即可进行计算分析,预测客户需求,得出最适合客户的保险产品,甚至为客户提供多项产品的组合定制。针对理赔过程烦琐的现象,保险机构运用人工智能技术缩短理赔流程,通过智能化定损核赔,提高理赔效率。以车险为例,过去车主理赔需要经历六个环节:报案、事故查勘、车辆定损、专家核赔、理算和赔付,往往需要等待较长时间。而在事故发生地等待理赔的过程中,受损车辆堵塞道路,也给其他车辆的行驶带来危险。为解决这一问题,中国平安保险推出"一键理赔"服务,在定损、核赔、偿付等多个环节实现了自动化。事故发生后,车主只需拍摄并上传车辆受损部位的图片,后台即可运用机器学习、图像识别等技术实现快速定损,并运用大数据技术获取当地维修厂的实时价格,出具维修方案和理赔金额。若客户无异议,则理赔金额自动转账,理赔过程自动完成。平安车险的自动化、智能化理赔,不仅很大程度上提高了理赔效率,节约了保险机构的时间成本和人力成本,同时也优化了客户体验,提高了车险产品的竞争力。图2-8总结了人工智能如何赋能保险业务的流程。

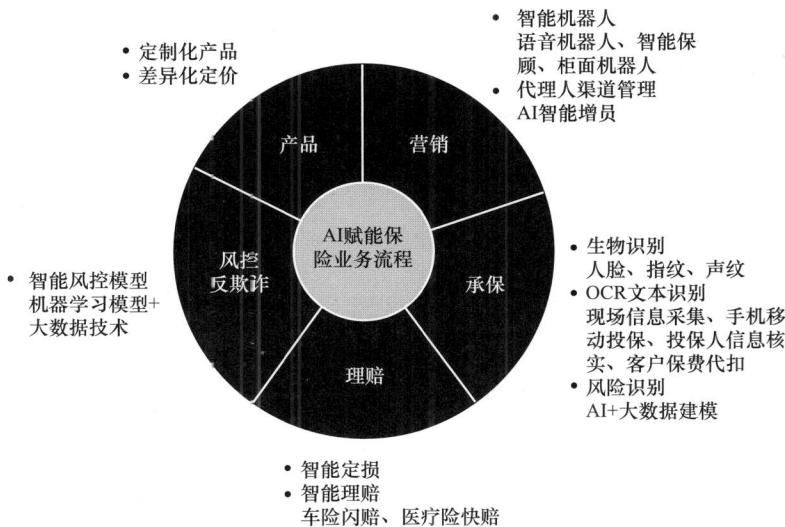

图2-8 人工智能赋能保险业务全流程

资料来源:编者根据道口保险观察《保险科技技术发展趋势系列报告》绘制。

（2）运用智能核保自动识别报告完成决策，扩大保险受众。人工智能技术能够为客户提供方便、高效的核保服务，并扩大客户群体。例如，在医疗保险领域，智能核保系统可自动识别体检报告的文字信息，解析投保材料并做出核保决断。此外，过去在人工核保时，用户通常因为健康告知①环节不通过而被保险机构拒绝承保。智能核保系统新增了二次核保过程，允许保险机构在一定条件下，向部分健康告知不通过的客户承保。具体而言，客户填写健康告知问卷后，人工智能会初步判断是否可以直接承保。即使判定结果为否，客户仍可在此基础上向保险机构提供更详细的健康信息，由人工智能进行第二次核保，制定更高的承保条件，如提高保费或限制保险范围。因此，人工智能技术在核保环节的应用能够进一步扩大保险受众。

### 五、物联网技术在保险行业中的应用

物联网技术的特殊之处在于人们生活中的所有环节几乎都可以使用物联网设备，其中许多都配有传感器和自动激活功能。这些设备收集到的海量数据既可以用于实时分析，也可以自动触发反应或服务。保险机构利用这一特点，可以加强与客户的互动，并加速保险业务各项流程，也能更加精准地判断风险。

（1）保险机构利用物联网传感器预知风险，前置措施降低损害。物联网技术通过客户身边无处不在的传感器获取大量数据，并通过无线传输技术汇总至数据库。结合云计算和人工智能等技术，保险机构可识别客户周边潜在风险并提前采取预警措施，以减少客户损失和保险机构赔付金额。预警的主要方式包括设备自动响应和人工干预两种。其中，设备自动响应是指互联网平台计算得出最优措施，并通过无线传输技术返回到设备，控制其进行响应。例如，车联网技术识别到客户驾驶行为风险后，自动开启无人驾驶模式来规避危险。人工干预则是指互联网平台控制设备发出警报，提醒客户自主应对。例如，智慧家居中的烟感报警系统可在室内烟雾浓度过高时用蜂鸣器报警，从而降低火灾事故发生率。

（2）物联网传感器长期观察客户习惯，形成客户激励机制，培养受保人安全习惯。保险机构运用物联网技术收集客户的行为数据，识别更健康、更安全的生活习惯。基于这些数据，保险机构可以为事故发生可能性较低的客户降低保费，实现个性化、动态化定价，从而激励客户在日常行为中自觉规避风险。这一应用不仅能够保障用户权益，也可减少保险机构的赔付支出。众安保险于2015年推出的"步步保"健康险，即借助了可穿戴设备与运动大数据技术。用户可将当日运动步数兑换成保险金额，运动越多保额越高，通过运动习惯实现保险金额动态变化。

## 第三节　数字技术在保险行业中的应用难点与前景

数字技术与保险行业的融合并非一帆风顺，两者的融合会在很大程度上对保险行业原有经

---

① 健康告知：指在医疗保险核保过程中，保险机构会向客户提出一系列风险相关的问题，如健康状况、患病历史等，客户需如实回答。

营模式产生冲击，因而在融合过程中会遇到诸多应用难点。与此同时，数字技术的应用也会引发新的风险，带来新的机遇与挑战。本节从三个角度梳理目前数字技术在保险行业中的应用难点，并提出四点可能的发展方向。

## 一、数字技术在保险行业中的应用难点

数字技术在保险行业中的发展不仅取决于相关数字技术可操作程度和场景适应力，还取决于保险主体对数字技术的接纳与适应程度。因此，数字技术在保险行业中的应用难点应从技术发展角度、保险机构执行角度和规范化管理角度等方面综合考虑。

### （一）技术发展角度的应用难点

从技术发展角度出发，保险行业主要存在数据标准管理与数据质量管理两大难点。数据是信息的载体，信息是改善服务的依据，因此管控数据标准，优化数据质量，对于促进数字保险发展至关重要。

数据标准管理的难点，体现在数据类型更新快，导致保险机构难以形成固定的管理标准，需要实时更新、动态维护。在中国信通院 2019 年发布的《数据标准管理实践白皮书》中，数据标准被定义为"保障数据的内外部使用和交换的一致性与准确性的规范性约束"[①]，是数字技术高效应用于保险行业的前提。数据管控平台是保险机构常用的标准化数据收集的工具，用于落实数据标准。但其弊端在于，数据管控平台需要业务人员具有快速更新能力，否则难以应对新型数据多发的情况。例如，如果保险机构采集到未收录于数据库的新型数据类型，就会与已有数据标准产生冲突。因此，保险行业的数据标准管理体系需实时更新，以处理数据收集端的大量新型数据，否则难以发挥数据标准管理体系应有的效力。

数据质量管理的难点在于数据生命周期长，保险机构需要在采集、存储、使用、修改等所有环节保证数据质量。这些数据处理过程环环相扣，牵一发而动全身，一旦某个环节的数据质量低下，将会影响后续所有过程，进而阻碍数字化价值的实现。数据质量管理的目标是通过提高数据的完整性、准确性、及时性、可靠性、实用性和合用性，提高数据的应用价值，促进保险业务的数字化发展。数据质量低下的原因有数据模型设计不周、数据质量监控薄弱、流转过程质量损失等，保障数据质量是数字技术发展面临的重大考验。

### （二）保险机构执行角度的应用难点

从保险机构执行角度而言，数字技术在保险业务中的应用主要存在组织制度效率低和数字化耗资规模大两个难点。保险机构的组织制度决定其运作模式，保险机构的组织制度效率低下将限制保险业务数字化的广度与深度。与此同时，保险业务数字化需要大量资金，用以升级技术、突破壁垒，这无疑为融资难、融资慢的小微保险企业带来了挑战。

组织制度效率低的难点在于现有保险人才构成会阻碍保险机构的数字化进程。长期以来，

---

[①]　中国信息通信研究院. 数据标准管理实践白皮书（2019）. 2019 - 12 - 18. http://www.cbdio.com/image/site2/20191216/f42853157e 261f617d6f1f.pdf。

以寿险公司为代表的保险机构的展业大多采用"重增员"的模式。公司依靠增员维持代理人队伍的架构来保证业绩增长，这意味着保险公司、保险中介机构和监管机构的人才构成也会以传统保险人才为主，不利于数字技术在保险行业中快速渗透。保险业务的数字化升级意味着保险机构相关部门需要具备"数字+"复合背景的工作人员，这无疑为保险机构的人员管理与人才组织工作提出了挑战。

数字化耗资规模大的难点体现在保险机构现有资金或融资额度不足会制约其业务的数字化升级。数字技术在保险业务中的创新与应用需要投入巨额资金，这是中小保险科技初创公司数字化进程的主要障碍。技术储备是一个渐进摸索的过程，需要长期、持续地投入研发资金。CB Insights 研究显示，2020 年全球 377 宗融资活动中，保险科技的年度融资额达到了 71 亿美元的历史最高水平，与 2019 年相比，融资额增加了 12%，交易数量增加了 20%。中国银保监会数据显示，2020 年中国的保险公司在科技创新方面的投入是 351 亿元，同比增长 27%。显然数字技术的创新发展需要巨额的资金投入，这可能超出小型保险公司或者初创公司的融资能力，因此融资不足也构成了数字技术在保险行业的发展难点。

### （三）规范化管理角度的应用难点

从规范化管理角度而言，数字技术在保险业务中应用的难点主要来自数据合规治理。面对国家出台的一系列法律法规，保险机构如何管控数据流通、保护隐私信息、保障数据合规，是数字技术应用于保险业务的重大命题。

数据规范化管理问题向保险机构各部门、保险业务全流程提出了挑战，需保险机构花费大量人力、物力进行规范化管理的落地实施。保险行业具有"大数法则"特征，拥有丰富的、高质量的历史经验数据，有利于提高保险机构的产品竞争力和服务质量。但与此同时，保险行业的数据包含大量敏感信息，一直是国家数据合规监管的重点关注对象。因此保险机构在获取与使用高质量数据的同时，也必须符合数据安全与隐私保护的监管规定，包括 2021 年 9 月 1日正式实施的《中华人民共和国数据安全法》、2021 年 11 月 1 日正式实施的《中华人民共和国个人信息保护法》等。由于结构复杂、保险业务流程烦琐等，保险机构往往需要倾注大量资金、时间与人力资源来实现数据合规治理。此外，由于缺乏相关经验，在推行数字化新型业务时，保险机构需要从源头厘清数据风险来源，评定风险等级，并基于不同业务场景给出相应解决方案。在此过程中，保险机构只有多次试错，不断发展，才能得到一套高效的数据合规治理体系。

---

**拓展阅读**

#### 数字保险市场对新型保险中介的需求与保险中介存在的问题

从保险实际客户获取保险产品信息的头部渠道来看，保险代理人是保险实际客户最偏好的信息获取渠道，63.3%的保险实际客户将保险代理人作为汲取保险关键信息的优选途径（见图 2-9）。虽然保险代理人并非覆盖客户数最多的投保渠道，但由于其面对的客户需求多为高保费、长期可持续的保单，创造保费收入规模巨大。

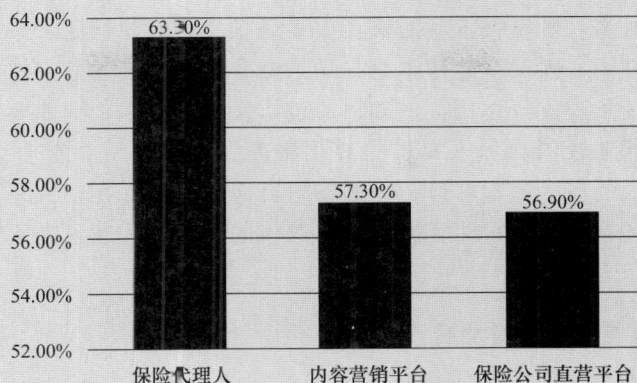

图 2-9 2021 年保险实际客户获取保险产品信息的头部渠道

当前，保险产品线上过度宣传、无关信息关联、潜在引导投保等问题为客户带来极大的甄别负担和投保顾虑。调研显示，接近 50% 的保险目标客户认为投保决策的最大障碍是自主甄别心仪产品的能力。保险目标客户对专业、客观的保险甄选建议需求迫切，超过 1/3 的保险目标客户期望可以在自主甄选产品的基础上获得保险专业人士的提示与指导。但现阶段绝大部分保险代理从业者基于对业务目标的追求，无法保证在保顾咨询服务上满足目标客户的专业性与客观性需求。

传统代理人渠道推广效率低的一大主要原因是大部分客户与代理人之间无法建立互信互利的优良联系。而这个问题的根源在于代理人责任与服务错配。调研结果显示，不论是保险实际客户还是保险潜在客户，接近 1/3 的调查者认为代理人应当对保单负有全流程的责任，而不是在完成销售任务后不再热心处理售后问题。进而代理人对售后服务的忽视也成了保险实际客户有关代理人的第二大需求痛点。此外，超过 33% 的客户认为代理人服务应当具有"专业、高效、契合客户风险保障需求"等特征，因此专业性较差、忽视客户请求、过度销售、无法提供高质高效的风险管理服务等问题也成为保险代理人饱受诟病的短板。

（资料来源：艾瑞咨询．保险新周期——保险用户需求新趋势洞察报告．搜狐网，2021-05-24。）

## 二、数字技术在保险行业中的发展前景

数字技术在保险行业中应用的前景广阔，得到了社会各方的广泛关注。数字技术与保险行业的结合现已形成保险科技这一分支产业。2021 年 12 月 29 日，中国保险行业协会保险科技专业委员会正式成立，并发布了《保险科技"十四五"发展规划》，强调进一步完善我国保险科技发展体制机制，构建坚实保险科技基础。下文提出几点数字技术在保险行业中的发展方向，供读者参考。

### （一）数字技术深度结合保险业务场景

数字技术将与更多业务场景结合，赋能保险业务场景化发展。目前，保险机构借助先进的

数字技术，结合汽车驾驶、移动支付、线上购物等日常生活场景，推出了多种场景化的定制保险产品。而随着技术进步，数字技术将能够在更多场景中为保险行业带来创新应用，促进保险业务的场景化发展。其中，人工智能技术是与场景结合最为紧密的数字技术之一，预计未来人工智能技术将在更多场景中发挥作用。例如，通过语义识别技术，智能客服将能够识别客户的方言语音，从而为不同地区的投保人提供差异化服务。这一应用对农业保险机构而言尤为重要。农业保险机构面对的多为三农客群，他们在语言表达方面存在较大差异。因此解决方言语音识别问题，在不同场景中实现智能客服与客户群体的无障碍沟通，是人工智能语义识别技术在保险行业的发展方向之一。

### （二）数字技术赋能绿色保险发展

2016 年 8 月，中国人民银行等七部委联合出台《关于构建绿色金融体系的指导意见》，将绿色保险纳入绿色金融体系范畴，正式提出大力发展绿色保险。2020 年 9 月 22 日，习近平在第 75 届联合国大会一般性辩论上提出碳达峰、碳中和目标，这为我国包括绿色保险在内的绿色金融体系提出了新的发展方向。绿色保险是市场经济中管理环境风险的有力工具，如光伏发电指数和风力发电指数保险等，而数字技术的应用可以赋能绿色保险，进而促进绿色产业的发展。例如，光伏发电指数保险可用于保障光伏发电量达标，一旦发电过程受到连续阴雨天气等因素的阻碍，保险机构将对投保方进行赔付，以平抑恶劣天气等环境风险对光伏发电产业造成的影响。为了更好地促进该类保险的发展，保险机构可以与气象部门合作，运用大数据技术等对天气状况实时监测，并与历史气象数据结合，从而优化定价体系，推出创新产品。

### （三）数字技术提升偿付能力监管水平

保险机构偿付能力一直是监管部门的关注重点之一。2016 年 1 月，经国务院同意，原中国保监会发布《关于中国风险导向的偿付能力体系正式实施有关事项的通知》，标志着我国保险行业正式进入偿二代[①]时代。2021 年第三季度数据显示，我国 178 家保险公司中，104 家公司综合偿付能力充足率较第二季度有所下滑，其中 22 家偿付能力充足率低于 150%，6 家保险公司出现"偿付能力不达标"的情况。[②] 下一步，我国的监管机构必将开始落实偿二代相关基础设施建设，并结合最新技术进行实时监管。银保监会的各项监管措施[③]中，有多条对时效性和强制性的技术要求。从监管方角度而言，保险监管机构可以运用数字技术，对保险公司的偿付能力进行实时和有力监控；从被监管方角度而言，保险公司可以运用数字技术更好地进行偿付体系的建设，保障自身偿付能力合规达标。数字技术辅助保险行业在偿付能力等方面的合规发展，也是未来的发展方向之一。

### （四）数字技术其他主要发展方向

数字技术在保险中的发展在较多研究报告中被多次提及，这也将是保险业在未来较长一段

---

① 偿二代：中国第二代风险导向偿付能力体系（China Risk Oriented Solvency System，C-ROSS）。

② 中国银保监会官网。

③ 六项监管措施包括：限制商业性广告；限制业务范围，责令转让保险业务或者责令办理分出业务；对风险和损失负有责任的董事和高级管理人员，责令公司追回其薪酬等。

时间的关注重点。2021年众多保险研究机构的研究和词频统计显示，未来一段时间内，健康类保险依旧是保险行业最热门的领域。在保险业务价值链中，定价、营销、承保依旧会是保险机构的关注重点。在技术层面，云计算和人工智能是初创企业使用最普遍的技术。

## 本章小结

本章首先介绍了保险业务中运用的五大数字技术，包括大数据技术、区块链技术、云计算技术、人工智能技术与物联网技术，概述其基本原理，以及相应的核心技术体系。随后，本章分别介绍了这五种数字技术在保险业务中的应用，详细阐述了数字技术如何赋能保险行业。其中，大数据技术帮助保险机构实现广告精准投放，优化定价体系，增强欺诈识别能力；区块链技术帮助保险机构简化合约签订流程，形成不可更改的数据记录并建立一致信任的数据系统，提高风控能力与客户信任程度；云计算技术为保险机构提供强大算力的同时，促进计算资源更合理地分配，帮助保险机构提高承保效率与业务营运能力；人工智能技术以自然语言处理、语义识别、机器学习和信息检索与推荐为核心，满足了智能客服、智能推荐、智能核保等需求；物联网技术使保险业务各流程更加高效，同时也使保险机构更加精准地判断风险，并加强与客户的互动。

最后，本章从技术发展、保险机构执行与规范化管理三个角度出发，探讨了数字技术在保险行业中应用的主要难点，即数据标准管理与数据质量管理难、组织制度效率低下、数字化耗资规模大，以及数据合规治理体系不完善等。随后本章提出了数字技术在保险行业中应用的前景，如深度结合具体业务场景、赋能绿色保险发展、提升偿付能力监管水平等。

## 思考与练习

1. 数字保险中主要运用了哪些数字技术？它们的核心技术有哪些？
2. 不同数字技术可以运用到哪些保险业务场景？发挥怎样的作用？
3. 数字技术在保险业务中的应用有哪些难点？
4. 目前还有哪些新兴数字技术？它们可以怎样应用到保险行业中？
5. 你认为数字技术在保险业务中的应用，未来还会面临哪些机遇与挑战？

## 即测即评

## 参考文献

［1］ Joseph Abadi, Markus Brunnermeier. Blockchain Economics. NBER Working Paper,

25407.

　　[2] Owen T. Artificial Intelligence by Patrick Henry Winston [M]. second edition. Massachusetts, USA: Addison-Wesley Publishing Company, 1984.

　　[3] 蔡晓晴, 邓尧, 张亮, 等. 区块链原理及其核心技术 [J]. 计算机学报, 2021, 44 (1): 84-131.

　　[4] 程学旗, 靳小龙, 王元卓, 等. 大数据系统和分析技术综述 [J]. 软件学报, 2014, 25 (9): 1889-1908.

　　[5] 何邦财. 大数据技术下企业信息采集技术研究 [J]. 无线互联科技, 2019, 16 (8): 58-59.

　　[6] 何海锋, 银丹妮, 刘元兴. 监管科技 (Suptech): 内涵、运用与发展趋势研究 [J]. 金融监管研究, 2018 (10): 65-79.

　　[7] 何伟, 张伟东, 王超贤. 面向数字化转型的"互联网+"战略升级研究 [J]. 中国工程科学, 2020, 22 (4): 10-17.

　　[8] 贺海武, 延安, 陈泽华. 基于区块链的智能合约技术与应用综述 [J]. 计算机研究与发展, 2018, 55 (11): 2452-2466.

　　[9] 刘智慧, 张泉灵. 大数据技术研究综述 [J]. 浙江大学学报 (工学版), 2014, 48 (6): 957-972.

　　[10] 陆晓松, 王国庆, 李勖之, 等. 大数据采集和机器学习方法在场地污染识别中的应用研究进展 [J]. 生态与农村环境学报: 1-16.

　　[11] 孟小峰, 慈祥. 大数据管理: 概念、技术与挑战 [J]. 计算机研究与发展, 2013, 50 (1): 146-169.

　　[12] 欧阳日辉, 等. 中国数字金融创新发展报告 (2021) [M]. 北京: 社会科学文献出版社, 2021.

　　[13] 邵奇峰, 金澈清, 张召, 等. 区块链技术: 架构及进展 [J]. 计算机学报, 2018, 41 (5): 969-988.

　　[14] 许闲. 区块链与保险创新: 机制、前景与挑战 [J]. 保险研究, 2017 (5): 43-52.

　　[15] 袁勇, 王飞跃. 区块链技术发展现状与展望 [J]. 自动化学报, 2016, 42 (4): 481-494.

　　[16] 赵磊. 区块链类型化的法理解读与规制思路 [J]. 法商研究, 2020, 37 (4): 46-58.

　　[17] 曾燕, 等. 数据资源与数据资产概论 [M]. 北京: 中国社会科学出版社, 2022.

　　[18] 朱承璋, 刘梓汐, 李文静, 等. 分布式医疗大数据存储方案研究综述 [J]. 软件导刊, 2022, 21 (4): 7-12.

# 第三章　数字人身保险

学习目标

　　通过本章学习，学生应能够：了解人身保险的概念及常见分类，对人寿保险、健康保险和意外伤害保险三大险种有初步的认知和区分；掌握传统人身保险在产品设计与定价、展业、核保和理赔四个环节的发展痛点；了解数字人身保险在产品设计与定价、展业、核保和理赔四个环节的创新实践。

## 导读案例

### 恒康人寿打造交互式保单

　　2018 年 9 月，一家成立了 156 年的美国寿险公司恒康人寿（John Hancock）宣布停止承保传统寿险业务，只销售附带"活力计划"的交互式人寿保单。在活力计划中，恒康人寿通过智能手机和可穿戴设备收集客户的健身和健康数据，基于数据向客户提供各类购物折扣或保费优惠，以激励其达到预定的健康目标。

　　具体而言，活力计划分为 Vitality Go 和 Vitality Plus 两种健康管理方案。每一份人寿保单自动附带 Vitality Go。客户通过跟踪器、手机 App 或会员网站记录自己完成的健康活动，如在健身房锻炼、遛狗、购买健康食品等。这些健康行为记录会转化成积分，积分越多，客户的等级越高，可以换取的奖励也越多。Vitality Go 提供的奖励包括购买可穿戴设备的折扣、在 REI（美国最大的户外用品连锁零售组织）购物的折扣等。而 Vitality Plus 作为 Vitality Go 的升级版，需要客户每月额外支付 2 美元，以享受更丰富的奖励。比如，在 Vitality Plus 中，客户通过积累积分可获得高至 25% 的保费优惠。再如 Plus 会员只需支付 25 美元外加税款，并在此后的两年内坚持每月达到 500 健康积分，即可获得最新款的 Apple Watch。

　　这种交互式保单的蓝图是实现客户和险企的双赢。对客户而言，参与交互式保险不仅可以节省保费，还能促使自身形成更健康的生活方式。对险企而言，交互式保单可以增加与客户的触点，从而提高客户黏度。同时，客户变得更健康更长寿，意味着险企可以获得更多保费收入。正如恒康人寿的总裁兼首席执行官 Brooks Tingle 所说："我们和客户平均建立的关系长达 20 年，如果客户的寿命可以延长，我们就会从中受益。"

　　（资料来源：恒康人寿官网。）

运用数字技术，恒康人寿实现了从"被动承保风险"向"主动管理风险"转型。

当前，互联网、大数据、人工智能、物联网等数字技术在人身保险的各类经营场景中得到应用，推动了人身保险产品和服务向精准化、智能化、个性化的方向发展。保险机构为什么会将数字技术应用到人身保险的业务经营中？数字技术的应用解决了人身保险行业面临的哪些痛点？数字人身保险在保险价值链的各环节有哪些具体表现？

为了回答上述问题，本章将聚焦数字人身保险的发展现状，即数字技术在人身保险领域的应用现状。第一节介绍人身保险的概念、分类和特征，帮助读者建立对人身保险的基本认识。第二至五节从保险价值链出发，按"痛点—创新"的逻辑，分析传统人身保险在产品设计与定价、展业、核保和理赔四个环节的发展痛点，并总结数字人身保险在相应环节的发展现状，了解保险机构如何利用数字技术克服行业痛点。

# 第一节　人身保险概述

人身保险在保险业中占有重要地位，发挥着保障社会经济与个人生活稳定的作用。本节将介绍人身保险的概念，阐述人寿保险、健康保险和意外伤害保险三种人身保险的概念与特征，并引入数字人身保险的概念。

## 一、人身保险的概念

人身保险是以人的生命或身体为保险标的的保险，用于应对生、老、病、死、伤、残等人身风险。当被保险人在保险合同的期限内发生死亡、伤残、疾病等保险事故或达到合同约定年龄或期限时，保险人按合同约定给付保险金。与财产保险相比，人身保险主要具备以下两大特征：

（1）人身保险的保险标的是人的生命或身体，其承保的范围大到人的生存死亡，小到人的疾病伤害。人的生命和身体无法用货币衡量，因此在出险时无法像财产保险一样以标的实际价值为限按损失赔偿原则进行给付。

（2）大多数人身保险是定额给付型保险，保险双方当事人提前商定保险金额。保险人和投保人根据投保人对保险的需求程度以及缴纳保费的能力协商保险金额。只要保险事故发生，保险人就按事前约定的金额进行赔偿。

## 二、人身保险的分类

人身保险按不同的划分标准可以分为不同的种类：

（1）按保障范围划分，人身保险可分为人寿保险、健康保险和意外伤害保险。

（2）按投保主体划分，人身保险可分为个人人身保险和团体人身保险。

（3）按保险期限划分，人身保险可分为1年以上的长期业务和1年以下（含1年）的短期业务。

（4）按是否分红划分，人身保险可分为分红保险和不分红保险。

下面基于按保障范围的分类方法，介绍人寿保险、健康保险和意外伤害保险三种保险的概念与特征。人身保险的各级分类如图 3-1 所示。

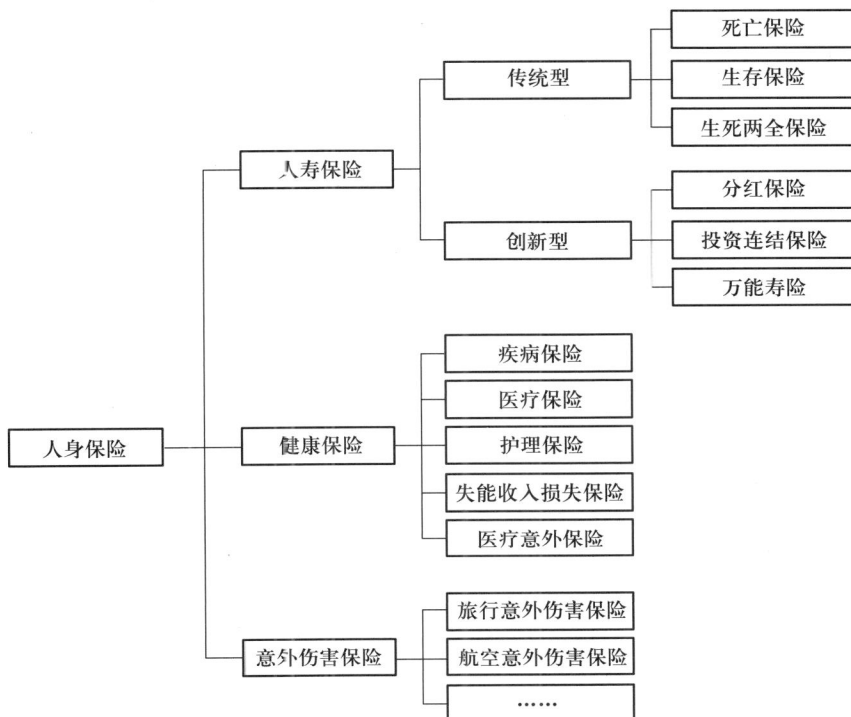

图 3-1　人身保险业务种类

资料来源：编者根据公开信息绘制。

### （一）人寿保险

1. 人寿保险的概念

人寿保险是以人的生命为保险标的，且以被保险人的生存或死亡为给付条件的人身保险。传统人寿保险主要包括死亡保险、生存保险和生死两全保险。死亡保险以被保险人在保险期内死亡为给付条件。生存保险以被保险人在保险期满时仍生存为给付条件。生死两全保险则结合死亡保险和生存保险，被保险人在期内死亡或期满生存，保险人均给付保险金。生活中常见的养老保险和教育保险属于年金保险，是生存保险中的一种。年金保险承诺对被保险人从约定时间开始的终身期间内按规定金额进行定额给付，主要保障被保险人寿命过长导致收入不能维持生活需要的经济来源的风险（陶存文，2011）。

以上介绍的死亡保险、生存保险和生死两全保险都属于人寿保险中的传统险种，具有保费保额固定的特点，且主要发挥死亡保障和生存保障的功能。为适应新的需求，一系列新型寿险产品被开发出来，被称为创新型人寿保险。这类保险产品的保费保额可变，且拓展了投资理财的功能，被保险人与保险人共同承担投资的收益和风险。当前，我国主要的创新型人寿保险包括分红保险、投资连结保险和万能寿险。

2. 人寿保险的特征

（1）承担风险稳定。人寿保险承保的是人的生存或死亡风险。虽然对个体而言，死亡何时发生具有较大不确定性，但从整体来看，死亡概率与人的年龄密切相关。人在不同年龄有较稳定的死亡概率，且随着年龄增长，死亡概率会逐年增大。这使得人寿保险面临的风险具有稳定性。

（2）保险期限长。人寿保险的保险期限一般较长，大多数险种的保险期限在 10 年以上，5 年以下的人寿保险险种较少。

（3）相似于储蓄。人寿保险通常采用均衡费率的方法计算保费，使其对应形成了相似于储蓄的特征。均衡费率的计费方法使投保人早期承担的保险费率高于实际的风险成本，高出来的部分被保险公司提存为责任准备金。与储蓄类似，责任准备金是保险公司的负债，而投保人对其享有收回并获取一定利息的权利。

### （二）健康保险

1. 健康保险的概念

健康保险以人的身体为保险标的，对被保险人因健康原因或者医疗行为的发生给付保险金。健康保险的承保内容一般包括由于健康问题所支出的医疗费用和由于工作能力降低所导致的收入损失两个方面。健康保险作为基本医疗保障的补充，是国家多层次医疗保障体系的重要组成部分，其高质量发展是满足群众多元化健康保障需求的关键。

按承保内容，健康保险可分为疾病保险、医疗保险、护理保险、失能收入损失保险和医疗意外保险五大类。疾病保险以合同约定疾病的发生为给付条件，重大疾病保险是其最主要的产品类型。医疗保险和护理保险分别以被保险人因疾病支出医疗费用和护理费用为给付条件。失能收入损失保险为被保险人因疾病不能正常工作造成收入减少提供保障。医疗意外保险在发生不能归责于医疗机构和医护人员责任的医疗损害时，为被保险人提供保障。

2. 健康保险的特征

（1）以短期险产品为主。根据银保监会 2021 年发布的《关于规范短期健康保险业务有关问题的通知》，短期健康保险是指保险公司向个人销售的保险期限为一年及一年以下且不含有保证续保条款的健康保险。当前，除重大疾病保险外，大多数健康保险尤其是医疗保险的保险期限常为一年。由于疾病发生率高，且医疗费用整体上涨的趋势长期存在，保险公司为了控制赔付和亏损风险，更倾向于开发可停售的或需要客户重新申请的短期健康保险。

（2）部分健康保险是补偿型的保险。与定额给付的人寿保险不同，健康保险中的医疗保险大多采用补偿的给付方式，以被保险人实际发生的医疗费用为限对被保险人进行补偿。

（3）业务经营复杂。健康保险业务的经营内容相对复杂，主要体现在承保标准和费率影响因素两个方面。在承保标准上，健康保险的承保条件比人寿保险严格得多，保险人通常需要对投保人的既往病史、职业、居住环境等情况进行考察，以缓解逆向选择问题。在费率影响因素上，健康保险的费率制定需要考虑的指标很多，包括疾病发生率、残疾发生率、疾病持续时间等。这些指标受投保人个人特征、当地医疗水平等因素影响，在个体之间存在较大差异，使得健康保险业务的经营更为困难。

（4）道德风险发生概率高。健康保险尤其是医疗保险存在突出的道德风险问题。医疗保险大多是补偿型保险，面临来自医疗服务提供方和被保险人的道德风险。医疗服务提供方可能在利益驱动下对患者进行过度医疗，而被保险人由于医疗费用得到了分担，有过度使用医疗资源的动机。因此，保险人往往设定免赔额、比例给付、给付限额等条款，控制保险费用支出。

### （三）意外伤害保险

**1. 意外伤害保险的概念**

意外伤害保险以人的身体为保险标的，对被保险人因遭受意外事故死亡或残废给付保险金。意外伤害保险的保险责任只有在被保险人遭受了意外事故、被保险人死亡或残疾以及被保险人的人身伤亡和意外事故有必然联系三个条件都成立的情况下才成立。意外伤害保险的费率一般与被保险人从事活动的危险程度挂钩。常见的意外伤害保险包括学生平安保险、航空意外伤害保险、旅行意外伤害保险等。

**2. 意外伤害保险的特征**

（1）保险期限短。大多数意外伤害保险的保险期限不超过 1 年，而针对旅行或乘坐交通工具的意外险的保险期限可能只有几天或几个小时。

（2）承保条件宽。意外伤害保险的承保条件宽，投保手续通常十分简单，一般有付费能力的人都能参加。然而，意外伤害保险的投保门槛低并不等于所有人都可以投保。比如，大部分产品会限定被保险人的职业，从事 5 至 6 类职业①的人群通常会面临加费或拒保。

（3）低保费、高保障。意外伤害保险一般保障期限短、出险概率低，导致其实际的风险成本很低。因此，大多数意外险产品具有低保费、高保障的特征，消费者需要支付的金额较小。

（4）场景属性强。意外伤害保险是面向特定人群或特定风险的保险产品，通常与场景有关，如旅行、航空等。

## 三、数字人身保险的概念

近年来，人身保险作为保障百姓健康和家庭财富的重要方式进入发展快车道，并在疫情影响下受到了资本及市场的广泛关注。然而，我国人身保险行业的发展之路并不顺畅，在产品设计与定价、展业、核保和理赔环节痛点丛生，导致险企盈利困难、公众保障需求难以得到满足。随着数字技术的发展和人们保险需求的升级，保险机构积极求变，创新技术与模式，推动人身保险向数字人身保险转型升级。

数字人身保险是指将数字技术深度运用于人身保险的业务经营场景后形成的新一代人身保险服务。与传统人身保险相比，数字人身保险从将人身保险产品搬至线上销售，到运用数字技术设计创新产品、赋能后端运营服务，再到借助平台模式促进人身保险的全产业链延伸，为保险经营的每个环节注入了全新的活力。具体而言，在产品设计与定价环节，数字人身保险借助医疗健康大数据和互联网医疗模式，围绕消费者保障需求推出创新产品；在展业环节，数字人

---

① 5 至 6 类职业：保险行业根据职业的风险程度划分了 6 类，从第 1 类至第 6 类风险程度逐级递增。5 至 6 类职业属于高危职业，5 类职业包括刑警、采矿工等 6 类职业包括消防员、水手等。

身保险开拓互联网销售新渠道，用大数据洞察客户需求，用智能化工具提升代理人展业技能；在核保环节，数字人身保险利用智能算法简化客户投保流程、辅助核保作业，推动人身保险核保降本增效；在理赔环节，数字人身保险通过打通与医疗机构端的信息系统实现"出院即赔付"，并运用数字技术赋能理赔审核全流程。

## 第二节　数字人身保险的产品设计与定价

洞察不同客户在不同生命阶段的需求并设计出满足对应群体需求的产品，是人身保险在产品设计与定价环节的核心任务。在传统人身保险的经营场景中，保险产品供给面临同质化严重、无法满足非标体①需求等困境。在数字技术赋能下，数字人身保险针对发展痛点，设计出既符合客户需求又保证保险公司收益的保险产品。由于当前数字技术在健康保险的产品设计与定价环节应用较多，本节将围绕健康保险展开，总结传统健康保险的发展痛点，并介绍数字健康保险如何通过拓展数据源和提供健康服务破解产品设计与定价的难题。

### 一、传统人身保险的产品设计与定价痛点

我国健康保险市场目前产品同质化问题突出，不同产品之间的保险条款高度相似，这不仅引发了险企的恶性价格竞争，而且与人民群众日益增长的个性化、多样化的健康保障需求背道而驰。这种产品同质化现象背后，是我国健康保险产品保障广度与深度有待提升、医疗健康管理服务与保险产品脱节的现实难题。

1. 健康保险产品的保障广度与深度有待提升

在产品保障广度上，现有健康保险产品主要保障年轻健康人群，以老年人和慢性病患者为代表的非标体人群面临"投保难"的困境。非标体人群风险发生的概率较高，且个体差异大，而保险公司缺少对疾病发生率、医疗费用支出率等数据的积累和研究，也难以持续监测被保险人的健康状况，费率厘定和风险控制的难度较大。因此，传统保险公司一般选择通过高额定价或直接设置拒保条件将这部分人群排除在外。在产品保障深度上，现有健康保险与基本医保的保障内容重合度高，与民众的差异化健康保障需求错位。我国基本医保根据临床必需、安全、有效、经济的原则设定了"三个目录"②，为居民在目录内的医疗费用支出提供保障。受困于有限的医疗数据，许多保险公司完全依赖目录来设计产品的保障范围，只提供目录内客户自付部分的保障。然而，基本医保的医疗可及性与部分人群的医疗需求存在一定的差距，现实中一些客户在遭遇重大疾病时即使购买了健康保险，也只能自己承担治疗中所涉及的目录外的药

---

① 非标体：标准体是指年龄、健康、职业、财务等状况均符合投保要求的人，保险公司对标准体按标准条款、标准费率承保。反之，非标体是不能完全符合投保要求的人，在投保时通常会遭到保险公司加费、额外免责、延期承保甚至拒保。

② "三个目录"：《中华人民共和国社会保险法》规定的三个目录包括基本医疗保险药品、诊疗项目、服务设施标准目录。

物、服务和设施，购保的获得感较低。①

2. 医疗健康管理服务与保险产品脱节

"健康保险+健康服务"已成为行业共识，在保险产品中融入医疗健康服务是提升健康保险产品竞争力的重要举措之一。根据波士顿咨询的调研，80%以上的消费者愿意为保险产品中的健康服务支付溢价，平均可接受的溢价水平为 350 元。② 客户希望通过购买保险提高获得医疗资源的便捷性，同时借助健康管理服务提升生活质量。而保险公司希望主动管理被保险人，维持被保险人的健康状态，降低理赔风险。尽管保险与医疗健康服务的结合极具必要性，但我国保险公司参与医疗健康服务的程度仍较低。平安健康等 4 家健康保险公司的收入中，健康管理费的占比仅为 4%。一方面，保险公司在设计配套健康服务时对客群的细分程度低，没有根据客户的不同需求提供定制化的服务。另一方面，保险公司难以与医疗行业主体形成广泛联动，无法为客户提供高质量的全流程健康服务。

## 二、数字人身保险的产品设计与定价创新

在医疗信息化加速发展的背景下，保险公司深入医疗健康行业上下游，通过自建生态和外部合作两种方式打通数据孤岛，连接服务资源，从而实现保险产品的精细化与差异化供给。

1. 保险公司向外拓展数据源，以更广泛、颗粒度更细的数据支撑产品创新

医疗机构信息化水平的提升丰富了健康医疗大数据资源，使保险公司获取各类疾病和诊疗行为的真实数据成为可能。具体来看，保险公司获取医疗数据的来源包括医院、互联网医疗类平台、健康服务类企业、医疗技术服务方等。上述主体在长期经营中积累了大量医疗数据资源，保险公司可通过自建基础设施、投资入股、开展合作等方式从这些渠道获取医疗数据，实现产品设计在保障对象和保障范围上的突破，不断提升保险保障的广度和深度。

在保障对象上，保险公司基于非标体医疗行为发生率、费用率以及疾病影响因素、诊疗方案等数据，进行精细化的群体风险评估和产品定价，从而将目标客群从标准体拓展至曾经无法承保的老年人群、慢病人群等。比如，太平洋保险与医疗行业开展数据合作，对临床医疗经验大数据、上海乳腺癌复发转移相关数据及医学文献等多方数据进行整合，设计了一整套针对乳腺癌患者的产品开发方法论和精算模型，推出了国内首款五年期乳腺癌复发转移疾病保险产品"粉红守护"。③ 在保障范围上，保险公司联合生物科技公司、医疗器械公司以及拥有强大医疗资源整合能力的 TPA④，基于医疗大数据分析将先进的药物和疗法纳入保险责任，提升医保目录外的医药服务可及性。比如，众安保险旗下的暖哇科技利用医学知识和医疗数据打造淋巴瘤

① 中国卫生信息与健康医疗大数据学会健康保险工作委员会等. 大数据生态下的商业健康保险前沿发展模式研究白皮书. (2021-04-11) [2021-10-05]. 中文互联网数据资讯网.

② BCG（波士顿咨询）. 打造健康管理能力，破局健康险挑战，知乎专栏，2021-1-7.

③ 中国卫生信息与健康医疗大数据学会健康保险工作委员会等. 大数据生态下的商业健康保险前沿发展模式研究白皮书. (2021-04-11) [2021-10-05]. 中文互联网数据资讯网.

④ TPA: Third Party Administrator，通常指第三方医疗健康管理服务机构。TPA 是独立于保险机构和医疗机构的第三方，通过与医疗机构建立合作关系，向经营健康保险业务的公司提供医疗数据采集、精算定价、商保清算、医疗管理等支持性服务。

知识图谱，自动检测新增理赔用户中可能使用 CAR-T① 疗法药物的患者并及时提供服务，从而帮助保险公司设计包含 CAR-T 责任的保险产品。

2. 保险公司以互联网医疗模式为突破口，构建"保险+医疗服务+健康管理"服务闭环

在医疗服务方面，保险公司为客户提供线上咨询、预约挂号、精确分诊等服务，打造便捷的线上线下医疗服务一体化体验。同时，保险公司与线下药店合作，为客户提供方便、快捷的 O2O 购药渠道，减轻重疾患者用药负担。在健康管理方面，保险公司首先利用可穿戴设备、智能检测仪等设备监测和收集客户的生理信息、心理信息、行为信息和运动状态信息。接着，保险公司结合客户的医疗和体检数据，精准建立客户画像，预测客户健康趋势。最后，基于客户的最新健康情况，保险公司提供饮食建议、用药提醒等专业健康指导，同时通过保额增加、保费优惠等机制，督促客户形成良好的生活与疾病管理习惯，降低疾病发生和恶化的概率。

当前，保险公司借助互联网等技术，在面向非标体人群的保险产品设计中引入疾病与健康管理服务，实现对非标体人群发病风险的管控。以众安保险和阿里健康联合推出的面向乙肝患者的"乙肝保"为例。该保险产品借助阿里健康构建的线上线下一体化医药健康服务网络，向被保险人提供免费送药、定期检测、肝癌早筛和专家会诊服务。客户在保单年内按时服药并在线提交符合要求的肝功能检测报告，可在下一次投保时获得保费优惠。同时，若客户确诊肝硬化可获得一次免费的肝癌早筛服务。这两项服务协助客户建立定期服药检测和早诊早治的健康管理意识，促使其形成良好的护肝习惯，从而达到客户生命质量提升与险企降低赔付风险的"双赢"效果。

以下两个案例将聚焦数字人身保险的产品设计与定价在健康保险行业的创新实践。美国保险公司 Clover Health 和平安健康依托各自在数据分析和互联网医疗模式上的优势，将高龄群体、慢病群体等以往被划分为非标体而不予承保的人群纳入承保范围，实现了降低医疗赔付率和优化客户体验两大目标的统一。

## 小案例

### Clover Health：数据分析驱动健康管理下的产品创新

Clover Health 是一家位于美国旧金山的健康险初创企业，成立于 2014 年，主营业务是为 65 岁以上的老年人提供 Medicare Advantage② 保险计划。Clover Health 以数据分析为核心驱动力，通过为老年人提供个性化的健康管理服务降低慢性病并发症的发生概率，从而减少医疗费用支出，将老年人纳入保障范围。

多维度客户数据是 Clover Health 产品创新的基础。Clover 主要整合三方面的客户数据：

① CAR-T：Chimeric Antigen Receptor T-Cell Immunotherapy，嵌合抗原受体 T 细胞免疫疗法，是一种治疗肿瘤的新型精准靶向疗法，主要用于淋巴癌的治疗。2021 年 6 月和 9 月，国家药品监督管理局相继批准了复星凯特和药明巨诺两家公司的 CAR-T 细胞治疗产品的新药上市申请，填补了国内 CAR-T 疗法药物市场的空白。

② Medicare Advantage：联邦医疗保险优良计划，是由商业保险公司提供的、面向 65 岁以上老年人或残疾人的医保计划，是美国医保计划 Medicare 的一部分。相比由美国国家政府提供的 Medicare Original 为用户提供住院费用（Part A）和门诊费用（Part B）的保障，大部分 Medicare Advantage 还提供处方药费用（Part D）的保障。

一是激励客户的家庭医生使用 Clover Assistant 平台将客户的各方面健康情况记录在平台上，从而获取客户的健康数据；二是与专科医院对接，获取客户的电子病历、药物处方、病理检验数据、影像数据等医疗数据；三是利用公司自有的理赔数据。

风险分析是 Clover Health 提供高质量健康管理服务的核心支撑。Clover 基于客户的健康数据建立多维度模型，对不同个体的风险类型和风险程度加以区分，为客户和医疗团队的健康管理提供在用药、检查、接种、潜在并发症等方面的决策性信息。比如，他们曾借鉴谷歌的深度学习算法开发了一款用于预测哪些患者最有可能在接下来的 28 天内住院的产品，准确率达到了 82%，甚至超过了谷歌大脑团队的模型。

基于数据分析的健康管理服务是 Clover Health 降低老年客户赔付风险的关键。基于对客户健康状况的评估和预测，Clover 通过自建医疗团队辅助客户自有的家庭及专科医生，及时对高风险人群进行干预，降低客户患病住院的风险。例如，Clover 针对高危患者进行额外的护理和干预，降低了 15%~20% 的再入院率。在进行健康干预的同时，Clover 使用数据模型，结合现实情况不断对客户健康的干预手段进行优化迭代，追求更好的健康管理效果。

Clover Health 的实践表明，在数据与数字技术的支持下，有针对性的密集护理可以有效提高老年人群和慢性病人群的健康水平，控制医疗费用，为保险公司开发面向非标体人群的健康保险产品提供了借鉴。

（资料来源：美国医疗独角兽 Clover Health 的成功之道：以慢病管理切入健康险领域，效率超越顶级保险公司. 今日保险，2018-08-01。）

## 小案例

### 平安健康：主动健康管理破局慢病保障难题

平安健康积极管理客户健康，以科技手段提高客户的健康意识，从而帮助客户控制慢性病风险。由平安健康推出的"平安 i 康保·百万医疗（慢病版）"大幅放宽投保条件，可投保疾病类型高达 172 种，为亚健康人群和慢性病人群购买保险打开了一扇窗。平安健康之所以敢于破局，是因为它依托自身在医疗和科技领域的布局，做到了科学管控慢性病客户的健康风险。

一方面，平安健康为慢性病客户配置私人健康顾问服务，为客户的慢病管控保驾护航。该款针对慢性病客户的保险产品除了提供常见的就医绿通、家庭护理服务之外，还有三甲名医 7×24 小时在线担任客户的私人健康顾问，提供一对一问诊、开处方等服务。健康顾问为客户全面解读检查报告，对异常指标定制管控方案，预防并发症风险。健康顾问还在饮食、运动、用药等方面为客户提供个性化指导，科学管理客户的健康状态。

另一方面，平安健康创建了 HelloRun Club（健康特权俱乐部，简称 HRC），并通过健康信用体系调动客户主动管理健康的积极性。加入 HRC 的客户可以通过智能手机、智能手环、体脂秤等智能设备上传每日的步数、跑步公里数、睡眠等健康行为数据和血压、血糖、心率、体重等生理数据，各项指标达到 App 设定的健康区间就能增加相应的健康信用分。当健康信用分积累至良好水平，客户就能享受一系列健康权益，包括在购买保险时享受最高30%的费率优惠、用积分兑换 App 商城中的礼品等。平安健康险以健康信用分激励引导客户坚持健康的生活方式，既让买保险的客户享受到了更多权益，又通过"科技＋主动健康管理"的模式对被保险人进行了有效的健康干预，将健康风险和赔付成本控制在合理水平。

（资料来源：专访平安健康险冯晗：科技赋能，平安健康互联网改革率先破局.财报网，2020-06-19。）

## 第三节　数字人身保险的展业

人身保险产品作为一种无形的、保障未来人身风险的商品，需要依靠展业来实现用户需求的激发和转化。长期以来，个人代理人一直是人身保险的主要展业模式，2020 年个人代理保费占整体人身保险市场规模的 57%。[1] 然而，随着金字塔管理体制[2]的弊端凸显，市场上的代理人素质逐渐无法满足消费者对个性化服务的需要。本节将总结传统人身保险的展业痛点，并介绍数字人身保险如何从赋能消费者和赋能代理人两大方向寻求突破。

### 一、传统人身保险的展业痛点

人身保险产品往往具有保费高、条款复杂、期限长等特点，客户的购买决策依赖于与代理人的沟通，因此建立起客户的信任感则是代理人销售保单的关键。然而，在人身保险行业长期实施的低门槛增员模式下，保险代理人的专业素质整体较低，难以识别和满足客户需求，人均产能提升受阻。代理人供给与客户需求错配具体表现在以下三个方面：

（1）代理人对客户需求把握不准。客户对人身保险产品的需求呈现更加多元化的特征，不同财富水平、健康状态、人生阶段的客群存在差异化的保险需求。然而，人身保险代理人仍通过陌生拜访、电话、扫街等传统手段获客，难以把握客户需求进行精准方案推荐，开发新用户难度大。

（2）代理人专业素质有待提高。在高净值人群和年轻人成为保险消费中坚力量的背景下，人身保险客户对保险服务的专业水平要求提高。客户不仅要求代理人熟知保险产品细节，还要求其对健康、医疗、教育、养老等行业的相关政策、市价、服务有全面了解。在现实中，符合这种要求的代理人并不多。

（3）代理人销售误导加剧信任危机。在短期激励制度的驱动下，部分代理人不顾客户利益，以夸大保险保障利益或分红利益、隐瞒免除责任等方式误导客户购买保险产品，一定程度

---

① BCG.寿险营销：十字路口的选择.中国银行保险报网，2021-09-22。

② 金字塔管理体制：自 1992 年友邦保险将保险代理人制度引入我国，许多人身险公司乘着人口红利不断"拉人头"、发展下线，采用人海战术抢占市场，形成了以增员为驱动和多层级的金字塔营销体系。在金字塔体系里，代理人被划分为多个层级，位于金字塔上层的少部分管理者获得大量的佣金收入，而保费贡献最大的一线代理人收到的佣金反而非常有限。金字塔管理体制存在贡献与收入不匹配的问题，导致劣币驱逐良币，整体代理人团队素质较差，产能低下。

上造成了人身保险销售的信任危机。

## 二、数字人身保险的展业创新

针对传统人身保险在展业环节面临的痛点，保险机构运用数字技术，从"赋能消费者"和"赋能代理人"两个方向突破，分别聚焦提高消费者的自助服务能力和代理人的专业服务能力，最终实现人身保险展业的效能提升。

（1）赋能消费者指保险机构通过互联网销售保险产品，结合简单易懂的产品设计和个性化、智能化的营销服务，提高消费者独立理解、选择和购买保险产品的能力。一方面，客户通过自助式的网络服务系统可以随时获取保险机构为他们提供的完备信息，自主选择最适合自己的保险产品，这种方式迎合了当代客户习惯网购、学习能力强的特征。另一方面，这种展业方式降低了对代理人渠道的依赖，避免了线下代理人销售误导的可能性，有效规避了代理人素质参差不齐、管理培训成本高等缺点。由于人身保险中不同险种的产品特征不同，人寿保险、健康保险以及意外伤害保险赋能消费者的创新展业方式有所不同。

在人寿保险行业，保险机构将寿险销售场景从线下搬至线上，为客户提供更简单的且个性化的产品和更快速、便利的服务体验。值得注意的是，目前采取网销模式的寿险企业多聚焦定期寿险这一赛道，带有储蓄或理财性质的其他寿险产品大多只在互联网渠道上进行展示，不提供全线上的投保服务。

在健康保险行业，以百万医疗险为代表的短期健康保险产品销售沿用互联网电商的业务模式，借助流量平台大规模投放广告，并利用简单的产品页面和流程吸引客户投保。同时，以健康保险为主营业务的互联网中介平台基于深厚的场景数据积淀洞察客户需求，为客户提供个性化的咨询建议。一方面，中介平台设计各种辅助客户决策的工具，如产品对比模型等，帮助客户应对复杂的保险条款。另一方面，中介平台开发智能保险顾问，通过线上问卷等方式提炼客户需求，自动输出个性化的风险分析与保险计划书。

在意外伤害保险行业，由于其天然的场景属性，意外险通常与线上订票平台等第三方网络渠道结合进行销售，方便消费者在预订旅程、购买机票的同时购买一份风险保障。这种针对特定场景嵌入第三方平台的销售模式提升了消费者投保的便利程度，同时有利于保险公司精准触达月户、迅速打开市场。比如，众安保险与携程、飞猪、去哪儿等在线旅行社（Online Travel Agency，OTA）平台合作，将各类意外险产品精准引入用户预订机票、酒店等环节中，满足用户对快捷投保的要求，也依托平台的大流量实现快速获客。

以下两个案例分别聚焦健康保险行业和人寿保险行业，具体展现了数字人身保险展业在赋能消费者方面的创新实践。

## 小案例

### 大象保险：智能展业工具助力用户购保决策

当前，市面上的健康保险产品种类繁杂，且同质化产品数量多，消费者面对海量的商品信息和复杂的专业条款往往感到无所适从。针对该痛点，大象保险以大数据和人工智能赋能健康保险展业，为用户提供险种对比和智能方案两大核心工具，帮助用户轻松选出满意的保险产品与方案。

大象保险自动呈现海量保险产品的多维度量化对比，帮助用户快速看清相似产品的优缺点。大象保险建立了种类丰富的全网产品库，不仅包括在大象保险平台销售的产品，还包括如微保、慧择等其他保险平台的产品。在收集了市面上所有热销产品的基础上，大象保险将上万款产品的条款、费率、健康告知、免责条款等进行拆分，实现保险产品的数据化、结构化，进而构建出一个客观、真实的保险产品性价比评分模型。在实际使用中，用户输入基本信息并选择想要对比的产品后，大象保险会首先向其展示所选产品的总评分和核心指标的数据对比，利于用户快速筛选产品。之后大象保险以图表的方式，直观展现所选产品在价格、承保范围、重疾责任、承保限制、核保续保等维度的比较，产品优劣势清晰可见。大象保险的险种对比工具通过将保险产品结构化、量化并可视化，大大降低了用户对险种的理解门槛，帮助用户更顺利地完成购买决策。

大象保险依托用户多维画像和精细化家庭保障模型等核心能力，为用户及其家庭推荐最佳保险保障方案。大象保险基于长期积累的用户数据以及通过数据梳理构建的智能化规则，结合用户所处的场景和具体需求，向用户输出定制化的保险配置方案。用户只需要提交家庭成员、年龄、收入等个人情况，智能方案工具就会为其精准匹配高性价比的保险计划书，为用户提供中立、客观的投保参考。

（资料来源：大象保险："体力活"撑起 to C 互联网平台智能. 猎云网，2019-04-19。）

## 小案例

### Ladder：为客户打造极致的寿险购买体验

Ladder 是一家在 2015 年成立于美国加利福尼亚州的寿险代理人公司，通过与寿险公司合作推出相应的寿险产品。该公司的诞生源自其创始人 Jamie Hale 对美国消费者购买寿险的观察。Jamie 发现，美国的许多消费者尤其是年轻一代没有购买寿险产品的原因不是未意识到寿险的好处，也不是负担不起寿险保费费用，而是被漫长的购买流程和高昂的中介费用"劝退"。于是，Jamie 与伙伴创立了 Ladder，将寿险销售从线下搬至线上，重塑寿险展业流程，为客户打造全数字化、全自助式的购保体验。

在寿险展业环节，Ladder 主要从产品政策、投保流程、咨询服务三个方面入手，提供简洁而不失个性化的服务，让客户轻松完成购保。

Ladder 的产品政策简单灵活，客户无须面对复杂的产品条款。Ladder 为 20~60 岁的客户提供定期寿险产品。客户选择了所需的保额和保单期限后，Ladder 自动完成相应的产品定制。其中，保额的范围为 10 万至 800 万美元之间，各选项间隔 5 万美元，而保单期限为 10 年至 30 年之间，各选项间隔 5 年。在该范围内，客户自由配置心仪的保险方案。同时，Ladder 允许客户随时调整保额，系统自动调整其所需支付的保费，保证客户长期持有最符合需求的保险方案。

Ladder 的投保流程简单且基本通过线上进行，客户无须经历与代理人的低效沟通过程。用户进入 Ladder 官网，购买想要的寿险产品只需要三个步骤：第一步线上填写姓名、年龄、身高等个人基本信息，并在系统提供的一系列标明价格的产品中选定一款；第二步线上回答系统提出的一系列关于个人生活情况的问题，完成购买申请；第三步系统根据投保人提交的信息进行定价，立刻反馈同意或拒绝申请的结论。除了部分选择高保额产品的客户需要接受一个简单的上门体检之外，整个购买流程都可以在线上完成，所需时间通常不到 10 分钟。

Ladder 设计个性化的咨询服务，辅助客户选择合适的保险方案。Ladder 设计了一个"保额计算器"工具。客户输入个人财务、已有保险、家庭成员、教育计划等信息，"保额计算器"自动计算出其所需要的寿险保额，为客户的购买决策提供参考。同时，Ladder 的团队成员均为持证的寿险代理人，在线向客户提供专业建议。

（资料来源：许闲. 保险科技创新运用与商业模式. 北京：中国金融出版社，2018；Ladder 官网。）

（2）赋能代理人指保险机构研发一系列智能展业工具，帮助代理人快速掌握客户需求，精准推荐保险产品。人身保险不仅是一种商品，更是一项人身风险管理计划、一项投资理财计划、一项财务保障计划（荆涛，2011）。尽管互联网渠道的兴起对传统代理人渠道产生了冲击，高素质的代理人仍在人身保险展业中发挥着不可或缺的作用。因此，保险机构纷纷以数字技术为抓手开发智能展业工具，对代理人进行售前、售中、售后各环节的科技赋能，提升代理人展业效率。

售前，保险机构通过接入用户端平台获取销售线索，运用大数据技术精细分析，帮助代理人精准把握客户需求。售中，保险机构结合客户具体情况，分析客户保障程度和缺口并进行可视化展示，同时自动生成个性化的家庭/个人计划书，提升代理人与客户的交互体验。售后，保险机构将客户保单电子化，基于保单进行智能分析，赋能代理人续保提醒和客户二次转化。

下面以中国人寿的保单体检项目为例，了解保险公司如何运用数字技术促进代理人展业能力全面升级。

## 小案例

### 中国人寿：保单体检搭建代理人与客户的桥梁

在传统的寿险展业场景下，保险代理人常常面临纸质保单整理和客户保障分析的难题。每位客户在投保过程中都会产生大量的纸质材料，客户数据、保单数据、交易数据、关系数据分散在各处，导致客户保障分析成为人身保险展业中最费时费力的环节之一。对于代理人而言，结合客户已沉淀的个人信息和产品购买信息等数据进行分析，以推动下一步的精准推荐和客户维护，是一件相当棘手的事情。面对以上难题，中国人寿积极发挥科技优势，设计并上线一款名为"保单体检"的线上服务工具，助力代理人进行客户触达、展业销售和客户维护。

"保单体检"打造朋友圈助手和客户标签功能，帮助代理人实现客户精细化运营。朋友圈助手为代理人提供丰富的资讯内容，帮助其在朋友圈全方位打造保险代理人的专业和个人IP形象。同时，朋友圈助手集引流获客、数据分析、促进交易转化为一体，推动社交圈潜在客户转化。客户标签帮助代理人甄选价值客户，代理人以客户的星级标签为依据进行分级经营，提升服务效率。

"保单体检"标签化预测客户成交概率，帮助代理人向客户精准推荐保险产品。"保单体检"通过大数据技术将客户家庭标签化，代理人透过客户的特征标签可以快速掌握客户的家庭类型，从而参照类似家庭获取合适的保障推荐模板进行展业。同时，"保单体检"运用人工智能将客户的成交可能性标签化，让代理人对客户家庭最需补足的保障短板一目了然，结合预测得到的可能性和可能额度，有针对性地向客户推荐险种。

"保单体检"将线下保单迁移至线上，帮助代理人向客户直观展示保障情况。"保单体检"对客户在口国人寿投保和被保的保单按保单号、险种、生效日期、满期日期、交费方式等保单要素进行多维度的归并，以家庭为单位形成保单整理表，并支持生成 PDF 文件进行打印，方便代理人随身展业。在保单信息整理的基础上，"保单体检"进一步提供保单诊断和保障分析的服务。保单诊断对续收、临近满期、濒临失效等状态的保单向保险代理人进行智能提醒，并通过 AI 建模得出客户缴费难度，帮助代理人合理规划续收推进计划。保障分析模块从身故、疾病、残疾、医疗、养老储蓄、理财投资等方面对客户的保障情况进行综合建模分析，完整呈现客户家庭目前的保障程度和保障缺口，并向客户推荐保障险种和具体配置方案。该功能直接提高了代理人的保障分析效率，帮助代理人向客户推荐其真正需要的产品。

（资料来源：中国银行保险传媒股份有限公司. 2020 保险业信息化优秀案例精编. 北京：中国金融出版社，2020。）

## 第四节　数字人身保险的核保

对人身保险而言，特别是对于高保额的寿险和重疾险，核保对保证客户享有公平合理的保险费率具有重要意义，对控制保险公司的风险负有重要责任。然而，在传统人身保险的核保场景中，客户面临等待时间长、非标体投保难等困境，保险公司则面临人工审核效率低、过度依赖核保人员素质等难题。本节将总结传统人身保险的核保痛点，介绍数字人身保险如何沿着简化客户投保流程和提高核保工作效率两大思路进行优化。

### 一、传统人身保险的核保痛点

在人身保险的核保过程中，保险公司通过告知、体检和生存调查三种手段，收集投保人的健康状况、既往病史、财务状况等方面的信息，评估投保人的可保性，继而给出承保、有条件承保或拒绝承保的核保结论。在实际操作中，人身保险核保以人工作业为主，存在客户体验不佳、险企效率低下的痛点。

一方面，客户投保申请流程漫长、烦琐，非标体面临"一刀切"式拒保。客户投保人身保险，首先需要填写投保申请单，如实告知被保险人的家庭、职业、嗜好、身体健康等情况。在保险公司对投保单进行审核后，投保人可能会被通知提供既往症和现症的病情报告等补充材料，或被要求进行体检。保险公司结合上述文件对被保险人的风险因素进行评估，将核保结果反馈给投保人。整个申请过程费时费力，客户可能在提交各种材料甚至完成体检后也无法得到满意的结果，从而对投保人身保险产生"畏难"心理。此外，非标体投保人通过互联网渠道进行投保时容易被直接拒保。在网上销售的人身保险产品为了实现快速大规模的成交量，往往设置简单粗放的核保规则，直接将健康告知①作为筛选客户的方式：满足健康告知的用户即可投保，而若用户患过健康告知提及的任意一种疾病都会被拒保，被迫转向线下购买或直接放弃购买。这种"一刀切"的核保方式不但让非标体人群丧失了投保的机会，还使得保险公司流失了部分原本可承保的客户。

另一方面，保险公司核保过度依赖个体素质，人工作业效率低、成本高。人身保险核保涉及从原始医疗文件中提取有效信息，理解各种疾病和诊疗方法以及预测客户患病风险。这一过程需要巨大的人力投入，且核保的效果高度依赖核保人员的专业程度和经验积累。然而，现实中"医疗+保险"的复合型人才储备薄弱，人工服务成本较高，保险公司常常面临工作效率低与人力成本高的难题。尤其在业务量快速增加时，保险公司扩充人力难度大，容易陷入核保人员加班加点和客户焦虑等待的困境。

## 二、数字人身保险的核保创新

针对传统人身保险的核保痛点，保险机构积极运用大数据、人工智能等数字技术，汇聚保险、医疗、数据分析等领域的专业资源，从简化投保流程和提高核保工作效率两方面进行创新升级。

为了简化投保流程，保险机构将人工核保经验程序化，即时向客户出具核保结论。保险机构运用规则引擎、决策树等智能算法，通过与客户一对一互动问答的方式，对带病投保的风险进一步划分，并自动出具核保结论。这种做法为无法完全通过健康告知的客户省去了提交资料和等待审核的步骤，使非标体客户只需在线回答几个健康问题，即可实时获得更加精细化的核保结果。

为了提升审核效率，保险机构在人工核保流程中加入机器智能处理，辅助核保人员的读取、分析和预测工作。保险机构借助深度学习等算法自动从核保资料中提取出结构化、标准化的信息，并进一步筛选、分析和预测，辅助核保人员快速定位关键风险点，减少核保人员的工作任务，加快核保速度。

以下两个案例分别介绍了慧择保险的"大择核保"系统和泰康保险的 AI 认知核保系统，展现了当前保险机构如何运用数字技术，通过赋能消费者和核保人员，简化投保流程、提升审

---

① 健康告知：保险公司对投保人健康状况的询问。常见的健康告知包括既往病史、现症情况、诊治或用药情况、关乎健康的生活习惯等。

核效率，最终提升用户投保体验。

## 小案例

### 慧择保险："大择核保"实现精细化承保

在传统健康保险的核保模式下，非标体投保面临难题。健康标准体人群可以获得按标准费率无条件投保，而非标体用户在上交诊断证明后，需要等待保险公司完成审核后才能得到核保结论，并再次做出购买决策。这意味着非标体用户选择保险产品的决策更加困难，且还有留下拒保记录的风险。此外，大部分保险公司为了避免非标体用户投保后复杂的处理流程，直接采取"一刀切"的核保规则，该问题在互联网投保渠道中表现得更为突出。

为了扩大互联网健康保险产品的承保人群范围、简化非标体用户的投保流程，作为国内头部保险电商平台的慧择保险开发了"大择核保"智能核保系统。该系统以核保创新为核心，重点解决了非标体用户投保健康保险的三大痛点：

（1）"大择核保"覆盖了200多种疾病，通过"人机问答"对用户的疾病状态精细分层后自动生成差异化的核保结果。不符合标准投保条件的用户只需要根据自身情况勾选三层疾病选项，即可实时获得标准体承保、加费承保、除外承保、延期和拒保五种不同的核保结果。对比"符合标准投保条件即通过，否则即拒保"的传统核保，非标体用户通过"大择核保"被承保的可能性会更大，且无须经过漫长的审核等待期即可获得核保结果。

（2）"大择核保"整合了市面上能提供智能核保功能的保险公司核保政策，为非标体用户精准推荐可投保产品。对比一般线上核保一次只能评估一款产品，"大择核保"可以为非标体用户筛选出可承保的多款产品，投保体验大大改善。

（3）"大择核保"采取不记名的预核保方式，减轻了用户对个人隐私泄露和留下拒保记录的担忧。

（资料来源：智能工具提效降本，慧择"大择核保"提升用户保险消费体验. IT 之家，2021-10-05。）

## 小案例

### 泰康保险：核保作业全流程数字化升级

面对健康保险核保中过度依赖核保人员素质等问题，泰康保险基于人工智能技术，对核保作业全流程进行数字化和智能化升级，以协助或替代部分核保人员的部分工作。由泰康保险联合医拍智能、腾讯云开发的保险行业首个全流程 AI 认知核保系统以体检报告为输入，以核保结论的可解释性预测为输出，其工作机制可分为三个主要步骤：

（1）从体检报告图片自动定位、识别健康信息。运用 OCR（Optical Character Recognition，光学字符识别）技术识别体检报告图像上的文字，并依靠 NLP（Natural Language Processing，自然语言处理）技术把不同格式、不同名称的体检项以及检查单里的长文转为统一格式、统一项目的语言描述。该步骤从各家医院千差万别的检查报告中自动提取出结构化的文本信息，从而形成可输入模型的标准化的客户健康画像。

（2）以多源数据和特征筛选为基础，实现可解释性核保结论预测。核保预测的数据基础以被保险人的体检报告数据为主，同时融合既往投保、理赔、健康告知书、个人基本情况等数据。在构建特征工程筛选出与核保结论相关度高的特征后，工作人员将对应的数据样本输入已构建的深度学习模型，就能得到对用户的患病和核保结论预测。同时，模型还会输出每个预测结果的支撑特征，为核保人员提供关键的决策参考。

（3）核保人员复核、修正从系统提取的结构化数据。核保人员可以对特定保单进行复核检查，对照体检报告图像对系统自动识别的数据进行修正并重新进行预测，避免因系统读取失误造成预测不准确。

泰康保险的数字化认知核保系统通过 AI 技术赋能，突破了传统健康保险中核保重复性工作多、对核保人员的医学知识要求高以及高度依赖核保人员的经验积累三大瓶颈：

① 系统支持全国 36 000 多家医疗机构各类版式体检报告影像的全量自动结构化，减少了核保人员读取并录入报告信息的重复性工作。

② 通过学习大量医学资料，自动判定异常体检数据，实现对客户健康状况与疾病风险的精准评估，减少了对知识型员工的需求。

③ 结合医学知识和核保经验，量化用户健康特征与核保结论的相关性，避免了单纯依靠个人经验导致的风险识别和预测的不准确和不全面。

（资料来源：中国银行保险传媒股份有限公司.2019 保险业信息化优秀案例精编.北京：中国金融出版社，2019。）

# 第五节　数字人身保险的理赔

人身保险的理赔是其风险保障功能的直接体现。在传统人身保险的理赔模式下，健康保险的理赔痛点尤其突出。客户必须经历复杂的理赔申请和漫长的等待过程，而保险公司则面临低效的工作环节和高昂的人力成本。本节将围绕健康保险展开，总结传统健康保险的理赔痛点，并介绍数字健康保险如何采用数据直连和智能化审核两种模式提高理赔效率。

## 一、传统人身保险的理赔痛点

传统健康保险的理赔流程冗长、手续繁杂，客户从发起理赔申请到拿到理赔费用一般需要较长的时间。与核保相似，传统健康保险的理赔在客户端和保险公司端面临各自的痛点。

客户面临材料提交繁琐和垫付费用两大"困难"。一方面，理赔所需的材料种类较多，客户经常需要往返多个机构才能获得完整的申请材料，还经常容易漏交材料。另一方面，客户需要先行垫付本应由保险公司承担的医药费。与医保的就医直接结算不同，在传统的商保赔付流程中，商保支付以事后报销的形式为主。客户需要先行垫付相关费用，然后将相关材料交至保险公司，由保险公司进行核查并测算出应当赔付的金额，最后才将金额赔付给客户。这种赔付方式一定程度上弱化了保险减轻客户经济负担的风险保障效果。

传统的理赔以人工作业为主，过度依赖专业经验且效率低下。从保险公司的角度来看，健康保险理赔处理的流程一般包括录入、审核、理算和调查四个环节。在传统的理赔方法下，四个环节都包含了大量重复度高、专业经验要求高的人工操作。在录入环节，医疗材料专业性强，且不同医院之间的就诊票据的样式和收费明细存在巨大差异。这使得传统的人工录入方式存在精度低、效率低且容易出错的问题。在审核环节，理赔人员需要对理赔申请人的个体健康信息、就诊记录信息、用药信息等进行分析，识别其中可能存在的过度医疗、保险欺诈、冒名顶替等各类风险。理赔工作要求作业团队拥有医学、药学等多学科的专业知识，且非常依赖审核人员的经验提调相关信息来对潜在风险进行逐一排查。在理赔人员专业素质普遍不高的情况下，理赔效率难以提升。在理算环节，工作人员需要结合各地的医保政策、合同条款和票据信息计算赔付金额，人工操作在高工作强度下容易出现多赔、漏赔的现象。在调查环节，传统调查流程以线下的看和查为主，作业模式精度低、调查时间长。

## 二、数字人身保险的理赔创新

面对健康保险理赔存在的多方面痛点，医疗机构、保险机构和 TPA 共同朝数字化方向发力，采取数据直连和智能化审核两种模式，简化理赔申请流程，提高理赔作业效率。

TPA 致力于搭建医疗机构和保险公司之间的"高速公路"，助力实现客户医疗理赔的快速申请和实时结算。优加健康、乐约健康等 TPA 搭建商保直付平台，通过对接医疗机构和保险公司两端的信息系统，实现医疗数据与保险公司的理赔审核系统的实时数据交换。一方面，医疗数据共享可以推动保险公司理赔支付的线上化转型，提高了理赔审核的效率。另一方面，医疗数据共享将客户出院结算后打印病历、单据并送到保险公司申请理赔的过程，转移到线上"一键理赔"完成，简化了理赔申请的流程。

保险机构以大数据为基础，运用人工智能技术提高理赔作业效率。保险机构结合自有历史理赔数据以及通过与医疗服务机构合作获取的数据，构建全方位的用户画像和医疗知识库。在此基础上，保险机构将复杂的业务规则融入算法，帮助理赔人员快速定位理赔案件中的风险点。

以下两个案例分别介绍了乐约健康的商保直付平台和水滴的智能理赔平台。通过观察这两家平台的实践，我们可以了解数字人身保险的理赔服务在与医院对接和运用智能化工具辅助作业流程两方面的发展现状。

## 小案例

### 乐约健康：连接商保支付的信息孤岛

长期以来，我国的医疗机构端和保险公司端均存在严重的"信息孤岛"问题。在医疗机构端，各家医院的信息系统没有进行标准化的改造，数据记录和储存的格式、标准等方面存在差异，每家医院都是一座"信息孤岛"。在保险公司端，每家机构对理赔数据的标准和要求各异，且各种保险产品的结算和风控规则复杂。两端的"信息孤岛"导致医院和保险公司之间的数据连接非常困难——医院缺乏动力与有业务往来的保险公司逐一对接，而保险公司分摊到每家医院的流量有限，若依靠自己的力量实现与所有医院的系统对接，投入产出比亦低。因此，医院和保险公司间的数据连接只能依靠第三方平台来完成。以乐约健康为代表的TPA一端对接多家保险公司，另一端对接各家医院，打破保险和医疗之间的信息壁垒，通过数据直连为商保患者提供线上一站式的理赔服务。

乐约健康是一家医疗大数据+保险科技公司，致力于为卫生计生委、医院提供商业保险在线快速结算系统的开发和运维，帮助实现医疗和保险行业数据的互通共享。其首创的商保直付平台打通了医院信息系统与保险公司的业务链、数据链系统，将医院端生成的医疗和费用信息与保险公司端的理赔审核系统直接对接，实现数据的实时交换。由此，乐约健康将传统线下理赔升级为线上"一站式"自动化结算，理赔时间从最长的30天缩短到可实时结算。根据医院接入程度不同，乐约平台提供两种不同的商保赔付模式：一是快赔服务，用户先垫付相关费用，保险公司的赔付次日到账；二是直赔服务，商保报销的部分用户不需要垫付，出院时直接进行结算。

与保险公司和医院单一对接的模式相比，乐约健康具有更专业的移动互联网服务框架和更低的对接服务成本，促进了医院、保险公司和客户三端的效率提升。对医院而言，商保理赔的线上化减少了纸质报销材料的打印、审核和签字等环节，减轻了医务人员的工作负担。同时，平台统一连接多家保险公司，避免了医院信息系统重复开发对接。对保险公司而言，直接从医院端获得客户的就诊数据，免去了扫描、读取纸质材料的过程，提高了审核速度。对客户而言，在手机端一键发起理赔申请，免去了复印病历、跑保险公司、等待结账等麻烦。

乐约健康CEO付新华认为，商保客户在就医过程中的所有诊疗、开药等数据都实时在两端进行交互，并通过后台实行智能化审核与结算，使客户在出院时不用垫付商保报销部分的费用，直接支付自付费用，这将是商保支付的终极形态。

（资料来源：乐约健康：医疗大数据及健康险科技服务商，打通商保支付痛点. 零壹财经，2021-08-11。）

## 小案例

### 水滴公司：科技助力经验式理赔作业转型

作为我国排名领先的互联网健康保障平台，水滴公司（以下简称"水滴"）针对健康保险理赔慢的痛点，开发了"007智能理赔系统"，运用智能化工具加速理赔作业。该智能理赔系统以大数据为基础，以人工智能应用为核心，形成了一套从底层大数据到中层智能中枢再到上层业务应用的完整模型，提升了理赔的速度和准确度。2021年，水滴的"007智能理赔系统"准确率达到了99.7%，整体效率提升了30%，理赔的平均时效缩短为0.8天。

水滴从多场景、多渠道收集整合数据，为 AI 建模提供基础。水滴拥有水滴筹、水滴保、水滴好药付等业务线，可以从线上线下联动的真实场景采集丰富的数据。同时，水滴与多家第三方公司深度合作，通过接入第三方数据打造多元数据体系。在采集和接入数据的基础上，水滴对数据进行提取、脱敏、清洗和整合，构成以用户数据、保险数据和医疗数据三大类别为主的数据库系统。并且，从海量非结构化的医疗数据中，水滴提取出实体、关系、属性等知识图谱组成元素，结合医疗专业信息，构建了一个包含 1 万多种疾病名称、数十万个实体节点和超过百万条实体关系的 CONF 医疗知识图谱。

基于对海量数据的分析，水滴针对保险理赔的各环节进行人工智能技术的开发和高强度的算法模型训练，输出涵盖理赔全链条的智能理赔系统。在客户发起申请的环节，客户只需在线提交平台要求的相关医疗材料和单据，智能理赔系统 24 小时接受客户申请。在录入环节，智能理赔系统支持全国 90% 以上的地市级公立医院单据，借助 OCR 和 NLP 技术对用户上传的各类影像信息进行自动识别、验证和归类，并将图片上的文本信息进行结构化处理，实际可以节省大约 50% 的人力。在审核环节，水滴基于已标记的风控标签和机器模型因子，结合历史赔付数据和医疗知识图谱，进行 LightGBM[①] 和逻辑回归等模型的测算，由模型自动给出赔付、拒付、返回人工审核等结论。在理算环节，水滴将市面上近万种医疗险产品的理算规则进行提炼，形成近百条核心规则以构建模型，支持各种产品的自动理算，保证了理赔金额的准确性。在调查环节，水滴通过用户的行为画像精准圈定调查的范围，从而降低调查的整体成本。

（资料来源：水滴公司深挖保险科技，用 AI 构建健康保障领域新基建. DeepTech 深科技，2020-12-01；1 400 天，水滴公司的保险科技如何炼成. 时刻头条，2021-04-28；科技赋能保险行业水滴打造健康险赔付速度新标杆. 和讯网，2020-11-19。）

## 本章小结

本章首先介绍了人身保险的相关概念。人身保险是以人的生命或身体为保险标的的保险，用于应对生、老、病、死、伤、残等人身风险。随着数字技术的发展，传统人身保险逐渐向数字人身保险转型。数字人身保险是指将数字技术深度运用于人身保险的业务经营场景后形成的新一代人身保险服务。

长期以来，传统人身保险存在产品高度同质化、代理人展业效能低、核保流程复杂、理赔等待时间长等痛点。保险机构运用数字技术从不同路径探索人身保险的创新发展模式，破解了传统人身保险面临的各种难题。本章从保险价值链出发，介绍了传统人身保险在产品设计与定价、展业、核保和理赔四个环节中的痛点，梳理了数字人身保险在对应环节的创新与突破，体现了数字人身保险在提升客户保障质量、优化客户服务体验上的重要价值。

---

① LightGBM：Light Gradient Boosting Machine，是一种基于决策树迭代训练的梯度提升（Gradient Boosting）机器学习算法。该算法由微软提出，具有训练效率高、内存占用低、能处理大规模数据等优势。

## 思考与练习

1. 什么是人身保险的概念？主要包括哪几类险种？
2. 传统人身保险在产品设计与定价上存在哪些痛点？
3. 数字技术从哪些方面提升了人身保险代理人的展业能力？
4. 你认为互联网人身保险所使用的智能核保系统是否存在不足？
5. 你如何理解医疗健康大数据共享对人身保险行业发展的重要意义？
6. 你认为数字人身保险未来发展面临的挑战与机遇有哪些？

## 即测即评

## 参考文献

［1］荆涛. 人寿与健康保险［M］. 北京：北京大学出版社，2011.

［2］陶存文. 人寿保险理论与实务［M］. 北京：高等教育出版社，2011.

# 第四章　数字财产保险

学习目标

通过本章学习，学生应能够：了解财产保险的概念、业务种类及特征；掌握传统财产保险在产品设计与定价、展业、核保和理赔四个环节的发展痛点；了解数字财产保险部分险种在产品设计与定价、展业、核保和理赔四个环节的创新实践。

导读案例

## 中华财险数字化升级之路

2020年6月1日，中华保险集团旗下的中华联合保险集团股份有限公司（以下简称"中华财险"）与阿里巴巴集团在北京签署全面合作协议，约定由阿里巴巴集团旗下的阿里云运用数字技术为中华财险构建新一代核心系统。

2021年5月28日，在2021阿里云北京峰会上，中华财险表示目前已有33个重要系统完成从传统集中式架构向分布式架构的改造，其中包括车险报价系统、理赔资源管理系统等。通过在阿里云金融云上部署，中华财险构建在线理赔资源管理系统，为客户提供远程、无接触、线上快赔等服务。在某次车险理赔中，客户从接入到定损完成仅用时2分58秒，赔款15分钟到账。

具体而言，中华财险将物联网、人工智能、区块链等数字技术融入保险价值链中，实现业务流程创新。在展业环节，中华财险通过阿里巴巴达摩院算法、语音识别、知识图谱等数字技术整合自身积累的语料库，运用人工智能技术与客户交互，改善客户体验，提高成交率。在风险控制环节，中华财险的风控理念从事后赔付转向事前风险预判和规避。例如，运用物联网、人工智能等数字技术，中华财险推出智能工地技术，管理施工过程，助力安全生产。

签署合作协议以来，中华财险数字化升级成果初显。中华财险的数字化规划和路线图正在稳步推进中。

（资料来源：老牌财险的重生之路：中华财险数字化转型硕果初成.财经五月花，2021-02-01。）

中华财险的数字化升级是公司融入数字经济浪潮的必由之路。目前，在商车费改背景下，作为财险公司保费收入支柱的车险面临降价提质目标的压力，车险保费收入规模急剧下降，导致大部分财险公司的利润有所减少。财险公司如何进行数字化升级成为其谋求未来发展必须面对的问题。保险机构为什么会将数字技术应用到财产保险的业务经营中？数字技术的应用解决了财产保险行业面临的哪些痛点？数字财产保险在保险价值链的各环节有哪些具体的创新表现？

为了回答上述问题，本章将聚焦数字财产保险的发展现状来介绍数字财产保险。第一节介绍财产保险的概念、分类和特征，帮助读者建立对财产保险的基本认识。第二至五节从保险价值链出发，按"痛点—创新"的逻辑，分析传统财产保险在产品设计与定价、展业、核保和理赔四个环节的发展痛点，并总结数字财产保险在相应环节的发展现状，观察保险机构如何运用数字技术克服行业痛点。

# 第一节　财产保险概述

财产保险起源于共同海损①的分担，经历了海上保险、火灾保险等发展阶段，逐步扩大其风险的承保范围，直到几乎囊括一切自然灾害风险和意外事故风险。本节将从概念、业务种类、特征三个方面介绍财产保险，并在此基础上介绍数字财产保险的概念。

## 一、财产保险的概念

财产保险以财产及其相关利益为保险标的，是保险人向因发生合同内约定的保险事故而遭受损失的被保险人提供经济补偿的一类保险。可保财产包括物质形态和非物质形态的财产及其相关利益。然而，并不是任何财产及其相关利益都能够作为财产保险的保险标的。只有既符合法律规定又满足财产保险合同要求的财产及其相关利益，才能成为财产保险的保险标的。

从业务范围来看，财产保险有狭义与广义之分。狭义的财产保险仅指以有形财产作为保险标的的保险，即财产损失保险。广义的财产保险指不属于人身保险的所有保险。广义的财产保险除了承保有形财产，也承保与有形财产相关的无形财产。本章所讨论的财产保险指广义的财产保险。②

## 二、财产保险的分类

根据保险标的不同，财产保险主要分为财产损失保险、责任保险和信用保证保险，其各级分类如图 4-1 所示。限于篇幅，本小节仅介绍目前市场上数字化实践成果较丰富的险种，包括企业财产保险、家庭财产保险、机动车辆保险、海上保险、航空保险、公路运输保险和责任保险。

---

① 共同海损：指在同一海上航程中，当船舶、货物和其他财产遭遇共同危险时，为了共同安全，有意地、合理地采取措施所直接造成的特殊牺牲、支付的特殊费用，由各受益方按比例分摊的法律制度。

② 农业保险属于广义财产保险范围。由于农业保险在业务和政策上的特殊性，本书将农业保险单独成章，在第五章进行介绍。

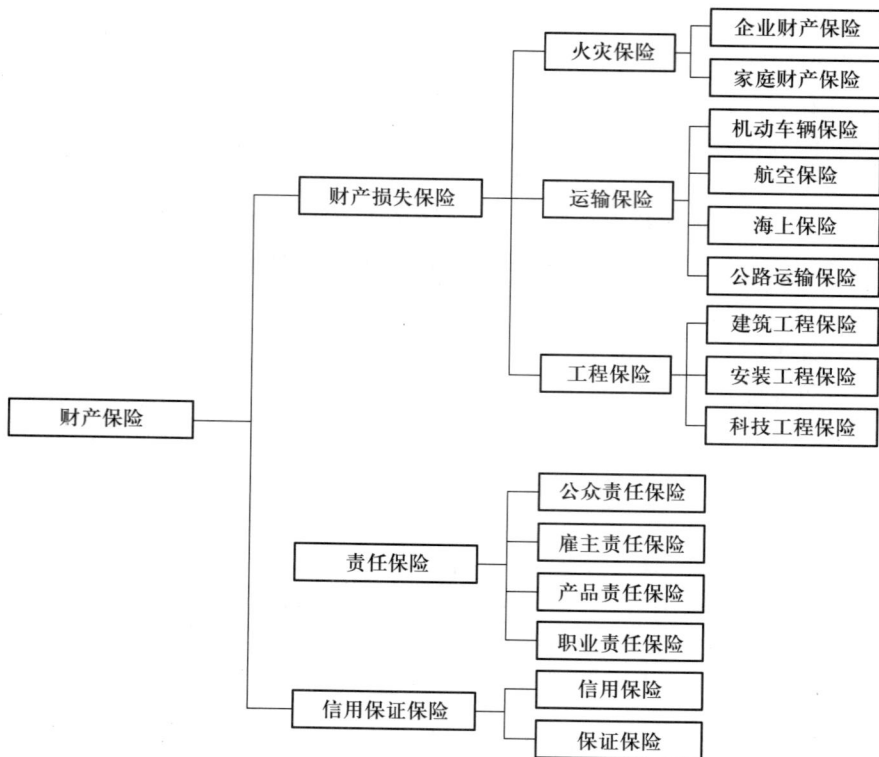

图 4-1 广义财产保险业务种类图

资料来源：编者根据公开信息绘制。

企业财产保险，又称团体财产保险，是以投保人存放在固定地点的财产和物资作为保险标的的保险。作为我国财产保险业务中的主要险种之一，企业财产保险适用于一切独立核算的法人单位。当被保险人在遭受到保险责任范围内的自然灾害或意外事故时，企业财产保险能够使其及时得到经济补偿，保障企业正常运行。

家庭财产保险是以存放、坐落在保险单列明的地址且属于被保险人自有的家庭财产为保险标的的保险。作为个人和家庭最主要的投保险种，家庭财产保险的投保范围一般包括自有居住房屋、室内装修装饰及附属设施、室内家庭财产等。

机动车辆保险，简称车险，是以机动车辆本身及其第三者责任为保险标的的保险。车险一般包括机动车交通事故责任强制保险（简称"交强险"）、车辆损失险、第三者责任险[1]、全车盗抢险、车上责任险等。其中，交强险是由保险公司对被保险机动车发生道路交通事故造成受害人（不包括本车人员和被保险人）的人身伤亡、财产损失，在责任限额内予以赔偿的强制性责任保险，是我国首个由国家法律规定实行的强制性保险制度。

海上保险，是以船舶、船舶上的货物及相关利益为保险标的的保险。海上保险是对由于海上自然灾害和意外事故而造成的财产损失的被保险人给予的一种经济补偿。海上保险主要包括

---

[1] 第三者责任险：指被保险人或其允许的驾驶人员在使用保险车辆过程中发生意外事故，致使第三者遭受人身伤亡或财产直接损毁，依法应当由被保险人承担的经济责任，保险公司负责赔偿。

船舶保险、海洋运输货物保险、运费保险、保障赔偿责任保险等。

航空保险，是以飞机、飞机上的货物及其相关利益为保险标的的一类保险，赔偿由飞行遭遇自然灾害或意外事故致使第三者或机上旅客人身伤亡、财产损失时所造成的经济损失。航空保险的基本类别包括机身保险、航空运输保险、航空伤害险、航空责任险等。

公路运输保险，是以公路运输过程中各类货物为保险标的的财产保险，是保险人对保险标的在运输过程中发生的合同范围内的损失给予经济补偿的保险。公路运输保险一般自签发保险凭证后，保险责任从保险货物运离起运地的最后一个仓库或贮运处所时起，至收货地的第一个仓库或存储处所收到货物时止。

责任保险，是以被保险人对第三者依法应负的赔偿责任为保险标的的保险，即由于被保险人的疏忽、过失等行为对他人造成了经济损失，而由保险人向受害人依法赔付经济损失的保险。一般情况下，责任保险仅承担由于被保险人的过失而造成的经济损失，对故意行为造成的后果不负责任。责任保险主要包括公众责任保险、职业责任保险、产品责任保险、雇主责任保险等。

### 三、财产保险的特征

财产保险具有承保范围广泛性、业务性质补偿性、经营内容复杂性、单个保险关系不对等性四个主要特征（杨忠海，2018）。财产保险为各种各样的风险承保，几乎所有的自然灾害、意外事故等均可作为财产保险承保的风险和保险责任。财产保险的保险标的、投保对象、风险管理、承保过程和承保技术均较为复杂。从单个保险关系而言，财产保险还具有不对等的性质。

#### （一）承保范围的广泛性

财产保险业务的承保范围十分广泛。其保险标的覆盖了各种财产及其相关利益，既包括车辆、房屋等有形资产，也包括民事法律风险、信用风险等各种非物质形态的资产。承保范围不仅涵盖企业、机关、学校等团体，还涵盖了家庭或个人。大到航空航天、核电工程，小到居民家庭财产，均可在财产保险公司获得相应的风险保障。

#### （二）业务性质的补偿性

财产保险是一种有效的经济补偿制度。保险人在保险合同所约定的危险事故发生之后，要遵循损失补偿原则，对被保险人所遭受的实际损失或损害进行一定程度的补偿。在所有的投保财产均可用货币衡量其价值的前提下，补偿金额不能超过被保险人的实际损失，被保险人不得通过保险获得额外的利益。

#### （三）经营内容的复杂性

无论是从财产保险经营的整体出发，还是从单个财险险种来看，财险机构的经营内容均具有复杂性。财产保险的经营内容的复杂性主要体现在保险标的、被保险人、风险管理、承保技术和承保过程等方面。

在保险标的方面，由于承保范围广泛，财产保险的保险标的十分丰富。按具体存在的形态划分，保险标的通常可分有形财产、无形财产或有关利益。有形财产是指机器设备、厂房、机动车辆、船舶和货物等；无形财产或有关利益则指各种产权、预期利润、费用、信用和责任等。

在被保险人方面，财产保险被保险人的性质多元，可能涉及多方对象。财产保险的被保险人是指对保险标的有保险利益的经济体，既可以是自然人，也可以是法人。一份保险合同既可能只涉及单个被保险人，也可能涉及多个被保险人。

在风险管理方面，风险与致损原因的多样性导致财产保险的风险管理十分复杂。一方面，财产保险所面临的风险十分繁杂，包括各种自然灾害、意外事故、法律责任以及信用行为。另一方面，财产保险所需承担的风险事件造成的损失涵盖较广，既包括诸如物质损失、赔偿责任等损失，也包括费用损失、利润损失等间接损失。

在承保过程和承保技术方面，风险管理体现在保前检查、保时核保、保后理赔等各个方面，承保过程烦琐；要求保险人熟悉与各种类型保险标的相关的知识，对技术与人员能力要求高。

### （四）单个保险关系的不对等性

从单个保险关系角度而言，财产保险具有不对等性。总体而言，财产保险遵循等价交换、自愿交易的原则，保险人根据大数定律等来厘定保险费率。理论上，保险人与被保险人在整体上的关系是平等的。但实际上，在单宗交易中，交易双方存在关系不对等的现象。一方面，单个被保险人发生意外的概率较低，多数人缴纳保费后并不会有经济赔偿的机会，保险费成为保险人的收益，保险人处于优势；另一方面，当被保险人发生意外时，保险人所负担的经济赔偿往往远大于被保险人所缴的保费，保险人处于劣势。在这两种情况下，交易双方都存在关系不对等的情况。

## 四、数字财产保险的概念

我国财产保险市场目前正处在增长速度较快、保险深度偏低、行业集中度较高的发展阶段。2018 年前我国财险市场增速保持在 10% 以上，而后增速逐年下降，2020 年受疫情影响，增速仅为 2.40%。我国保险市场基数较小，2020 年我国财险保费原保险保费收入[①]为 11 929 亿元，仅占 GDP 的 1.17%。另外，我国财产保险行业集中度与业务集中度较高。一方面，中国人寿、中国平安和中国太保占据着主要的市场份额，长期以来三家公司的原保费收入占整个市场的七成以上。另一方面，车险独大的格局长期存在，2022 年 1 月车险保费收入占原保险保费收入的 46.67%。[②] 传统财产保险在发展过程中未发生较大变革，其痛点逐渐显现，而快速变化的外部环境也对财产保险的转型升级提出了新的要求。在这一背景下，数字财产保险应运而生。

数字财产保险是指将数字技术深度运用于财产保险的业务经营场景后形成的新一代财产保险服务。相对于人身保险，财产保险具有期限较短、保额较小、产品和承保条件相对简单、部分产品存在刚需等特点。因此，财产保险行业的科技创新起步较早、步伐较快且效果更显著。

---

① 原保险保费收入：指由保险公司自己做的业务得到的保费收入。保险的保费收入分为原保险保费和再保险保费收入两种。

② 银保监会官网。

从财产保险价值链的角度来看，数字技术在财产保险价值链的各环节上均有应用。在产品设计与定价环节，得益于数字技术的发展，精算在财险尤其是车险领域发挥了更重要的作用。在展业环节，互联网提供了新的展业渠道。在核保环节，保险机构基于手机 App 等移动端的报价，简化核保过程。在理赔环节，保险机构运用图像识别等技术开展远程定损和报价，降低了理赔作业成本。

# 第二节　数字财产保险的产品设计与定价

随着经济社会快速发展和财产保险新场景涌现，客户对财产保险新产品的需求日益旺盛。如何以客户需求为导向，从供给端及时或前瞻性地设计出满足客户需求的创新产品，是财险公司的重要课题。本节将梳理传统财产保险在产品设计与定价环节的痛点，并介绍数字财产保险在该环节的创新之处。

## 一、传统财产保险的产品设计与定价痛点

传统财险的产品同质化问题较突出，产品设计创新性不足，定价方式亟须完善。在消费者需求日趋碎片化、场景化、差异化的市场环境下，传统财险产品未实现相应产品的供给，一定程度上阻碍了财产保险的发展。

在产品设计上，财险产品的同质化问题突出，保障范围与市场需求错位。一方面，我国保险产品难以受到专利保护，且受经营成本高、公司定价权有限等因素的制约，传统财险行业的创新意识较弱，创新动力不足。另一方面，保险机构对市场数据的获取与处理能力不足，难以精准把握客户的保险需求做到"按需供保"。受上述因素限制，保险机构缺乏特色险种的开发，传统财险产品的同质化现象严重，保障范围大而笼统。以企业财产保险为例。我国企业众多，地区、行业、规模、发展阶段不同的企业所面临的风险各不相同，投保需求也千差万别。但长期以来，企业财产保险产品种类单一且倾向于"全覆盖式"保险，导致产品通常难以满足客户需求。在家庭财产保险领域，产品的设计多为组合保险，消费者不能单保水管破裂或单保财物盗窃，也不能在短期外出时为煤气、水、电等隐患进行投保。此外，我国传统的家财险产品大多将古玩、字画等艺术品、收藏品以及票据、有价证券、宠物、账册、技术资料等无法鉴定价值的财产列为不保的范围，相应的保险需求无法得到满足。

在产品定价上，传统财险产品的定价方式较落后，客户投保率低。传统财险的费率厘定采取"一刀切"的模式，在买卖双方信息不对称的情形下可能造成"劣币驱逐良币"的结果。以企业财产保险为例。从市场情况来看，传统财险公司的承保对象大多为大型公司。究其原因，主要是企业财产保险费率较高，且保险产品难以满足中小微企业的个性化需求，导致中小企业的投保意愿不高。而且，主动投保的中小企业多从事高风险行业，如纺织业、化工业等，或只针对经营中的高风险环节进行投保。这种投保行为导致中小微企业的赔付率往往高于保险公司通过大数定律演算所得概率，打击了保险公司为其承保的积极性，于是保险公司提高了针对中小微企业的费率，形成中小微企业投保率越来越低的恶性循环。

## 二、数字财产保险的产品设计与定价创新

通过运用人工智能、大数据等数字技术，财险机构的数据获取与处理能力显著提升，推动了产品设计与定价的创新。财险机构基于客户的年龄、家庭状况、投保记录等信息，深入分析客户需求，全面挖掘新兴场景，实现产品设计的个性化、定制化和产品定价的差异化、合理化。

在车险行业，保险机构运用数字技术有效区分驾驶行为的优劣，为客户提供差异化与定制化的产品。一方面，保险机构运用智能车载系统采集驾驶员行为的信息和车辆状况，并运用驾驶行为评分系统分析得到驾驶人风险评分。基于评分结果，保险机构对被保险人收取差异化的保险费率，对驾驶路线基本固定、出险少或驾驶行为表现良好的被保险人给予一定的保费优惠，合理优化保险费率。另一方面，保险机构在发现风险后及时向客户预警车辆碰撞、提出驾驶行为建议以及在出险后分析事故发生的原因，从而帮助客户改善驾驶习惯，降低被保险人的出险率。下面以智能汽车保险公司 Root Insurance 为例，介绍车险公司如何根据驾驶人驾驶行为的不同实现产品定制化与保费差异化。

---

**小案例**

**Root Insurance：根据驾驶员行为定制产品与差异化保费**

成立于 2015 年的 Root Insurance（以下简称"Root"）是一家智能汽车保险公司，其宗旨是"Good drivers save more"（好的司机可以省更多的钱）。Root 通过物联网收集客户的驾驶数据，运用人工智能技术分析客户的驾驶行为，再通过数据构建保险定价模型、精准计算风险，为不同客户提供定制化车险产品，实现保费差异化。通过使用行为数据和专有的远程信息技术，Root 已经收集了超过 100 亿英里①的驾驶数据，成为衡量人类驾驶行为和评估风险的专家。

Root 以 App 监测的数据为依据来决定是否承保以及以多少保费承保。Root 取消了传统保险的代理人制度，其开发的 App 支持一键承保、快速理赔和驾驶过程分享等功能。投保过程十分简单，客户首先下载 App 并完成基本操作，然后在日常的行驶过程中，App 就会在后台运行并记录下各种驾驶信息，如刹车、转向、驾驶平稳度、行驶时间等。基于上述信息，Root 可以建模分析进而精准地计算风险，筛选出高风险人群，为拥有良好驾驶习惯的司机提供更优惠的保险，从而提升定价合理性，改善客户体验。

Root 根据驾驶人行为来定价为有良好驾驶习惯的司机提供了更合理、更优惠的保险，同时拒绝为开车危险度高的司机提供保险服务，有效缓解了传统保险公司所面临的逆向选择问题。根据 Root 公布的信息，Root 帮助驾驶习惯最优的部分司机省下最高 70% 的保费，而驾驶行为正常的司机也可以省下超过 50% 的保费。

（资料来源：美国 UBI 车险独角兽 Root Insurance. 保观，2019-03-13；Root Insurance：以"试驾"功能与测算技术打破传统车险定价模式. 未央网，2021-07-19。）

---

① 　1 英里 = 1 609.344 米。

在家庭财产保险行业，保险机构运用数字技术扩大保障范围，并通过更全面的信息收集与数据分析实现差异化定价。一方面，数字家庭财产保险的保障范围逐渐扩大，保险标的细化，产品内容更加丰富。财险公司的产品设计能够丰富产品的功能，如增加个人物品保险、减少对保障的地理范围的限制等，从而为客户提供性价比更高的产品与服务。以购买简单、保障灵活、随时变更保障物品为特点的保险平台 Back Me Up 为例。其产品基于 App 和网站销售，即买即生效。用户在购买保险产品后可以随时变更受保物品且没有罚金，更改所需操作十分简单。在产品种类上，除了主营的按件购买的物品保险之外，Back Me Up 还为用户提供旅行险、碎屏险、钥匙险等。另一方面，数字家庭财产保险通过对具体房屋环境的评估，实现差异化的定价。例如，美国保险公司 Hippo Insurance（以下简称"Hippo"）只需要客户提供房屋地址、房屋类型、修建年份等信息，便可以通过自有数据自动匹配，得到房屋面积、建筑材料等其他关键信息。同时，Hippo 通过对接卫星图像系统来获得房屋的历史图像信息，从而对投保人的房屋进行更精准、全面的风险评估，完成保险报价。此外，Hippo 通过客户记录在区块链中的数据和变量对每个客户的风险等级进行区分，在保证个人隐私安全的前提下实现产品更精准合理的定价。

在企业财产保险行业，保险机构运用数字技术实现产品定制化与产品的优化迭代，同时提升对被保险人的风险管理能力。第一，通过运用大数据、区块链等数字技术，保险机构根据不同地区的地理环境、受灾程度、市场环境，以及不同企业的消防安全措施、经营方式、生产规模、财务制度等要素定制保险产品，使承保内容贴合各企业的实际需要。第二，保险机构运用区块链、人工智能等数字技术提高收集整理客户反馈意见的效率，可以更广泛、实时地获取反馈信息，打造"产品设计—客户反馈—完善产品"的闭环，进而优化保险产品。第三，保险机构通过运用物联网、大数据等数字技术，不断加强对风险的管理能力。风险监测预警指标化的出现保障了安全生产，降低了保险机构与被保险人的损失。以家具企业为例，家具企业在生产过程中所用的原料如油漆、木材等均为易燃物品，一旦发生火灾，很容易造成火势的不可控，造成巨大损失。鉴于此，保险机构可以在火灾隐患处安装烟感、温感等传感器，传感器能够自动将感应值通过通信系统上传到云端。若感应值超过警戒值，系统将会报警，企业能够立即响应，采取相应措施，防止事故发生或损失进一步扩大。下面以智能化保险公司 Next Insurance 为例，展示数字技术如何根据小微企业的需求提供定制化产品。

## 小案例

### Next Insurance：为小微企业提供合适且价格合理的保险

美国保险公司 Next Insurance（以下简称"Next"）是一家提供一站式保险服务的智能化保险公司，致力于为客户提供经济实惠、简单透明的定制化保险。Next 为建筑、健身、清洁、美容、娱乐、教育等领域的小微型企业定制保险产品，提供一般责任保险、专业责任保险、商业汽车保险等产品。

与大型企业相比，小微型企业的保险需求更加多元化、碎片化。且这些主体往往具有支付能力较低、单笔交易额度较小、风险较高且多变等特点，保险公司很难为其提供标准化的产品与服务。因此，相应的保险市场长期处于边缘地位。在人工智能、大数据、区块链等数字技术发展日新月异的今天，Next 认为大批量向小微企业提供更加精细化、标准化且供需匹配的保险产品与服务已经成为可能。

　　Next 致力于成为一个从客户的保险内容需求与保险费率需求出发的互联网保险销售平台。首先，相比于市场上提供"一揽子"服务的保险产品，Next 提供可以让客户"按需投保"的保险计划，调整保障范围从而使保费更加合理。例如，摄影师保险可向客户提供摄影设备保障、客户伤害保障、财产损坏、像素侵权诉讼费和医药求偿等方面的保险。其次，为减轻客户的资金压力，Next 允许投保公司用分期付款的方式完成保费支付，且客户不必为此支付利息。最后，该公司通过由保险顾问、产品经理、数据科学家、设计师等数百名员工组成的团队联合开发人工智能程序，为客户提供方便且负担得起的保险解决方案和服务。

　　（资料来源：Next Insurance：小微企业和独立工作者保险的引领者｜海外创新案例. 零壹财经，2021-07-20。）

　　在公路运输保险行业，保险机构实现产品定制化与定价差异化，满足市场需求。传统的公路运输保险存在保障范围窄、保障不足、定价粗放等问题，难以满足物流行业的保险需求。运用人工智能、区块链、云计算等数字技术，保险机构以历史承保的数据为基础，结合专业人士的经验，从货物种类、运输路线、所耗时间等多个维度进行定制化产品设计与差异化产品定价。保险机构分析运输过程中各环节存在的风险控制需求，设计场景化保险产品，并根据市场反馈对产品迅速进行更新迭代，及时满足客户的真实需求。下文以华泰财产保险有限公司为例，帮助读者了解数字公路运输保险如何实现智能化和差异化定价。

## 小案例

### 华泰财产保险有限公司：打造国内公路货物运输保险智能定价引擎

　　华泰财产保险有限公司（以下简称"华泰财险"）根据自身多年的专业技术经验以及精算、信息处理能力，认为将货运险产品形态和处理模式从固定费率向浮动费率转变，单因子定价向多因子精细化定价转型，可实现对各类运输货物的差异化定价。

　　华泰财险以过去五年国内公路货运险历史承保理赔数据为基础，从货物种类、保额、航程等多个维度进行数据分析来确定多项影响定价的因子。公司通过测算和校验，建立国内第一个公路货运险的广义线性模型（Generalized Linear Model，GLM），完成货运险智能定价引擎的研发。

　　华泰财险打造的公路货物运输保险智能定价引擎从产品多样性、产品定价方式、客户的询价购买流程三个方面重塑了货物运输保险的作业模式。在产品多样性上，该引擎可以实时根据客户的货物类型、运输路线、运输方式提供定制化的产品与差异化的保险定价。在产品定价方式上，引擎的智能定价模型以历史数据为基础，实现多风险因子的智能浮动定价。在客户的询价与购买流程中，该引擎所支持的平台可以实现 24 小时为客户精确报价、出单等功能，提高了公司运营效率，降低了投保人的时间成本，实现智能定价的同时激发了行业的创新活力，推动公路运输保险的数字化进程。

（资料来源：中国银行保险传媒股份有限公司. 2019 保险业信息化优秀案例精编. 北京：中国金融出版社，2019。）

# 第三节 数字财产保险的展业

随着人们生活水平不断提高以及当前国内保险种类不断完善，财产保险业务发展空间巨大。然而，部分保险机构在展业过程中依然存在销售观念落后、销售能力不足等方面的问题，保险机构在今后的发展过程中依然要对财产保险的展业进行深入研究与完善。本节将梳理传统财产保险的展业痛点，并介绍数字财产保险展业的创新之处。

## 一、传统财产保险的展业痛点

改革开放 40 多年来，财险业在时代的红利下形成了相对粗放的发展模式。部分财产保险主体发展战略不清晰、盈利模式不科学，业务增长仍然主要依靠"铺摊子""扩规模"等办法。然而随着行业迅速发展与市场环境转变，传统的"拉人头"模式难以真正留住客户。具体而言，传统财产保险展业主要存在险种结构失衡、销售难度高和人力成本高三个方面的问题。

（1）财险公司长期将展业资源向车险倾斜，财险险种结构严重失衡。长期以来，相对其他险种而言，车险的普及率较高、佣金较丰厚，且财险公司对车险的销售额有绩效要求，销售人员销售时更倾向于推销车险。同时，居民缺乏对家财险、责任险等险种的认知，导致投保率低，更加促使财险公司将资源倾斜到收入更高的车险，形成恶性循环，非车险业务的发展长期面临困境。如图 4-2 所示，2020 年财产保险各险种原保费收入占比中，车险保费收入占原保费收入的 61%，远高于其他险种，财险险种结构失衡。

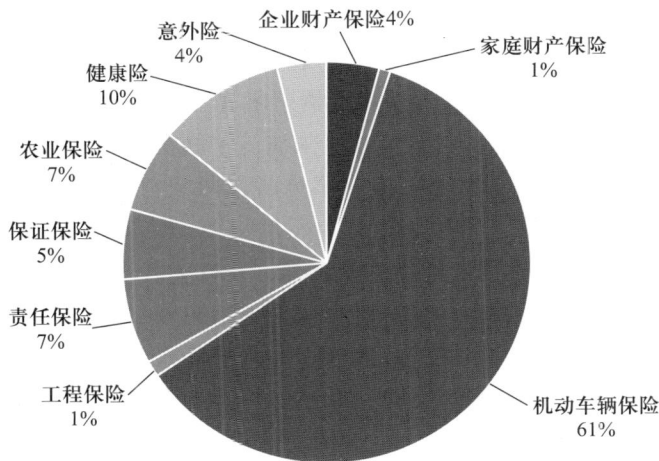

图 4-2 2020 年财产保险各险种原保险保费收入占比

资料来源：编者根据中国银行保险监督管理委员会数据绘制。

（2）财产保险种类繁多，条款冗繁，销售难度高。我国的财险种类繁多、保险条款冗繁，导致财险业务涉及的知识范围较广，对保险销售人员的专业水平要求较高。销售人员需要了解不同行业的运营方式、风险隐患等，再结合保险产品各自的特点和功能进行推销。销售人员的能力水平会较大程度地影响交易成交与否。例如，车险销售通常涉及车辆损失险、第三者责任险、盗抢险、车上人员责任保险、划痕险、玻璃单独破碎险、自燃险等细分险种的推销，销售人员必须具备有关车辆、保险及法律等方面的专业知识，才能保证销售顺利进行。

（3）传统财险机构的人力成本高。财险公司长期以来追求业务扩张，经营方式粗放，公司决策的制定、执行等环节受到高人力成本的制约。一方面，在监管趋严的背景下销售人员展业难度增加，导致公司面临持续攀升的人力成本压力。另一方面，财险公司支付给中介的佣金也是公司长期以来的一大负担。2021 年《中国保险年鉴》发布的数据显示，2019 年，来自中介渠道的财产保险保费收入为 1.02 万亿元，同比增长 7.18%，占全国财产保险保费收入的76.21%。公司的大量客户来源于中介渠道，保险公司为吸引保险中介机构销售本公司的保险产品，需用较高的手续费及佣金费来激励，严重挤压了保险公司的盈利空间。

## 二、数字财产保险的展业创新

在传统财险粗放的经营模式下，民众对财产保险营销产生了不同程度的抵触心理。保险机构只有通过展业创新，才可能提升客户的信任与大众接受度。数字财产保险的展业创新主要体现在精准营销与简化投保流程两个方面。

（1）财险机构运用数字技术实现精准营销，提高客户转化率与续保率。保险机构在向"以客户为中心"转型的过程中，致力于打造营销活动数字化闭环。保险机构将客户的基本信息、行为数据、客户需求、客户体验等量化成系统数据并"上云"，再对数据进行整合、处理，构建客户需求分析模型，洞察客户需求，全方位、多角度智能推送产品与服务，实现精准营销。部分保险机构及保险科技公司能够以优质的保险科普、知识答疑等内容与客户互动，进行针对性的社群管理，以达成社交裂变；对客户进行意向追踪，以一对一的专家咨询服务留存客户；以媒体矩阵①获客，提供长期保险咨询决策服务；以流量广告服务提升线上化营销水平等。② 如在家庭财产保险行业，中国太保运用机器学习算法、智能交互技术结合及自然语言理解技术，并借助自身客户大数据的优势，从收入来源、家庭责任、家庭资产、家庭负债和社会保险五个维度评估家庭的风险防御能力，进一步分析保障缺口，为被保险人推荐合适的保险产品。

（2）数字技术的应用简化财产保险的投保流程，有效激发客户的投保需求。财险机构通过搭建营销和投保平台，提升运营效率，促进财险业务向精细化、定制化、个性化发展。人工智能的应用能够替代大部分的人力劳动完成工作，云计算、人工智能等数字技术的应用则可以实现流程自动化，如在车险投保过程中，数字技术可以帮助客户自动填充报价信息、智能识别

---

① 媒体矩阵：一种声频工程中的专业控制设备。它集数字音频技术、信号处理技术和计算机技术于一体，组成一个稳定的智能化控制中心，具有调节、控制、设计、组合运行和参量比较等功能。

② 亿欧智库. 2021 中国车险科技产业创新服务研究报告. 网易科技，2021-03-19。

分类等。这能够缓解流程烦琐、报价方案难以选择等问题，节约客户投保时间，同时减轻保险公司的人力成本压力。此外，与传统人力相比，智能保顾可以 24 小时高效、专业地回复客户的咨询，实时与客户交互，提高成交率。以数字家庭财产保险为例。智能保顾与客户交流后，通过机器学习、文本分析等技术从聊天信息与提交文件中提取有效信息，实时生成"房屋风险报告"等文件，从而帮助客户了解目前存在的风险缺口，有效激发客户的投保需求。

# 第四节　数字财产保险的核保

中国财险市场蓬勃发展的同时，财险赔付高、利润低等问题已不容忽视。如何通过完善核保环节从而实现长期的承保利润，是财险公司健康运营需要解决的根本问题之一。本节将梳理传统财产保险的核保痛点，并介绍数字财产保险的核保创新。

## 一、传统财产保险的核保痛点

传统财产保险的核保过程中存在诸多痛点。核保所需要的审核材料复杂，审核过程烦琐。而且保险机构在核保过程中严重依赖人工作业，成本高、效果差。在核保过程中，财险机构的风控能力不足，与客户之间存在信息不对称问题。

（1）传统财产保险核保的审核材料较多，过程烦琐。在传统财产保险的核保过程中，客户需要提交多种纸质材料以供保险公司审核，相关文件需经历下发、打印、审批等过程。例如，在车险的核保过程中，保险机构为了核查被保险人的资格、基本情况、信誉等，需要被保险人提交行驶证、车辆维修情况、信用证明等材料。同时，公司的内部审核流程复杂、人员配备不足等问题导致承保效率低下，客户的等待时间较长。

（2）财产保险机构核保依赖人工作业，成本高、效果差。比如，在企业财产保险领域，保险人在承保前，需委托评估机构对被保险人的消防安全状况进行评估。其中，火灾公众责任保险一般根据场所的建筑耐火等级、防火分隔、装修材料、安全疏散和消防管理等因素进行消防安全评估。在评估过程中，投保人需提供有关材料。火灾公众责任保险投保费率实行浮动制，浮动标准由承办本保险的保险公司和保险中介机构共同商定。因此，火灾公众责任险在核保过程中，所需核查的元素众多、流程烦琐，需交的材料较多，往往需要投入较多人力与时间，依赖人工经验，核保的效果较差。

（3）财险机构的风控能力不足，且在核保过程中面临较强的信息不对称问题。一方面，传统财险的风险评估体系落后，数据留存少且真实性无法核验，难以应对实际核保时错综复杂的情况。另一方面，财险承保面临较强的信息不对称问题，传统财险公司难以掌握客户的真实数据，保险欺诈频发。以企业财产保险为例。传统的企业财产保险一般是通过看账承保[①]或申请承保的方式进行，评估水平容易受到人为因素的影响，被保险人美化财务报表、故意隐瞒风

---

① 看账承保：指将保险财产的账面原值或账面原值加成数作为保险金额，出险时按照保险金额与保险价值的比例承担赔偿责任。

险等行为会增加保险公司的承保风险。

## 二、数字财产保险的核保创新

核保是公司开展业务的必要环节，有着盈利与安全的双重要求。针对传统财产保险的核保痛点，保险机构积极运用人工智能等数字技术，推进核保线上化与智能化并实现风险控制的优化。

（1）从客户需求出发，保险机构及保险科技公司全面推动核保的线上化与智能化进程。保险机构运用人工智能等数字技术满足客户线上投保需求，实现智能核保与快速承保。保险人需在核保过程中得到尽可能多的被保险人的信息。德国初创公司 Twinner 借助数字孪生技术全方位复制车辆，形成车辆从内到外的数据映射，让保险人掌握包含车辆内外部高清图片、底盘扫描成像、制造商技术数据，以及车辆划痕、重漆、部件损坏等全方位的完整数据集，使汽车状况更加透明化。Twinner 通过 360°拍摄车辆，实现几分钟内完成对车辆的数字化和可视化，生成包含汽车特性和缺陷的所有相关数据的完整数据集，从而实现自动化、精确化评估车辆状况，完成精确核保。该方式极大程度上简化了核保流程，同时降低了成本。风险控制和管理是保险人经营的重要内容，在核保中尤其重要。以下案例是保险科技公司 Concirrus 在海上保险领域，通过其 Quest 平台提供专有的行为数据和预测模型为海上保险提供承保风险可视性的实践。

---

**小案例**

### Concirrus：助力海上保险市场实现风险可视化

总部位于英国的保险科技公司 Concirrus 成立于 2012 年，通过其 Quest 平台提供专有的行为数据和预测模型，打破了传统保险市场的风险评估和承保技术模式。Concirrus 开发的 Quest Marine 数据分析平台通过运用数字技术获得船舶行为的整体视图，在平台上提供定价、制裁、全球活动和政策制定等信息，助力海上保险市场实现风险可视化。

在海上货物投保风险的管理中，运输和存储的风险的数字可视化正在帮助保险公司进一步了解风险的构成与分布。在 Quest Marine Cargo 数据池的支持下，港口和存储值会显示在交互式地图上。因此，保险机构不仅可以进行联合评估，还可以通过查看港口的风险敞口来预估大型索赔事件的可能影响，从而调整承保策略以更好地控制风险。

Concirrus 宣布了一套全自动化、算法驱动的海上保险承保流程。Concirrus 的首席执行官 Andrew Yeoman 表示，运用人工智能技术自动进行交易将成为每个市场参与者的必经途径。保险机构通过配置自动化业务，为市场提供完整的解决方案，最大限度地提高公司的承销技能和行政效率，并通过将资源分配到最需要的地方，优化盈利能力和运营成本。

通过 Quest 得到的大量历史、半静态和实时数据等，市场各主体得以准确地量化风险，提供符合客户需求的产品与服务。同时，行业主体应用数字技术不断优化业务流程，提高运营效率和业务规模，建造一个更可持续的未来。

（资料来源：Concirrus 官网。）

---

（2）保险机构及保险科技公司通过大数据等数字技术，构建业务中的风险模型，在核保过程中实现风险控制。在构建数据支撑系统的过程中，一方面，财险机构建设数据支持层，通过数据湖、数据集市等方式收集内外部数据。另一方面，财险机构建设业务应用层，基于上述所得数据，运用人工智能、区块链等数字技术构建智能合同、欺诈识别模型等，降低机构的整体赔付率。例如，保险科技公司亿保创元基于其"保盾云"智能保险服务平台，运用大数据技术预测保险客户的潜在核保风险，提高保险公司对风险因素的感知、预测及防范能力，保障保险公司运营服务质量和持续稳健经营能力。数字财产保险在核保服务的创新打破当前"一核定终身"的传统核保模式，通过多变量选择的数据模型，在跨时间、跨场景的多维度空间对保险客户进行实时动态评估，实现"动态核保"。

# 第五节　数字财产保险的理赔

保险理赔环节是客户最为关心的部分，也是保险投诉的重灾区。传统的财产保险理赔的争议主要体现在赔不赔、赔多少。从投保人的角度，投保人对合同中涉及的免责条款不熟悉、对保险知识缺乏等均会成为理赔过程中的问题。从财险机构的角度，保险业务人员素质的高低、核保环节把控是否严格、保险条款制定得是否清晰明了等都是理赔能否顺利进行的重要因素。大数据、人工智能、图像识别等数字技术的应用实现了远程查勘、智能定损，有效缓解了理赔难的问题。本节将分析传统财产保险理赔服务的痛点，并分别介绍车险、家庭财产保险、企业财产保险和公路运输保险在理赔环节的创新。

## 一、传统财产保险的理赔痛点

传统财产保险在理赔环节中，存在查勘定损效率不高、定损标准不透明等问题。数字财产保险通过分析、解决传统财产保险的理赔痛点，促进行业创新，提高财险公司理赔质量和服务水平，对于更好地履行保险经济补偿作用、维护被保险人的切实利益、推进财险行业的诚信建设，都具有重要意义。

（1）传统财产保险查勘定损的流程冗长，理赔服务效率较低。在财产保险行业，查勘定损环节存在多次问询、多层审批等弊病，流程往往烦琐冗长。例如，车险在定损过程中由于定损员、修理厂等主体之间信息交流不畅，存在多方反复沟通、任务重复处理的问题，导致耗时长，影响客户用车需求。此外，传统单据的填写等通常都需人工进行，存在人力成本高、易出错等问题。

（2）传统财产保险理赔过程中的定损标准不透明，定损结果在一定程度上受工作人员主观判断的影响。由于损失程度、受损原因等具有多样性，工作人员定损时对损伤程度的认定难以量化，定损结果严重依赖保险人员的专业技能及自身经验，定损过程透明度低。查勘定损过程受人为因素影响较大，如保险公司内部人员在决定定损方案时会出现压低理赔金额的问题，被保险人和保险人之间存在零和博弈，双方在事故发生后的财产及利润损失确认环节经常产生争议。在物流保险中，国内传统货运广场的普遍业务模式是"预付+后结"——客户首先估算自身在投保期间的运量，再向保险机构预付整年保费，然后阶段性地按实际出险情况上报，最终双方结算保费。由于客户可以通过不报或少报未出险的部分而减少保费支付，所以该过程存在道德风险问题，从而使得保险机构的赔付率高于正常水平。

## 二、数字财产保险的理赔创新

理赔创新后的财产保险实现了智能化和全流程自动化处理，拥有自动报案、损失部位判断、核定损失、资金支付以及强大的反欺诈识别能力。数字财产保险的理赔周期按分钟甚至秒来计算，保险机构与客户接触次数也在减少。

（1）在车险行业，保险机构实现理赔自动化、智能化，缩短理赔周期并提升理赔过程的客观性与透明度。一方面，数字技术的应用有效缩短了理赔周期。在车险中，当被保险人在某处发生车祸并报案后，在传统的理赔流程中至少需要经历报案、事故查勘、车辆定损、专家核赔、理算、赔款支付等环节，平均结案周期长达半月。而人工智能、OCR 等数字技术的应用很大程度上减少了查勘定损、核保理赔所需的时间，理赔由原来冗长烦琐的流程到现在最快几分钟即可实现理赔金到账，同时公司的服务效率与客户的满意度均有一定程度的提升。例如，英国保险公司 Tractable 的智能车险定损每分钟可检查几千个维修点，业务效率远高于定损评估员的原有水平。另一方面，数字技术的应用可以减少人工定损带来的误差并提高理赔过程的透明度。相较于人工的查勘定损，数字技术的应用具备以下优势：一是保险机构通过运用人工智能技术可以更细致、更全面地发现问题，使赔偿金额更加合理；二是人工智能的应用减少了人为因素的影响，提升了理赔的准确性、一致性与客观性，有利于提升客户对保险机构的信任度；三是数据处理基于云计算、区块链等并适用于 API[①]，数据的安全级别高。例如，Tractable 通过查勘定损员将事故车辆照片和预估维修费用上传至理赔系统，运用人工智能技术通过算法进行图像识别与评估，最后向客户提供一份带有疑点标注的评估报告，过程高效透明。下文以互联网保险公司众安在线推出的"马上赔"视频理赔产品为例，展示数字时代下的险企如何进行在线理赔。

---

**小案例**

### 众安在线："马上赔"车险在线视频理赔

作为互联网公司，众安在线在"保险+科技"双引擎驱动下，对高度依赖线下人力的车险理赔环节，进行创新服务模式变革。2019 年 8 月，众安在线正式推出"马上赔"车险在线理赔，并于 10 月迭代了 2.0 版本。图 4-3 展示了众安保险"马上赔"在线理赔解决方案。

出险时，车主可以进入"马上赔"小程序或众安保险 App，通过一个视频通话完成报案、查勘、定损、理赔、结案的整个车险理赔流程。其中查勘、定损两个环节的技术应用较为突出。

---

① API：指操作系统留给应用程序的一个调用接口，应用程序通过调用操作系统的 API 而使操作系统去执行应用程序的命令。

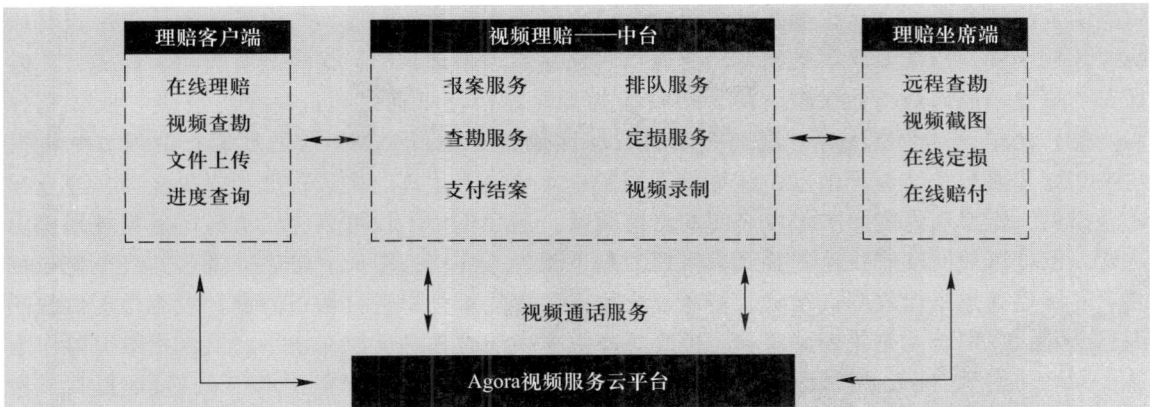

图 4-3　众安保险"马上赔"在线理赔解决方案

在查勘环节,"马上赔"前台从人、车两个方面对事故进行检查勘测,同时与公安征信系统对接,识别当事人真实身份并获得其信用特征。相较于图片的形式,视频理赔更有助于众安保险实时掌握事故现场的第一手资料,真实性显著提升。

在定损环节,众安保险运用前台科技视讯技术,配合直播技术和丢帧补时保证视频流畅进行。投保人仅需通过终端设备上传视频及相关文件即可。"马上赔"通过 OCR 技术可自动识别相关的图片信息,并将理赔单证照片分流并合理分类,从而简化烦琐的单证录入流程。最后,"马上赔"通过上传的视频进行 AI 定损,识别损失部位和程度,自动计算出赔付金额。

(资料来源:2020 年代:数字保险生态崛起——爱分析·中国保险科技行业报告.2020-01-03,https://file.ifenxi.com/document/2020-ifenxi-Chinese-InsurTech-Report.pdf。)

（2）在家庭财产保险行业,保险机构应用遥感卫星和无人机,更全面、准确、高效地实现房屋的查勘定损。保险机构通过遥感卫星和无人机的图像识别,对灾后影像信息进行人机交互解译,精确、高效、快速地分析灾后房屋损毁情况,从而对房屋进行风险评估（李杨,2018）。此项技术在美国应用较为成熟,出现了很多通过遥感卫星或无人机拍照来评估屋顶安全度的创业公司,如 Kespry、BetterView、Cape Analytics 等。如成立于 2014 年的美国人工智能自动化财产承保平台 Cape Analytics 开发了一个用于获取包括通过无人机得到的航拍图像的地理图像云平台,将图像置入内部平台后,Cape Analytics 通过计算机视觉和深度学习算法来提取结构化数据,以此帮助保险公司为客户提供更准确的报价。

（3）在企业财产保险行业,数字技术在理赔环节的主要实践包括应用无人机和遥感卫星等辅助实地查勘,应用指数保险简化理赔流程,以及理赔的线上化、智能化发展提高工作效率。首先,无人机和遥感卫星等辅助实地查勘。通过无人机与遥感卫星进行图像识别,保险机构可以对受损建筑的房顶及外观进行更全面、完整的查勘定损;通过卫星遥感反演降水技术,保险机构可以利用热红外和微波传感器来观测和估算地面降水强度（张小东,2020）。其次,指数保险与前沿技术结合,缩短定损理赔流程,同时规范理赔标准。指数保险的理赔不再依赖于主观的查勘定损,而是依靠客观事件的触发,比如台风的等级、地震的等级等。由于理赔与否、理赔方式都是提前确定的,指数保险的出现大大提高了理赔的效率,既为被保险人第一时间提供了经济补偿，也大幅度降低了保险公司在理赔环节的人力成本与时间成本。借助卫星遥感等科技手段，指数保险不受地形、交通、气象站点等因素制约，保险的覆盖面大幅提升。以平安产险发布的地震指数保险风险评估模型为例。该模型可通过模拟一平方公里（长、宽各一公里）的单元地块发生各个级别概率的破坏性地震等级，计算相应的地震加速度，并根据建筑高度、面积、结构等信息，估算出不同的单元地块上建筑的损失程度和损失金额，建立起地震损失、概率和地震影响强度之间的对应关系。这套模型不仅可以为城市地震减灾规划提出建议，也可以帮助政府快速部署震后救援力量，减少人员伤亡损失。最后，理赔的线上化与智能化发展提高了工作效率。保险公司通过应用人工智能对客户进行调查问询，对客户上传的图片进行图像识别等，简化理赔流程，提高工作效率，同时提高反欺诈水平。洪水指数保险作为洪水保险的创新之一，通过应用卫星遥感技术、现代测绘技术、SAR 技术[1]等，快速提高该保险的覆盖面，实现服务优化。以下的拓展阅读将帮助读者理解洪水指数保险的分类、作用方式及缺陷。

## 拓展阅读

### 洪水指数保险

韦莱韬悦（Willis Towers Watson）发布的《数字保险 | 月球"摆动"或致洪水泛滥加剧！企业如何应对极端天气风险？》（2021）一文分享了洪水指数保险相关的最新发展动态和实践创新。文中将洪水指数保险分为三类：

一是基于气象站或卫星监测降雨量数据。当检测到的降雨量超过保险约定的触发值，保险进行赔付，反之则不赔。这类方案的缺陷是基差风险大，气象站或卫星的测量值、真实值、触发值不完全准确。

二是基于降雨量测量桩监测。此方法引入现代测绘技术，构建水灾的远程定损理赔系统。该系统的基本原理是在一定区域内设置一个水位桩为基准点，再通过在每户住宅安装水位桩测出住宅与基准点的高度差，即可在水灾发生后通过系统掌握每户住宅的受灾情况，有利于快速精准地进行救助、理赔，而且还可以为政府部门开展灾害预报、实施救助、灾后评估等提供准确的量化依据。这类方案的缺陷是需要安装大量的水位桩，安装成本高且后续维修覆盖难度大、成本高。

三是基于 SAR 技术监测的新型洪水指数保险，即利用多光谱及 SAR 影像数据，结合人工智能技术准确及时地反映受灾情况，帮助保险公司明确灾情严重的区域并在第一时间进行赔付。该技术以雷达卫星及气象站观测到的数据作为衡量水灾的基本参数，结合当地的旱、涝等灾害事件损失情况的历史数据，分析并建立相应的风险模型进行产品设计开发，并由独立的第三方机构按照实地测量、公开透明的数据，依据保险合同所约定的算法完成理赔。

（资料来源：中国普惠金融研究院. 数字保险 | 月球"摆动"或致洪水泛滥加剧！企业如何应对极端天气风险？（2021）. 搜狐网，2021-08-06。）

---

[1]　SAR：即合成孔径雷达，指一种高分辨率成像雷达，可在云、雾、雾霾等能见度较差的气象条件下得到类似光学照相的高分辨率雷达图像，具有全天候、全天时、多视角、穿透能力强、分辨率与作用距离无关等优点。

（4）数字货物运输保险在理赔环节应用人工智能等数字技术，实现理赔线上化与自动化。数字货物运输保险应用人工智能、大数据、区块链等数字技术改变传统的理赔模式，保险公司深入了解各环节存在的风险并通过视频、图片、文字等方式进行线上识别，实现全程自动化线上理赔。例如，保险经纪公司韦莱韬悦运用决策引擎技术和高级分析技术，在运费险等领域尝试了自动理赔的应用。整个理赔系统以机器学习为基础，当客户通过应用通知发件方"未收到包裹"时，系统根据已知信息来判断是否理赔。随着处理案件增多，数据库不断丰富，理赔系统对理赔案件的判断标准也会逐渐完善，对理赔案件的处理速度和准确度不断提升。

（5）数字航空保险运用数字技术实现自动理赔、降低欺诈风险，确保保单的真实性与唯一性。保险公司运用区块链技术可以为航空旅客提供自动航班延迟赔偿，即航班延迟时间达到合同中所约定的时长，"智能合约"保险产品会自动触发，为客户提供赔偿。此外，由于区块链技术具有多方数据共享的特点，保险机构可以对保险卡单①追溯流转过程及对其查验真伪，确保卡单的真实性和唯一性，保障客户权益。接下来以提供 B2B2C 保险产品定制的保险科技公司 Moonshot Insurance 为例，说明数字技术在航空保险理赔环节的应用。

## 小案例

### Moonshot Insurance：运用数字技术提高理赔效率

2017 年成立的 Moonshot Insurance 是保险技术的先驱，为电子商务行业、移动服务提供商以及金融服务等领域提供支持。Moonshot 通过个性化、多样化产品与即时支付，简化投保过程，理清理赔流程，从而实现简化保险的目标。Moonshot 为航空旅行提供的保险产品有行李损坏/损失/抢劫险、航班取消险、航班起飞/落地延误险、转机延误险、天气参数保险等。

Moonshot 将参数保险（也称"指数保险"）应用到理赔环节，提高了理赔效率。Moonshot 使用参数保险，预先定义航班延误、降雪等事件自动触发索赔支付的指数，再通过数据监控预测航空公司是否取消航班，就可以在客户知道航班取消前就完成理赔，而不需要客户申请索赔、出具证明等。

数字技术的应用有效提升了业务效率。Moonshot 应用人工智能技术为客户提供 7×24 的客户服务，通过与客户友好高效的互动方式，缩短处理时间，提高客户满意度。应用云计算、区块链等技术，基于损失率和客户风险状况进行动态定价，为客户优化保费，提升获客率；应用光学字符识别技术，从乘客上传的登机牌、车牌等文件的图片中自动提取所需的数据，为乘客提供无缝的登机体验。

Moonshot 始终以客户的实际需求为导向，通过数字技术的应用，开发满足新时代特定需求的产品。公司提供定制化、针对性的服务，摆脱冗长的流程与不透明的操作，推出自动化或"一键式"索赔，真正实现保险业务以客户为中心的理念。

（资料来源：Moonshot Insurance 官网。）

---

① 保险卡单：属于保险合同的一种，由多个保障责任组合而成。与传统保单相比，保险卡单具有方便快捷、保险期间短、保费低的特点。

## 本章小结

本章首先介绍了财产保险的相关概念。财产保险是以财产及其相关利益为保险标的，是保险人向因发生合同内约定的保险事故而遭受损失的被保险人提供经济补偿的一类保险。随着数字技术的发展，传统财产保险逐渐向数字财产保险转型。数字财产保险是指将数字技术深度运用于财产保险的业务经营场景后形成的新一代财产保险服务。

长期以来，传统财产保险存在产品设计同质化严重、定价方式较落后、销售难度大、核保流程烦琐、理赔难等痛点。保险机构运用数字技术从不同路径探索财产保险的创新发展模式，破解了传统财产保险面临的各种难题。本章从保险价值链出发，介绍了传统财产保险在产品设计与定价、展业、核保和理赔四个环节中的痛点，梳理了数字财产保险在对应环节的创新与突破，体现了数字财产保险在降低保险人经营成本、优化客户服务体验上的重要价值。

## 思考与练习

1. 财产保险的概念是什么？主要包括哪几类险种？
2. 在产品设计与定价上，数字财产保险有哪些创新？
3. 传统财产保险在展业上存在哪些痛点？
4. 数字技术解决了财产保险核保环节的哪些痛点？
5. 数字技术在财产保险的理赔环节主要有哪些应用？
6. 你认为数字财产保险未来发展面临的挑战与机遇有哪些？

## 即测即评

## 参考文献

[1] 清华大学五道口金融学院中国保险与养老金研究中心. 2018 全球保险科技报告（专题篇）[M]. 北京：清华大学出版社，2018.

[2] 邵烨铭，张国庆. 经济新常态下企业财产险购买意向演化及分解 [J]. 经营与管理，2021（5）：38-43.

[3] 唐金成，桑才佳，唐伟文. 论人工智能时代财产保险的创新发展策略 [J]. 河北金融，2021（8）：48-53.

[4] 肖迎春. 家庭财产保险问题及对策研究 [J]. 经济管理文摘，2019（17）：13-14.

［5］许闲. 区块链与保险创新：机制、前景与挑战 ［J］. 保险研究，2017（5）：43-52.

［6］杨忠海. 保险学原理 ［M］. 北京：清华大学出版社，北京交通大学出版社，2018.

［7］张娓. 大数据时代下保险公司的创新之路 ［M］. 重庆：重庆大学出版社，2020.

［8］张小东. 遥感技术与保险应用：适用与挑战 ［J］. 金融理论与实践，2020（2）：104-109.

［9］赵秋雨. 浅析财产保险公司的产品创新问题——从华海财险谈起 ［J］. 金融理论与实践，2019（10）：105-110.

［10］中国银行保险传媒股份有限公司. 2019保险业信息化优秀案例精编 ［M］. 北京：中国金融出版社，2019.

# 第五章　数字农业保险

## 学习目标

　　通过本章学习，学生应能够：了解农业保险的定义及常见分类；理解农业补偿保险和农业指数保险的概念和特征；掌握传统农业保险在产品设计与定价、展业、核保和理赔四个环节的痛点；了解数字农业保险在产品设计与定价、展业、核保和理赔四个环节的创新实践。

## 导读案例

### 气候风险区块链数字农险项目

　　"气候风险区块链数字农险项目"是由气候融资全球创新实验室在肯尼亚主导开发的数字农业气象指数保险项目。截至 2021 年，该项目仍处于试点阶段。在试点地区，该保险项目的主要承保对象为玉米，保险责任期覆盖了玉米生长的四个主要周期①，其涉及的主体与相关工作细节如图 5-1 所示。

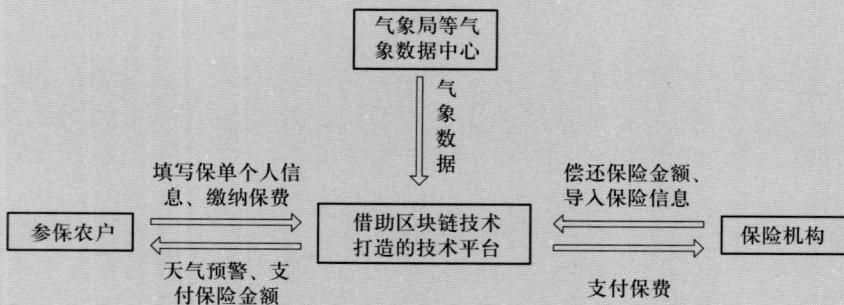

图 5-1　气候风险区块链数字农险试点阶段相关工作示意图

　　气候风险区块链数字农险项目在一定程度上展现了数字技术在农业保险领域巨大的应用潜能，反映了未来数字农业气象指数保险的发展趋势。该项目的特点主要包括：

　　（1）保险销售线上化。参与该项目的农业生产者可通过手机 App 自主查看保险产品相关的信息，并在 App 上填写个人信息、与保险机构签订合同、缴纳保费等。

---

　　① 玉米生长的四个主要周期：玉米种下到拔节的时间段为苗期；玉米开始长高到抽雄的时间段为穗期；从抽雄到果实成熟的时间段为花粒期；最后一个保险保障的时期为收割期。

（2）保单信息透明化。在农户完成相关信息填写后，保险机构在区块链上以智能合约的形式注册保单。区块链上的智能合约允许农户与保险机构等主体自主查看，打破了传统模式下保费支付信息、农户数据和保单信息彼此隔离的局面，实现了在保障隐私前提下的信息透明化。

（3）风险分析智能化。气候融资全球创新实验室在该项目中构建了基于区块链技术的平台，用于联系参保农户、保险机构、气象局等相关主体。该平台可以验证保险人信息和保险合同的有效性，收集来自气象局、卫星数据库的数据，并根据保险合同信息分析气象数据是否足以触发赔偿。

（4）灾后赔付自动化。该项目依托"气候风险区块链数字农险平台"将保险合同嵌入区块链智能合约中。在气象指数被平台断定为满足赔付条件时，由平台代表保险公司即时按约赔款。保险公司在核实气象灾害真实性后，再将保险金额偿还给平台。

（资料来源：数字农险国际案例分享——气候风险区块链数字农险项目. 中国普惠金融研究院官网，2021-05-21。）

"气候风险区块链数字农险"是数字农业保险发展至今业界开展过的比较具有代表性的项目，项目中的各个主体围绕以区块链技术为核心的数字平台有序高效地开展工作、提供服务。那么，在区块链等数字技术还未在保险领域得到应用之前，农业保险业务是如何开展的？保险机构运用数字技术解决了传统农业保险行业面临的哪些痛点？数字农业保险在保险价值链的各环节有哪些具体表现？

为了回答上述问题，本章将在介绍农业保险的概念以及分类的基础上，分析农业保险行业如何运用数字技术解决传统保险业务的痛点，展现数字农业保险的巨大应用效能和良好发展前景。本章第一节介绍农业保险概念与分类，第二节至第五节依次从保险产品设计与定价、展业、核保、理赔的角度分析传统农业保险的痛点，并介绍数字保险在这些环节的发展现状。

# 第一节　农业保险概述

严格意义上来说，农业保险是财产保险的一个险种，但又与其他的财产保险具有较大的区别。这主要是因为农业保险的保险标的并非一般的财产，而是具有生命的动植物等农业生产对象。因此，本书将数字农业保险相关内容作为一个独立章节予以介绍。农业保险具有分散农业风险与补偿生产损失的作用，是保障国家农业安全的重要工具。随着数字技术快速发展，农业保险开始由传统农业保险向数字农业保险转型。保险机构运用数字技术解决传统农业保险存在的弊端，使得农业保险产品更能满足农业生产者的需求。本节将介绍农业保险的概念与分类，阐述农业补偿保险和农业指数保险的概念和特征，并引入数字农业保险的概念。

## 一、农业保险的概念

根据国务院印发的《农业保险条例（2016修订）》（以下简称《条例》），农业保险是指保险机构根据农业保险合同，对被保险人在种植业、林业、畜牧业和渔业生产中因保险标的遭受约定的自然灾害、意外事故、疫病、疾病等保险事故所造成的财产损失，承担赔偿保险金责任的保险活动。

简而言之，农业保险是指保险机构以果蔬、禽畜等农业生产对象为保险标的为农业生产者提供的保险服务。保险机构与农业生产者签订农业保险合同后，在保险期内对被保险人因责任范围内的自然灾害、意外事件或者疾病等事故遭受的损失承担赔偿保险金的责任。《条例》指出，提供保险服务的保险机构除了保险公司之外，还有依法设立的农业互助保险机构等保险组织。

## 二、农业保险的分类

农业生产的对象和面临的风险都较为复杂，为了尽可能地为农业生产提供保障，农业保险机构开发了种类繁多、保障范围广的农业保险产品。表 5-1 梳理了农业保险常见的分类标准及其对应的保险种类。

表 5-1　农业保险在不同分类标准下的种类

| 分类标准 | 农业保险种类 |
|---|---|
| 保险标的属性 | （1）种植业保险：以植物为保险标的<br>（2）养殖业保险：以动物为保险标的 |
| 保险赔偿触发机制 | （1）农业补偿保险：农业遭受责任范围内的损失即可触发赔偿<br>（2）农业指数保险：农业遭遇责任范围内的事件即可触发赔偿 |
| 保险经营主体 | （1）政策性保险：由政府和保险机构共同经营<br>（2）商业性保险：由保险机构独自负责经营 |
| 风险转移方式 | （1）农业原保险：农业生产者将农业风险分散转移给保险机构<br>（2）农业再保险：农业保险机构将保险业务风险分散转移给其他保险机构<br>（3）合作保险：由农业生产者组成保险合作组织，农业生产者将农业风险在组织成员间分散转移 |

资料来源：编者根据公开资料整理。

本章在介绍数字农业保险时涉及农业补偿保险和农业指数保险两个险种。考虑到读者可能对农业补偿保险和农业指数保险比较陌生，下文将对这两种保险的概念以及各自相较于对方的特点做具体介绍。

### （一）农业补偿保险

按照赔偿触发机制分类，农业补偿保险是农业保险的主要险种，目前大部分农业保险产品都属于补偿保险。

1. 农业补偿保险的概念

农业补偿保险是指保险合同责任范围内的风险事件发生后，保险机构根据事故造成的实际损失，按照合同约定对投保农户进行赔偿的一类农业保险。在农业补偿保险的业务模式下，当被保险人名下的农业生产遭受了由保险责任范围内的灾害引起的损失，即触发了保险的赔偿机制。最终赔偿金额由具体的损失水平确定。

市场上的农业补偿保险产品一般特征明显，易于辨认。以阳光财产保险股份有限公司在黑龙江省提供的一种水稻种植成本保险为例。该保险的保险条款规定，在已投保的水稻达到成熟期而未收割时，若实际亩产量不足标准亩产量的70%，保险机构将对被保险人进行赔偿。保险机构在被保险人提出索要赔偿金的申请后，经查勘定损按下列方式赔偿：赔偿金额＝每亩保险金额×［1－（实测亩产量/标准亩产量①）］×成灾面积。通过该条款，我们很容易看出这种保险在水稻成熟期以实际亩产量降至约定标准之下为赔偿触发机制，以具体损失水平——减产比例确定赔偿金额，具有典型的补偿保险的特征。

2. 农业补偿保险的特点

农业补偿保险与指数保险相比特点突出，这些特点是它能作为农业保险的最初形态并一直占据农业保险主要地位的重要原因。

（1）可操作性强。农业补偿保险所利用的数据比较容易获取，且依赖的技术相对简单，因而在保险产品设计以及保险售后服务等方面可操作性较强。以上文提到的水稻种植成本保险为例。在数据方面，保险机构需要了解风险事件的发生频率、水稻种植的物化成本以及正常年份的亩产量等。这些数据公开程度相对较高，获取并不困难，保险机构参考这些数据完成产品设计。在技术方面，保险机构主要依靠基础的数理统计手段进行产品定价，采用专业人员现场查勘的方式进行灾后定损。这些技术的专业门槛较低，可操作性较强。

（2）保障范围广。农业生产面临的风险是复杂的，可以分为自然风险、市场风险、社会风险和技术风险等。若一种保险产品过于关注引起损失的风险种类，则该保险产品的责任覆盖范围必然较小。农业补偿保险主要关注的是风险造成的损失，而对造成损失的灾害种类关注度相对较低，因此保险合同一般会覆盖较多的风险。如前文提及的水稻种植成本保险的责任范围就包括自然灾害、生物灾害和意外事故等风险，基本覆盖了水稻种植过程中所有可能遇到的非人为灾害风险。

（3）保障效果好。农业生产过程中的不同风险往往是同时发生的，且对农业生产的影响可能会相互促进或者相互抵消，这使得若单纯根据风险水平来判断损失程度可能存在较大的偏差。补偿保险只根据最终损失进行赔付的特征使得其无须面对风险水平与最终损失程度之间映射难的问题，保险机构的赔付金额理论上能更接近农业生产的损失水平。如水稻种植成本保险这一例子，成熟期水稻受灾后的赔偿方式为：赔偿金额＝每亩保险金额×［1－（实测亩产量/标准亩产量）］×成灾面积。其中每亩保险金额根据每亩水稻的生产成本确定，［1－（实测亩产量/标准亩产量）］为减产比例。按这种方式计算出来的结果理论上等于农业生产者在已损失作物上投入的成本，据此赔偿，农业生产者至少在成本上不会遭受很大的亏损。

**（二）农业指数保险**

20世纪80年代，为了克服农业保险传统业务模式下精确定损难度大、理赔流程复杂等难

---

① 标准亩产量：保险机构以承保县乡镇前5年水稻单位面积产量为依据，去掉最高值与最低值，按其余3年的平均产量进行计算确定，并在保险单中载明。

题，世界银行提出设计农业指数保险的议案，农业指数保险由此开始在探索中不断发展。

1. 农业指数保险的概念

农业指数保险是指保险机构将自然灾害或农产品价格变动等风险指数化，并约定一旦实际风险指数高于预定的指数，被保险人就能获得赔偿的一种农业保险（王惠琴，2020）。这类保险触发补偿的机制为农业生产区域内发生了相对严重的风险事件。保险机构在确定风险水平（即风险指数）和实际损失的对应关系后，以风险指数为标准判断是否赔付以及确定赔付金额。

农业指数保险在我国至今仍处于探索阶段，目前发展较为成熟的农业指数保险主要有农业气象指数保险和价格指数保险两种。以浙江省研发、试点的水稻农业气象指数保险[①]为例。该产品的保险时期覆盖水稻的生长期和抽穗期，保险机构以保险期内的降水、气温、日照等环境因子为参数构建模型计算气象风险指数，指数的取值范围为0~1。在保险期内，若出现指数值大于预先约定的临界值的情况，保险机构即对被保险人进行赔偿。如约定的临界值为0.1，则指数值大于0.1时就触发赔偿，赔偿金额直接与指数值对应，指数值越高，赔偿金额越大。

2. 农业指数保险的特点

与农业补偿保险相比，农业指数保险显然为农业保险的发展提供了新思路。农业指数保险具有如下特点。

（1）参照数据标准化。农业指数保险产品设计以及服务过程参考的数据主要来自公开市场或者权威统计机构，数据标准化程度高。以上文提到的水稻农业气象指数保险为例，在其产品设计过程中参考的数据包括历年单季稻的产量和历年水稻生长期和抽穗期的气象资料等。这些数据主要来自当地的统计年鉴、民政局上报的历史灾情统计以及当地气象观测站的资料，数据来源权威性高，数据更加标准。在保险期间，保险机构可以直接从气象局获得气象数据，并将气象数据代入模型以确认风险指数，最终根据风险指数进行赔偿。

（2）灾后理赔高效化。农业指数保险不存在定损步骤，因而不存在传统农业补偿保险固有的定损难、理赔慢等问题。发生风险事件后，农业保险机构可以快速获得公开的风险数据，再根据保险合同约定给予被保险人相应的赔偿金。如上文提到的水稻农业气象指数保险，保险机构在保险期内可以及时、准确地获取降水和日照等环境因子的相关数据，并代入提前构建的数理模型获得风险指数。当指数满足赔偿标准时，保险机构无须对标的进行核损，直接按照合同约定对被保险人履行赔偿责任。相比补偿保险，指数保险省去了查勘定损和申诉理赔的流程，很大程度上提高了理赔效率。

（3）参与机构多元化。农业指数保险的产品设计和承保理赔一般会比补偿型农业保险涉及更多主体。这是因为补偿保险运用的数据主要来自保险机构对市场和农业生产者的调查，而指数保险运用的数据来源更加多样。如前文的水稻农业气象指数保险涉及浙江省气象局、浙江省民政局等。多机构合作符合当今保险行业的发展趋势，也使得农业指数保险的服务更加优质。

（4）保险产品针对性强。农业指数保险产品具有较强的针对性，具体表现为：针对特定

---

① 水稻农业气象指数保险：该保险项目为中国气象局2010年新技术推广项目（CMATG2010M13）、浙江省气象局重点专项（2006zd005）、浙江省发展和改革委员会项目、江苏省2009年度普通高校研究生科研创新计划（CX09B_228Z）。

对象，一种产品一般只保障一种农作物；针对特定地区，一种产品只在小的地区范围内适用；针对特定风险，一种产品只对一种或少数几种风险承担责任。如水稻农业气象指数保险这一例子，相关团队在设计产品时，考虑到的可能影响水稻生长的环境因素多达几百个，然而在经过严格筛选之后，最终只将其中的五个环境因素纳入保险责任范围。同时，在浙江省境内不同的地区，保险产品触发赔偿的临界指数值也不同。这是因为不同地区的气象灾害严重程度不同，相关团队必须设定差异化的临界指数值以稳定赔付率。如在水稻种植的高风险地区，产品触发赔偿的临界指数值为 0.075，而在低风险地区，这一数值则为 0.050。

### 三、数字农业保险的概念

在世界范围内，农业保险发展至今已有较长的历史，对农业生产已经具备较强的保障能力。然而，在数字技术不断发展并融入各领域的时代，为更好地适应农业生产的发展变化，农业保险开始由传统农业保险逐步向数字农业保险转型。

数字农业保险是指将数字技术深度运用于农业保险的业务经营场景后形成的新一代农业保险服务。区别于传统农业保险，农业保险机构运用数字技术，一方面对现有的产品进行改造，优化保险价值链；另一方面挖掘保险需求未被满足的场景，设计对应的创新产品。数字技术的深度运用使农业保险发展进入了一个全新阶段，显著加快了保险机构开发产品的速度。在这一阶段，新型保险产品不断涌现并得到有效运用，保险业务流程和管理机制也得到不断优化。

## 第二节 数字农业保险的产品设计与定价

农业保险的产品设计与定价是指农业保险机构利用农业生产和风险的相关数据，构建农业风险—损失模型，最终确定农业保险产品的责任范围、外延服务、理赔方案和保费金额等产品要素的过程。传统农业保险产品在设计和定价过程中存在诸多问题，一直以来难以很好地为农业生产保驾护航。通过运用数字技术，农业保险机构有望解决保险产品设计与定价过程遇到的难题。

### 一、传统农业保险的产品设计与定价痛点

传统农业保险机构获取和分析农业数据的技术比较落后，在进行产品设计与定价时可参考的数据体量小、精确性差。这导致传统农业保险在产品设计时就已经存在不足，保险产品因此也很难发挥很好的保障功能。

（1）受农业生产本身特点的影响。保险机构设计的农业保险产品价格不合理，分散风险的能力不足。我国农业生产分散性强、作物种类多、地域特征明显，农业风险种类多、时空分布差异大且破坏性强。在这种情况下，农业保险机构必须收集海量精确的数据，才能针对特定区域的农业生产状况设计出能够有效分散该地区农业风险的保险产品。然而，传统的数据收集技术成本高、效率低，大量数据在发生时并没有得到精确计量和存档，这导致农业保险机构在设计产品时可参考的数据体量小、精确性差。例如，过去农产品的生产成本数据一般仅由国家

农调队在较大区域范围内抽样调查并整合发布，这些生产成本数据在特定的村镇内往往不具有代表性，无法反映当地农业生产的真实情况。

数据体量与质量上的缺陷给保险产品的设计带来两方面的问题，降低了农业保险的保障质量。一是保险产品定价容易过高或过低。过高的保险产品价格提高了农业生产者抵御风险的成本，过低的保险产品价格会导致保险机构赔付率过高[1]，难以维持经营。二是产品的风险分散能力较弱。理想情况下，保险机构设计的产品应保证农户在出险后能够及时得到略低于实际损失的赔偿金额以恢复生产，然而传统农业保险合同约定的赔付金额一般过低，且索赔流程复杂，农户难以及时得到足额赔款以恢复生产。例如，2017 年山东省发布的《山东省日光温室保险条款（2017 年修订版）》规定，保险机构对日光温室种植所用的温室大棚保额为 1.5 万元/亩左右。而当时农户搭建一个一亩面积的日光大棚的成本最高已经达到 10 万元，一旦出险，农户获得的赔偿难以弥补遭受的实际损失。风险分散能力弱，赔付金额与实际损失相差甚远，这很大程度上削弱了保险产品的保障效果。[2]

（2）保险机构设计的产品对风险的管理主要局限于灾后理赔上，灾前防范服务在农业保险业务中长期缺位。为了防范道德风险，农业保险机构在农业生产发生损失后赔付给农户的金额一般会低于实际损失值。在这种情况下，做好农业生产的灾前防范不仅能够降低保险机构的赔付率，也能减少农业生产者的最终损失。然而，在传统农业保险中，保险机构不仅难以在灾前对风险进行有效预测，而且缺乏有效的风险抵御手段，因此对农业风险的管理主要局限在灾后赔偿上。一直以来，农业气象灾害的预警工作都由国家农林业部门主持，但大多数时候预警效果并不显著。这主要是因为相关部门一般只进行统一的灾害预警，而没有深入每家每户给予防灾工作以建议和指导。如果保险机构能够提供针对每个投保农户的灾前防范服务，农民不仅会在心理上更加重视未来可能发生的灾害，在防灾行动上也能得到符合自身生产情况的技术指导，针对农业灾害的防范效果会更加显著。

## 二、数字农业保险的产品设计与定价创新

在农业生产数字化发展的背景下，保险机构在多方面积极对农业保险的产品设计与定价进行创新。

（1）保险机构利用数字技术拓宽数据获取渠道，凭借更丰富、更准确的数据完善保险产品的定价方案，加强产品的风险分散能力。农业保险机构运用 3S 技术[3]和物联网技术等收集相关农业数据，获得大量精确的农业生产成本数据、标的产量与价格数据。不仅如此，通过移动互联网等渠道，保险机构还可以与气象局、农林业部门进行数据共享，从而更及时、更全面地掌握农业风险信息。在此之后，保险机构运用大数据、云计算等数字技术对大量的成本、价格与风险数据进行分析，构建出更符合实际的风险—损失模型，从而进行更精确的产品定价，强化保险产品风险分散能力。例如，2020 年，瑞士再保险公司运用大数据、云计算等数字技

---

① 理论上，农业保险的赔付率＝（赔偿支出/保费收入）×100%，定价过低可能导致保费收入不足，导致赔付率过高。

② 农险 11 年：仅有"广覆盖、低标准"还不够. 金融界，2018-09-25。

③ 3S 技术：遥感技术（Remote Sensing，RS）、地理信息系统（Geography Information System，GIS）和全球定位系统（Global Positioning System，GPS）的统称。

术研发了"信瑞智农"（SRAIRMP）智能农业风险管理平台。该平台突破了传统保险低效的数据收集模式，运用数字技术在大区域内对风险进行全面、立体、长时间监测，最终实现全国范围内多维度、多模态与长时间周期的气象风险与农业损失的数据整合。数据收集、分析技术的突破能有效协助保险机构分析农业风险地域分布规律、同一风险的不同级别与损失的关系，为确定产品价格、设计补偿方案提供数据和技术支撑。

（2）保险机构利用风险监测与预警手段拓宽保险产品的服务范围，提高保险产品的风险管理效果。在数字技术支持下，保险机构可以长时间、低成本地监测和评估农业生产情况，及时预警风险。同时，数字技术丰富了保险机构防范灾害的手段，降低了保险机构参与农业风险防范的成本。保险机构因此可以积极协助农户防范风险，最终有效降低甚至完全避免农业生产者在风险中的损失。例如，中国太平洋财产保险（以下简称"太保财险"）在疫情中应用数字技术开展的创新实践生动展现了保险机构的灾前风险防范服务对农业生产的重要意义。2020年新冠肺炎疫情期间，国家出台一系列政策与举措遏制病毒在全国范围内扩散，隔离措施在起到了较好效果的同时，也为保险机构处理相关业务带来了新的挑战。在这种情况下，太保财险快速升级名下 e 农险①的相关服务，通过线上渠道为农业生产提供持续稳定的保障。疫情期间，e 农险相关系统实时监测承保地区的天气情况，帮助辽宁食用菌生产基地逃过了一场暴风雪的侵袭。当 e 农险发出当地暴风雪的气象预警后，太保财险辽宁分公司第一时间部署食用菌暴雪灾害防范工作。面对疫情期间封村封路的诸多困难，保险机构通过创新线上化工作方式联系每一位投保菌农，配合菌农做好防灾防损工作。得益于周全、细致的灾前防范措施，这场暴风雪最终没有对食用菌生产造成大的影响。②

（3）保险机构利用数字技术搭建智能产品设计系统，实现保险产品的差异化、个性化与智能化设计。保险机构利用大数据、云计算等数字技术，结合自身积累的灾害模型以及产品开发经验，建立可以自动进行产品设计和报价以及具备费率动态调整机制的数字系统。这很大程度上缩短了农业保险的产品设计周期，同时也使农业生产者得以享受更加个性化的保险服务。以下的案例将以天韧科技（上海）有限公司③设计的云精算 App 为例，介绍数字系统如何协助保险机构实现保险产品的智能化设计。

## 小案例

### 天韧科技云精算 App：智能产品设计平台

云精算 App 是天韧科技（上海）有限公司推出的一款农业保险产品即时设计和报价工具。利用该 App，保险业务人员或产品开发人员只需在手机端输入保险标的、承保地点、保险时期和期望费率等基本信息，系统便可自动形成保险方案。

---

① e 农险：由太平洋财产保险有限公司和中国农科院基于互联网思维共同打造的，聚焦农险客户需求、整合各项新技术应用的运营管理体系。

② 中国太保 e 农险：隔绝距离，不隔绝牵挂. 金融界，2020-03-15。

③ 天韧科技（上海）有限公司：天韧科技（上海）有限公司在严格意义上并不属于保险机构，但由于其搭建的云精算系统属于较典型的农业保险智能设计系统，所以本章以其云精算 App 为案例帮助读者了解保险产品的智能化设计流程。

云精算 App 依托的是天韧科技（上海）有限公司自主研发的天韧农险系统。该系统不仅可用于保险方案的自主设计，还可生成精算报告、费率表等，充分体现了数字技术在保险产品设计方面的巨大应用前景。天韧农险系统通过遥感卫星、传感器等数字技术获得产品设计所需的数据，一定程度上解决了传统保险产品设计时可利用数据少、保险精算难度大、精度低等问题。在拓宽数据收集渠道的基础上，天韧科技有限公司将业内认可的保险精算方法和保险运营成本参数导入系统，结合团队十多年产品开发经验，使得该系统可以在一定程度上实现产品设计与定价的自动化。

总体来说，云精算 App 有利于缩短保险产品开发的周期，减轻产品开发、保险精算等部门的工作量，并解决目前很多农险公司面临的人员（尤其是有专业农险相关经验的人员）短缺的痛点，具有很强的实用性。同时，用户可以在 App 的"自助产品设计"里方便地编辑修改系统推荐的方案，使其更加符合保险标的的特征和客户的需求。

（资料来源：农险产品开发不再复杂：云精算新增七款"立等可取"产品. 天韧科技官网，2021-04-23。）

## 第三节 数字农业保险的展业

农业保险的展业是指农业保险机构在调查目标地区的农业生产状况、了解农业生产者的保险需求后，投放合适的保险产品，并通过宣传吸引农业生产者购买农业保险产品和服务的过程。数字农业保险的发展有望为农业保险展业翻开新的篇章，下文将梳理传统农业保险在展业方面的痛点，总结数字农业保险在这方面的创新。

### 一、传统农业保险的展业痛点

传统农业保险展业存在保险公司投放的农业保险产品与市场需求不匹配，保险机构提供的售后服务不健全，农业生产者本身投保意愿低以及保险中介对产品的宣传效率低、宣传成本高等问题。

（1）从保险公司的角度看，保险公司投放的农业保险产品与市场需求不匹配。我国大部分地区的农业生产呈现分散性小农生产的形式，农业生产者对保险服务的需求较为多样化。同时，我国农业生产对象和农业风险具有明显的区域特征。这两者共同作用使得农业保险市场的地域性和分散性较强，保险公司进行市场调研的难度大、成本高，在提供保险产品时难以精准投放符合当地农业生产者需求的产品。这一定程度上加重了我国农业保险产品的同质化现象，保险机构在特定地区无法提供与当地特色农作物相匹配的保险服务。一直以来，我国传统农业保险的保险标的主要是水稻、小麦和玉米等主要粮食作物，而针对地方特色农产品的保障力度较弱，这也是各省市政府一直致力于鼓励保险机构开发特色农业保险产品的原因之一。

（2）从农业生产者的角度看，部分农民风险管理意识弱，投保意愿低。我国农业保险发展时间相对较短，而农业生产已经持续了几千年，靠天吃饭是农民的普遍心理。比起缴纳保费这项"固定损失"，部分农民面对损失更趋向于风险偏好，即更愿意以侥幸心理去期待风调雨顺带来的"完全无损失"。根据财政部印发《关于加快农业保险高质量发展的指导意见》（以下简称《指导意见》），2019 年我国农业保险深度①低于 1%，农业保险密度②低于 500 元/人，与发达农业国家相比仍存在较大差距。中国保险学会 2015 年发布的《中国农业保险市场需求调查报告》指出，一些地区的受访农户中主动购买农业保险的农户占全部参保农户的比例甚至低于 5%，这一定程度上反映了农户较强的侥幸心理，自主投保积极性低。

（3）从保险中介的角度看，农业保险中介对产品的宣传效率低、宣传成本高。农业保险的中介一般是保险公司从各行政村或县选聘的协保员，职责主要是吸引并协助区域内的农民投保。在保险展业过程中，传统保险中介一般通过线下宣传的方式推广保险产品，可利用的信息传播渠道较为单一，难以高效地向所有目标农户宣传合适的保险产品。同时，由于农业保险条款的专业性强，协保员在保险宣传过程中需要对保险条款进行通俗讲解，以提高农民对风险管理的重视度和投保积极性。讲解保险条款的过程往往耗时长，在以村为单位购买农业保险的地区，协保员挨家挨户进行宣传讲解后，农业保险产品可能仍旧无法得到农户认可。

## 二、数字农业保险的展业创新

移动互联网的普及以及其他数字技术的应用提高了信息传播的速度和广度，打破了传统农业保险宣传的时空限制。同时，线上信息的边际传播成本几乎为零，这有助于保险机构开拓线上展业渠道，提高展业效率、降低展业成本。

（1）保险机构利用移动互联网等数字技术开拓线上展业渠道，打造线上展业平台，实现了保险产品的智能精准投放，提高了展业效率。一方面，大数据、人工智能等数字技术协助保险机构更好地了解农业生产者的需求，保险机构因而可以更有针对性地投放产品。另一方面，线上宣传过程中，保险机构只需雇佣少量工作人员即可在后台完成以往耗时耗力的保险宣传工作。这些工作人员通过线上 App 等渠道对产品进行介绍、推荐，并在线上接受农业生产者对保险的相关咨询，提高了展业效率，降低了展业成本。农业保险产品相关介绍和保险条款电子化也使得保险信息得以在网络上大范围持久传播，农业生产者能够便捷地通过手机 App 等移动终端查看产品信息。现阶段，绝大部分开办农业保险业务的保险机构都推出了面向农户的小程序或 App。如中国太平洋财产保险的"e 农险"App，可为农户提供产品介绍、保单查询等服务。同时，在线上展业过程中，保险机构对产品条款进行了一定程度的简化，并配合文字备注与解析视频对专业性表述较强的部分进行解释，极大程度打破了保险机构和农户之间的专业壁垒。这有利于减少保险销售人员的重复性工作，农业生产者也能够反复研究保险产品的相关信息以增加对保险的认识。

（2）保险机构利用线上渠道增强对农业风险和农业保险产品的宣传力度，提高了农业生产者的投保积极性。通过公众号、短视频等线上渠道，农业生产者可以更清晰地了解农业风险的高发性与不可抗性。这一定程度上减弱了他们对农业生产固有的侥幸心理，提升了他们对农

---

① 农业保险深度：我国农业保险深度等于农业保险保费收入与国内生产总值之比。

② 农业保险密度：我国农业保险密度即我国国民在农业保险中的平均保险费。

业保险的信任程度。在此基础上，相关业务部门利用大数据等技术更智能、更有针对性地推荐保险产品。当符合自身需求的农业保险信息不断出现在视野中，农民会逐步接受农业保险并考虑投保。例如，2021 年 7 月，江苏省财政厅与农业农村厅、银保监局等农业保险工作小组成员单位密切配合，在全省范围内开展了"农业保险政策宣传月"活动。活动中，相关部门灵活运用新媒体流量优势，通过微博、微信公众号等平台推送农业保险政策信息，发布农业保险资讯；组织了线上直播分享会，贴近年轻农户群体，扩大农业保险政策影响力。

## 第四节　数字农业保险的核保

农业保险的核保是指在投保人提交保险申请后，保险机构派遣工作人员审核投保人的农业生产情况是否符合承保条件的过程。核保时，保险机构派遣的工作人员需要确定保险标的生长状况是否正常，责任期内标的可能面临的风险是否过大等。若核保通过，保险机构将与投保人签订保险合同，确认承担合同规定的保险责任。签订合同是核保通过后的一项重要业务，因而本节在介绍农业保险核保的痛点与创新时，将会把保险机构在合同签订过程中面临的痛点与所做的创新一并阐述。

### 一、传统农业保险的核保痛点

传统农业保险在核保过程中存在精准核保难度大、抽样核保偏差大的问题，同时核保员本身专业素养较差也影响了最终的核保效果。在核保通过后，农业保险的合同签订过程则存在着效率低、成本高、规范性差等问题。核保效果差为后续理赔工作带来了较大的困扰，容易导致最终赔付率过高，甚至引起道德风险。

（1）由于农业生产本身较为复杂，保险机构在核保时主要面临精准核保难度大、抽样核保偏差大的问题。农业保险的保险标的具有生命，且数量庞大，保险机构要精准核验所有标的的生长健康状况难度较高，因而最终的核保结果精度差、效率低。这一问题在种植业保险和养殖业保险中都较为突出。

在种植业保险领域，植物标的具有总量大、占地面积大、单个标的价值低的特点，导致保险机构精准核保的可操作性低、单位成本高。在这种情况下，保险机构核保一般采取抽样核保的方式，即只检验部分地块的标的情况。这使得种植业保险核保精度不足，逆向选择和保险欺诈等问题时有发生。例如，农业生产者可能会引导核保人员检验植物生长状况良好的地块，隐瞒部分地块植物生长差、风险系数过高的情况，导致保险机构将不符合投保条件的地块也纳入保障范围，最终造成赔付率过高。另外，一般种植业保险条款都会要求投保人将名下符合投保条件的保险标的全部投保，不得选择性投保。这主要是为了避免投保人的逆向选择，只对风险发生率较高的地块①投保。然而在实际操作过程中，农户名下的地块一般较为分散，而且这些

---

① 风险发生率较高的地块：这里的"风险发生率高"指符合投保标准的，但风险发生可能性较大的情况。与前文的风险系数过高不同，前文指的是风险过高以至于已经不符合投保标准。

地块一般面积较大、与其他农民名下地块的界限难以确认，保险机构难以完全避免农户的选择性投保。在养殖业保险领域，部分养殖业保险（如禽畜保险）会采取100%验标的方式，核保人员需要到现场统计禽畜存栏量、检查防灾防疫情况、确认标的个体标识佩戴的规范性等。这虽然能够确保核保的精确性，但也增加了核保的时间和人力成本。

（2）除了农业生产本身特点带来的核保难题，传统农业保险的核保人员专业能力不足、核保随意性大等问题也影响了最终的核保效果。保险机构在农村的核保工作大多由协保员代理。这些协保员大多是经过简单培训的基层工作人员，专业素养和责任感不足（庹国柱，2017），对于核保工作标准模糊、随意性大，导致核保结果精确度低、承保质量差。例如，在以村为单位的核保工作中，协保员可能因为和某些农户的私人关系而帮助该农户隐瞒潜在风险，从而将原本不能投保的地块也划入保险范围，增大了保险机构的经营风险。

（3）在核保完成后，传统农业保险的合同签订过程存在着耗时长、效率低等问题。在签订保险合同时，保险机构和农业生产者需要先充分了解合同条款后再录入信息。保险合同签订完成后，保险双方需要保存保险凭证以便日后进行索赔理赔。由于我国部分农民的文化水平较低、投保积极性较差，在以村为单位进行投保的地区，协保员或村委会一般需要在签订合同时向农户收集合同所需的信息，讲解相关文件内容并指导农民填写相关文件。在此之后，协保员再将全部资料统一提交给保险机构。整个过程的信息传递效率低下，涉及的重复性工作多，需要耗费大量的时间。

## 二、数字农业保险的核保创新

在数字农业保险的核保中，保险机构利用数字技术实现对数量庞大、占地面积广的保险标的的全面核验，大幅提升核保精度、降低核保成本。不仅如此，数字农业保险还实现了保险合同电子化与合同签订流程自动化，提高了保险机构的承保效率。

（1）保险机构利用数字技术在种植业保险领域研发了按图承保、智能核保模式，实现了对标的植物的全面与智能核验，大大加快了核保速度。在按图承保模式下，保险机构通过与国家相关农业部门信息共享，在卫星拍摄得到的地图上精确划分出同一农户名下符合投保条件的所有地块，有效避免了选择性投保的情况。在按图承保之后，保险机构利用数字技术对标的进行智能核保。智能核保是指保险机构运用GPS、北斗等系统对需要核验的土地进行定位后，再利用卫星遥感技术获取地表种植业生产状况的高帧影像。在此之后，保险机构采用实地查勘采集技术和无人机航拍技术进一步完善该地块的生产信息，最终获得精确、全面的保险标的信息。之后，保险机构运用云计算、人工智能等技术系统分析处理相关信息，检验该地块是否符合承保标准。通过按图承保、智能核保模式，保险机构可以全面、高效、低成本地获取核保所需的农业生产信息，再利用后台数字系统进行智能核验，提高了核保精度，加快了核保速度。

（2）保险机构将禽畜识别技术用于在养殖业保险领域的核保，实现了对禽畜个体的精确识别核验，使得保险标的的标识具备了不可替代性。禽畜识别技术类似人脸识别，以人工智能技术为基础，通过采集禽畜个体的某项独特生理特征实现对禽畜个体的唯一识别，如禽畜的脸部、斑纹等。保险机构借助禽畜识别技术可以快速完成对标的的识别认证，并结合强大数据处理技术对大量标的信息进行分类、储存以供未来使用。禽畜识别技术的应用意味着只需要少数机器操作人员在场就能完成对大量标的的核验，提升了核验速率和精确度，降低了核保的时间成本和人力成本。同时，以生理特征作为禽畜标的的标识具有不可替换性，可有效避免标识难以识别或被重复使用等情况，降低了道德风险。例如，2018 年，平安财产保险公司在内蒙古乌兰察布推出牲畜识别技术在我国农业保险的首个落地应用，主要承保对象为奶牛、能繁母猪等。通过现场影像身份信息采集，该技术能智能识别奶牛的花纹、猪的脸部和尾部等特征，实现了保险标的的信息化管理。

（3）保险机构利用移动互联网等技术搭建了保险合同线上签订、线上出单、线上公示平台，降低了信息不对称程度。在保险机构的官网或者 App 上，投保人可线上提出保险申请并进行保险信息的填写，保险机构确认承担保险责任后会出具电子保单，投保人可在线上对保险单进行查看确认。同时，投保信息公示也以线上公示的方式进行。这一方式降低了签订合同和保存保单的成本，同时提高了信息透明度。线上化承保削弱了保险代理人的代表权和操作权，减少了协保员等保险代理人利用信息不对称谋取私利的现象。

以下案例介绍中航安盟财产保险有限公司研发的慧眼识猪管理平台，展现保险机构如何利用数字技术在养殖业保险领域实现智能核保。

---

**小案例**

### 中航安盟："慧眼识猪"风险管理平台

中航安盟慧眼识猪管理平台是中航安盟财产保险有限公司在四川省内推出的生猪养殖保险线上化、智能化管理平台。该平台利用物联网、人工智能技术实现了生猪承保的智能验标、智能管控以及安全预警，体现了数字技术在养殖业保险方面的巨大效能。

该管理平台通过在猪圈安装摄像头，对生猪个体生长发育状况、生猪养殖状况进行实时持续的数据收集。在此基础上，平台配备的人工智能技术在对摄像头收集到的数据进行分析后可实现对每头生猪的重量、体长、健康状态的记录、分析和储存。同时，平台会记录每日生猪的进出栏数量，并对饲养行为是否合格进行监控分析等。这一技术实现了对生猪身份的精确识别，对生猪生存状况和养殖状况的精密监控。在精确核保的基础上规范了养殖户的养殖行为，一定程度上避免了重复索赔、养殖行为不规范却要求保险公司进行赔付等道德风险问题。

（资料来源：中国银行保险传媒股份有限公司. 2020 保险业信息化优秀案例精编. 北京：中国金融出版社，2020。）

---

## 第五节　数字农业保险的理赔

农业保险的理赔是指农业保险机构在合同范围内的农业风险发生后，查明农业生产的损失程度，并对被保险人进行赔偿的过程。传统农业保险的理赔业务普遍存在核损难、赔偿慢等问题，而数字技术的深入应用有望为解决农业保险理赔难问题提供新的思路，提高理赔服务的质量。下文将梳理传统农业保险在理赔方面的痛点，总结数字农业保险机构在理赔业务上的创新。

## 一、传统农业保险的理赔痛点

传统农业保险的理赔业务存在着核损过程成本高、核损结果偏差大、农户索赔困难等问题。这些问题造成农业保险难以发挥及时为农业生产分散风险、帮助农业生产者恢复生产的功能，很大程度上降低了农业生产者对农业保险的信任程度。

（1）传统农业补偿保险的核损成本高、核损结果偏差大。对农业补偿保险来说，核损业务主要指灾害发生后保险机构确认农田的受损面积和受损程度，或者确认禽畜的死伤个体的过程。由于农业保险的标的数量庞大，且具有生命性，保险机构在灾后核验时一般难以在短时间内准确判断最终的损失程度。由于种植业保险和养殖业保险的核损在具体操作上存在较大的差异，下面将分别介绍二者核损过程成本高、核损结果偏差大的具体表现。

传统种植业保险灾后确定损失面积一般有目测法、实地丈量法①和调查询问法。其中实地丈量法精确度较高，但耗费的时间和人力成本大，难以在大面积核损中使用；而目测法和调查询问法虽然可以用于大面积核损，但可能造成较大误差。在损失程度的确定上，一般只能采取随机取样的方法，即使工作人员尽量提高样本的代表性，这种采样方法仍然无法完全测定受损农田的损失程度，特别是在农田面积大的情况下误差会更加严重。另外，由于目前农业保险的损失判断标准不完善，保险机构的核损结果往往不能令农业生产者满意。例如，2016年，江苏南部地区遭遇连续阴雨天气，部分农田种植的小麦出现较严重的赤霉病。由于缺乏统一的损失判断标准，保险机构对农户受损情况的估计低于实际损失水平，导致最终农户无法得到合理的赔偿。据当地媒体报道，有农户当季小麦实际亏损约为300元/亩，而保险机构以生产物化成本为损失判断标准，最终愿意支付的赔偿金仅为30元/亩，农户在获赔后仍旧遭受巨大损失。

对于传统禽畜养殖保险，保险机构在核损时需要确认标的标识，测量标的的质量、体长，同时还要对死伤标的进行无害化处理。这一过程费时费力，还有可能出现农户对同一死亡标的更换标识重复索赔等道德风险问题。在禽畜养殖险的保险实务中，保险业务员需要在禽畜出险后到场调查处理，再向保险机构提供禽畜死亡与无害化处理的照片作为索赔依据。保险机构依靠标的佩戴的标识确认死亡个体是否为已承保的标的，若是，则根据合同约定予以赔偿。如果标的标识易于拆解替换，农业生产者可能会与保险业务员相互勾结，为同一尸体更换标识、反复拍照，向保险机构重复索赔。例如，2019年，四川省德阳市政府有关部门打击过一起生猪保险骗保案件，该案件涉案人员包括养殖农户、保险公司内部以及基层畜牧站工作人员等几百人。在该生猪保险骗保案件中，保险机构授意养殖户在生猪出险后把死猪冻起来，在不同时间地点拍照以求多次索赔，冬天"死三遍"，夏天"死两遍"。有农户甚至专门购买一台超大冰柜用于存放猪尸，能放下5头大猪和20多头小猪，"实在是腐烂得不能拍摄了，才送去做无害

---

① 实地丈量法：即丈量受损农田的边界，以计算受损农田的面积。

化处理"。而作为保险补贴监督方的基层畜牧站对此毫无作为，甚至与保险机构合作共同骗取国家对生猪保险的补贴金，严重违背了农业保险为农业生产分散风险、保驾护航的初衷。

（2）传统农业指数保险确定损失水平的方法存在着较大的基差风险①，风险指数难以完全反映实际损失。对农业指数保险来说，保险理赔业务主要指保险机构确认已发生的风险达到预定指数后，根据合同约定进行赔偿。这一过程存在的基差风险是指保险机构利用风险指数确认的理论损失水平与农户的实际损失水平间存在偏差带来的风险。传统农业指数保险机构的风险监测手段不够成熟，指数保险预测的损失程度与农业生产者遭受的实际损失拟合程度一直相对较差。一方面，农业生产实际遭受风险的指数与保险机构在风险监测点测得的风险指数存在偏差。例如，对农业气象指数保险来说，由于受到地形、土壤条件等因素的影响，同一气候条件在同一地域不同地块的影响程度是不同的。在这种情况下，不同地块对应的风险指数应当是不相同的。而保险机构以在有限的风险测试点获得的数据为参考，在区域范围内进行统一赔付，这就造成在气象灾害发生后部分农户无法得到有效赔付。另一方面，保险产品中用于计算损失的风险因子种类普遍较少。农业生产的实际损失往往受多种因素同时影响，一种或者有限几种风险因子很难精确计算得出具体损失。然而，目前的保险精算技术又难以同时考虑多种风险因子，容易造成实际损失远大于保险机构根据指数支付的赔偿。

（3）在核损完成后，农业生产者面临着索赔困难、赔偿金无法及时到账等问题。在一些地区，保险机构没有设立固定的保险服务站点，农户在出险后可能找不到清晰的索赔途径，只能独自承担损失。除此之外，农业保险的灾后索赔流程也较为复杂，耗费时间较长，使得农户难以及时获得赔偿金以恢复生产。例如，2018年，受台风"温比亚"的影响，山东省出现一轮大范围强降水天气过程，造成一些蔬菜大棚受损、牲畜死亡。然而，遭受损失的3000余户农业生产者中，仅有19户投保了农业保险。当地媒体走访得知，农户之所以不愿意投保，是因为当地农业保险理赔流程复杂、索赔时间长、赔付标准低且保障效果弱。索赔难的问题严重影响了保险机构的经营效果，也间接对农业生产造成了负面影响。

## 二、数字农业保险的理赔创新

保险机构运用数字技术使得核损过程更加高效率、低成本，解决了传统农业保险核损偏差大的问题。同时，保险机构还简化了产品的索赔流程，缩短了理赔时长。

（1）保险机构将物联网、大数据等技术用于灾后核损，提高了核损的效率和精确性。在农业补偿保险中，用于核保的创新技术与做法在核损理赔业务中仍发挥作用，由于这些技术已经在上一节中做过具体介绍，因此本节不再具体展开。运用与按图承保、智能核保相同的原理和技术，保险机构可以轻松获得大面积农田的具体损失情况，解决种植业保险的核损难题；而禽畜识别等技术在核验死伤禽畜标识，测量禽畜体长、重量等信息时也发挥着效能，帮助保险机构解决重复索赔等问题，提高核损效率。在农业指数保险中，物联网等技术的应用提高了风险指数监测点的数量和监测质量，农业机构参考的风险指数和农业生产实际面临的风险指数更

---

① 基差风险：金融市场上，基差风险是指保值工具和保值商品之间价格波动不同步带来的风险。在农业指数保险领域的含义将在下文解释。

加贴合。同时，数据收集分析技术的发展使更多风险被纳入风险—损失模型，指数与实际损失匹配程度得以提高。

（2）保险机构开通线上索赔渠道，在灾后核损精准化、高效化的基础上，简化索赔流程，提高赔付效率。传统农险核损后往往需要提交较多的证明并进行复杂的申报流程，从核损到赔付时间间隔往往较长，无法及时为农业生产者恢复生产提供资金。在数字技术的支持下，保险机构一般会在具备高效核损能力的数字核心业务系统内配备移动理赔终端，可实现资料的快速提交与智能审核，大大提高理赔效率。以下案例介绍太平洋财产保险股份有限公司打造的 e 农业经营管理体系，展现保险机构如何利用数字技术精确高效地完成理赔业务。

## 小案例

### 太平洋财产保险开启"闪赔"新模式

太平洋财产保险股份有限公司近年来积极打造集承保理赔、业务运营、防灾防损、客户管理为一体的数字农险运营体系"e 农险"。保险公司利用 e 农险体系大大简化了核损理赔的业务流程，并针对广大农业生产者关心的理赔问题推出了闪赔新模式。

以生猪养殖保险理赔为例。在核损工作完成后，保险公司联合畜牧部门线上确认保险标的死因并审核遗体处理的合理性。若相关工作均符合规范，太平洋产险业务系统将在后台自动对保单信息、农户个人身份信息等资料进行最终审核，在确认信息无误后，保险公司通过支付系统即刻完成线上赔付。

太平洋产险实施闪赔模式以来，养殖业保险理赔时效大幅提升。在闪赔模式开启之前，太平洋保险在养殖险的定损理赔周期一般为 20 天左右；而闪赔模式将这一周期缩短至平均3 天左右，最短赔付周期更是达到 1 小时以内。随着人工智能技术、遥感技术的进一步运用，这一模式有望在未来应用于农业保险的各险种，并且效率可以进一步提高。

（资料来源：农村·农业·农民杂志社. 太平洋产险开启农险"闪赔"模式. 2017-09-27。）

## 本章小结

本章介绍了农业保险的相关概念和数字农业保险的发展现状。农业保险是指保险机构以农产品为保险标的为农业生产者提供的保险服务。随着数字技术的发展，传统农业保险逐渐向数字农业保险转型。数字农业保险是指将数字技术深度运用于农业保险后形成的新一代农业保险服务。

一直以来，传统农业保险存在产品设计与定价不准确、展业效率低、核保难度大、理赔质量差等痛点。农业保险机构运用数字技术在多方面进行保险业务创新，打破了农业保险产品设计与定价、展业、核保和理赔四项业务的发展桎梏。本章以农业保险产品设计与定价、展业、核保、理赔为行文逻辑，具体介绍了传统保险在这四方面的痛点，梳理了数字农业保险在对应环节中的创新和突破，展现了数字农业保险巨大的业务效能和发展潜力。

## 思考与练习

1. 简述农业保险和数字农业保险的概念，并说明两者的区别与联系。
2. 简述不同分类标准下农业保险的种类，农业补偿保险和农业指数保险各自的特征。
3. 在产品设计与定价环节中，传统农业保险存在哪些问题？数字农业保险在这一方面具有哪些创新？
4. 传统农业保险在展业环节的问题是什么？数字农业保险在这一方面具有哪些创新？
5. 简述在核保与理赔环节中，传统农业保险存在的问题以及数字农业保险在这两个环节的创新。

## 即测即评

## 参考文献

［1］白炳金. 我国农村保险市场营销的构想 ［J］. 现代经济信息，2009（15）：115.

［2］包璐璐，江生忠，张颂. 我国农业保险数据技术的现状与问题研究 ［J］. 中国保险，2019（7）：40-43.

［3］曹新梅. 甘肃农业保险发展问题及科技创新分析 ［J］. 中阿科技论坛（中英文），2021（7）：100-103.

［4］李乐，潘耀忠，王晓东，等. 基于3S技术农业保险"精确承保与快速理赔" ［J］. 卫星应用，2016（3）：66-72.

［5］林乐芬，等. 现代农业保险产品机制创新研究 ［M］. 北京：中国农业出版社，2020.

［6］马昕. 天气指数农业保险产品开发与服务的理论框架研究 ［J］. 农业与技术，2020，40（21）：178-180.

［7］乔林，王绪瑾. 财产保险 ［M］. 北京：中国人民大学出版社，2004.

［8］孙华. 浅谈3S技术在农业保险中的应用 ［J］. 农业与技术，2018，38（15）：59-61.

［9］庹国柱. 保险学 ［M］. 北京：首都经济贸易大学出版社，2020.

［10］庹国柱，周永丰. 中国农业保险研究2017 ［M］. 北京：中国农业出版社，2017.

［11］唐金成，李笑晨. 保险科技驱动我国智慧农险体系构建研究 ［J］. 西南金融，2020（7）：86-96.

［12］田娟娟. 体验农业保险 ［M］. 北京：经济科学出版社，2020.

［13］王惠琴. 农业指数保险的发展现状及发展趋势展望 ［J］. 农村经济与科技，2020，31（22）：254-255.

［14］吴利红，娄伟平，姚益平，等. 水稻农业气象指数保险产品设计——以浙江省为例

［J］. 中国农业科学，2010（23）：4942-4950.

［15］王月琴. 天气指数保险空间基差风险的量化评估研究［D］. 中国农业科学院，2020：41.

［16］张仁江. 农业再保险［M］. 天津：南开大学出版社，2019.

［17］赵玉，严武，李佳. 基于混合 Copula 模型的水稻保险费率厘定［J］. 统计与信息论坛，2019，34（8）：66-74.

# 第六章　数字保险的新型主体

## 学习目标

通过本章学习，学生应能够：掌握互联网保险公司、平台型保险中介和保险科技公司三类数字保险新型主体的概念；了解三类数字保险新型主体的代表性企业；掌握三类数字保险新型主体的主要特征；掌握互联网保险公司与传统保险公司、平台型保险中介与传统保险中介的差异。

## 导读案例

### 众安保险持续丰富创新场景产品矩阵

2013 年 11 月 6 日，我国首家互联网保险公司众安保险于上海成立。背靠腾讯、阿里、平安三大股东，众安保险的"互联网"基因深厚。依托股东优势，众安保险选择从电商场景切入数字保险业务，在淘宝、天猫等购物平台开展退货运费险业务。退货运费险满足了电商交易场景中买卖双方的风险保障需求，仅 2014 年"双十一"当天，众安保险就售出了 1.5 亿份退运险保单，单日保费规模超过 1 亿元。

电商场景的突破，一方面让众安保险获得了宝贵的早期收入，另一方面也让其看到了以生态场景为导向的保险商业模式。之后，众安保险又进入航空旅游、消费金融、汽车等更多场景，不断拓展数字保险业务。例如，众安保险抓住 5G 时代换机潮推出了手机碎屏险，又基于宠物经济推出了宠物险。

在围绕数字生活生态进行多场景布局的同时，众安保险还深耕健康生态。众安保险自 2015 年开始正式布局健康生态。2016 年推出的"尊享 e 生"健康险产品因其低保费高保额的特性受到了消费者的欢迎，迅速成为互联网渠道的爆款产品。之后，众安保险根据市场需求的变化持续对"尊享 e 生"系列产品进行迭代更新，一方面响应市场需求，提升产品对客户的价值，另一方面也通过高频率的更新吸引客户关注度。此外，众安保险不断深化健康生态的闭环建设，为保险客户提供融合疾病预防、健康管理、医疗问诊及医疗信息的一站式解决方案，提升客户黏性。在上述举措的推动下，众安保险的健康险业务快速发展，健康险保费占比由 2016 年的 6% 提升至 2021 年的 38%，成为目前公司保险业务中最核心的板块。

（资料来源：众安在线：保险+科技双轮驱动，稳居互联网财险市场龙头位置.海通国际，2021-02-20。）

　　以众安保险为代表的互联网保险公司瞄准各类场景下的多样化风险保障需求，开发高性价比的新型保险产品，推动了保险行业的发展。互联网保险公司、平台型保险中介和保险科技公司是在数字化浪潮下诞生的三类新型主体，依托自身的"保险+科技"基因为保险行业注入全新活力。这三类数字保险新型主体的内涵是什么？分别有哪些代表性企业？相较于保险行业的传统主体，它们有什么特征？

　　为了回答上述问题，本章将逐一对数字保险发展过程中出现的三类新型主体进行分析。第一节聚焦互联网保险公司，介绍互联网保险公司的内涵、代表性企业、主要特征及其与传统保险公司的差异。第二节聚焦平台型保险中介，介绍平台型保险中介的内涵、代表性企业、主要特征及其与传统保险中介的差异。第三节聚焦保险科技公司，介绍保险科技公司的内涵、代表性企业及主要特征。

# 第一节　互联网保险公司

　　作为数字保险的新型主体之一，互联网保险公司致力于运用数字技术重构保险行业现有的产品结构、运营和服务模式，打造互联网保险生态圈。本节将梳理互联网保险公司的内涵、代表性企业、主要特征及其与传统保险公司的差异。

## 一、互联网保险公司的内涵

　　互联网保险公司是指拥有监管部门颁发的保险牌照，主要依托互联网渠道开展保险业务的保险公司。持有保险牌照意味着互联网保险公司不只是利用科技赋能保险业务，也不仅是一家保险中介机构，而是可以对自身销售的保单承保的保险公司。互联网保险公司以互联网为主要销售渠道，通常不设立线下分支机构。同时，互联网保险公司挖掘数字生态下新的保险需求，进一步开发创新型保险产品，并将其深度嵌入互联网应用场景。按业务开展的顺序来看，互联网保险公司的主要业务可分为开发场景化和生态化的创新型保险产品、提供线上保险咨询服务、提供线上投保服务以及提供线上理赔服务四个板块。

### （一）开发场景化、生态化的创新型保险产品

　　一方面，互联网保险公司发掘互联网场景中的新型保险需求，补充数字经济新业态、新模式中的保险市场空白。例如，针对电商购物的场景，众安保险推出退货运费险，投保的买家在退货发生时可以获得保险公司的赔付以补偿运费。另一方面，互联网保险公司积极搭建与外部生态系统的联系，与合作伙伴打造闭环式的保险服务。互联网保险公司依托自身强大的科技实力和灵活的运营模式，广泛连接各类场景，通过提供全流程的服务真正实现保险产品与生活场景的融合。例如，互联网保险公司泰康在线与江苏创英医疗器械有限公司合作开发了国内首款覆盖国产种植体的齿科保险"种牙保"，补偿种牙手术发生的医疗费用的同时，为客户提供在指定口腔医疗机构的高质量一站式种牙服务，以及长达 2 年的术后疗效保障。

### （二）提供线上保险咨询服务

在客户有保险需求却不了解应该选择何种保险时，互联网保险公司为其提供线上保险咨询服务。互联网保险公司通常将保险需求评估工具以通俗易懂的形式在线上呈现给投保人，他们只需填写相关信息，就能大致确定适合自己的保险产品。互联网保险公司还为后续的核保、理赔等业务提供专业的咨询服务，减少客户在获取保险服务上的困扰。

### （三）提供线上投保服务

在客户确定自己所需要的保险产品后，互联网保险公司为其提供简单快捷的线上投保服务。互联网保险公司通过运用数字技术减少了对保险代理人的依赖，依靠简洁的保险条款和数字化的投保流程大大提升了保险产品的可触达性。例如，美国互联网保险公司 Lemonade 向租客和房主提供财产保险，其运作依托 App 展开，为用户提供全线上的投保服务。用户下载 App后可以直接与 AI 机器人交流，向其提供住房的位置、价值等信息，系统会自动在 90 秒内生成个人协议和在线支付页面，帮助用户快速完成投保。

### （四）提供线上理赔服务

出险时，互联网保险公司为客户提供透明化的线上理赔服务，让客户了解理赔办理的具体进展与存在的问题，从而减少客户焦虑，提高客户黏性。同时，互联网保险公司将数字技术运用于客户报案、查勘定损等环节，减少理赔过程中纸质材料的使用和线下沟通频次，为客户简化理赔手续。

## 二、互联网保险公司的代表性企业

按成立性质划分，互联网保险公司可分为独立初创公司和由传统保险公司发起成立的在线品牌。例如，在我国的 4 家互联网保险公司中，众安保险、安心保险和易安保险都属于独立初创公司，是在保险行业数字化的浪潮下全新成立的公司。而泰康在线则是由传统大型保险公司泰康保险发起成立的互联网保险公司。

按业务类型划分，互联网保险公司可分为互联网财产保险公司和互联网人身保险公司，分别以两大险种为主要经营业务。本小节将根据互联网保险的业务类型，梳理互联网保险公司在财产保险和人身保险两个板块的代表性企业。

### （一）互联网财产保险公司

在我国，拥有保险牌照的四家互联网保险公司众安保险、泰康在线、安心保险和易安保险均为互联网财产保险公司，其业务模式成熟，融资规模较高。互联网财产保险公司经银保监会批准，也可以经营短期健康险业务和意外伤害险业务。我国互联网财产保险行业的主要参与者包括互联网保险公司和经营互联网保险业务的传统保险公司。近年来，四家互联网保险公司在互联网财产保险行业中的市场占比稳步提升，2020 年的市场份额达到 35.17%，保费收入同比增长 19.27%。从细分险种来看，由于车险业务对线下服务的要求较高，互联网保险公司在非车险业务方面的优势更加明显。表6-1梳理了我国四家互联网财产保险公司的经营概况。

表6-1　国内互联网财产保险公司概况

| 名称 | 成立时间 | 地点 | 经营特点 |
|---|---|---|---|
| 众安保险 | 2013年11月 | 上海 | 众安保险是我国首家获得互联网保险牌照的保险公司,强调科技与场景、生态的融合,围绕健康、数字生活、消费金融和汽车四大生态提供个性化、定制化、智能化的新保险 |
| 泰康在线 | 2015年11月 | 北京 | 泰康在线由泰康保险发起设立,是传统保险线上布局的典型代表,致力于提供兼具科技性和服务性的保险产品,全面布局电商、餐饮、出行、健康和财产五大生态,并深耕医疗健康领域,为客户提供"医—药—险"闭环服务 |
| 安心保险 | 2016年1月 | 北京 | 安心保险坚持"简单的保险"理念,将保险产品条款通俗化、投保自助化、理赔简单化,并通过设立遍布全国的线下服务中心让客户享受无地域差别的理赔服务 |
| 易安保险 | 2016年2月 | 深圳 | 易安保险以"轻资产+模式创新"为发展战略,打造扁平化的蜂巢组织结构,积极连接外部生态和建立自有渠道,以"简单、趣味、服务"为理念推出了挂号费用补偿保险等创新型产品 |

资料来源:编者根据公开信息整理。

国际市场上的互联网财产保险公司主要通过自建网站和App为客户提供D2C（Direct-to-Customer）的保险服务。国外的互联网财产保险公司更聚焦特定类别的产品,从特定场景切入,提供租客保险、车险等专项保险,并逐步拓展业务范围。这些平台尽可能简化产品条款和投保程序,推出智能机器人和全天候的线上咨询服务辅助客户操作,从而提供简单灵活、去中介化的保险服务。同时,国外平台注重收费规则和运营模式的公开透明,以此拉近与客户的距离,降低客户的不信任感。表6-2梳理了国际市场上四家互联网财产保险公司的经营概况。

表6-2　国外互联网财产保险公司概况

| 名称 | 成立时间 | 地点 | 经营特点 |
|---|---|---|---|
| Lemonade | 2015年1月 | 美国 | Lemonade主要为房主和租客提供定制化的保险产品,智能化和透明化是其经营的两大特点。一方面,Lemonade依托App和网站为客户提供全数字化的投保和理赔服务,由智能机器人引导客户操作,实现"90秒完成投保、3分钟完成理赔",极大改善了客户体验。另一方面,Lemonade将保费一分为三,分别用于公司运营、赔付和再保险,从固定比例的佣金中获得利润,并将赔付后剩余的保费捐赠给慈善机构,透明化的盈利模式拉近了与客户之间的距离 |

续表

| 名称 | 成立时间 | 地点 | 经营特点 |
|---|---|---|---|
| Back Me Up | 2016 年 7 月 | 英国 | Back Me Up 是大型国际保险公司富通保险（Ageas）旗下的线上保险平台，基于手机 App 和网站销售，专门针对年轻群体提供购买简单、灵活定制的财产保险方案。客户每月只需支付最低 9.99 英镑的保费即可为自己任意选择的一件物品投保，自定义每件物品的赔付额度，且在购保后可以随时变更受保物品 |
| Getsafe | 2015 年 3 月 | 德国 | Getsafe 最初是作为保险经纪公司成立的，后转型为自主开发数字保险产品的 MGA① 平台，并于 2021 年正式获得保险牌照。Getsafe 致力于通过手机 App 为客户提供全场景覆盖的保险产品，减少客户因"小意外"而遭受的财产损失。Getsafe 推出的保险品类包括车险、责任险、家庭财产保险、法律保护险、牙科保险等，并为客户提供全数字化的理赔、更改保额等保险服务 |
| Cuvva | 2014 年 2 月 | 英国 | Cuvva 致力于解决短期租借汽车时面临的保险难题，依托手机 App 为客户提供按需付费的汽车保险。即用即买和智能定价是 Cuvva 的两大特点。客户在 Cuvva 可以买到保障期限短至 1 小时的汽车保险，且只需在手机上填写少量信息即可投保，保单即刻生效。Cuvva 利用智能手机的定位和运动感应技术监测客户的驾驶行为，驾驶习惯好的司机可以获得更优惠的报价 |

资料来源：编者根据公开信息整理。

### （二）互联网人身保险公司

放眼全球，以人身保险为主营业务的互联网保险公司数量较少且多处于初级阶段。在健康保险板块，由于美国在医疗保障体制、医疗与保险市场发展情况等因素上存在特殊性，商业保险是美国医疗服务的重要支付方，由此涌现了一批具有代表性的互联网健康保险公司，包括 Oscar Health、Clover Health、Bright Health 等。

在人寿保险板块，由于人寿保险经营的复杂性，以人寿保险产品为主营业务的互联网保险公司并不多。Singapore Life 作为新加坡金融管理局 1970 年以来授予完全许可的第一家独立本土保险企业，目前通过在线网站经营定期寿险、万能寿险等保险业务。Singapore Life 于 2019 年宣布获得日本住友生命保险公司的 900 万美元融资，并计划在该次融资过后进一步加快移动端产品的开发，为用户提供更加便捷的服务。表 6-3 梳理了四家互联网人身保险公司的经营概况。

---

① MGA：Managing General Agent，授权承保代理，是保险代理的一种特殊模式。在该模式下，保险专业代理机构在保险产品销售的基本功能之外，还可以接受保险公司委托从事市场营销、收取保费、核保、理赔、风险管理、产品开发、精算定价、协助安排再保险等业务。

表 6-3 互联网人身保险公司概况

| 名称 | 成立时间 | 地点 | 经营特点 |
|---|---|---|---|
| Oscar Health | 2012 年 10 月 | 美国 | Oscar Health 从创立之初就采用"互联网+保险+医疗"的模式，借助数字技术主动介入医疗护理和健康管理的环节中，提升客户体验的同时控制赔付风险。Oscar Health 拥有自建与合作的医疗团队，为客户提供线上电话问诊、线下签约医生或医院、护士上门等服务。同时，Oscar Health 运用智能可穿戴设备监测客户的锻炼和健康状况，对达标的客户给予经济奖励[1] |
| Clover Health | 2014 年 8 月 | 美国 | Clover Health 的主营业务是为 65 岁以上的老年人提供 Medicare Advantage 保险计划。Clover Health 以数据分析为核心驱动力，通过为老年人提供个性化的健康管理服务降低慢性病并发症的发生概率，从而减少医疗费用支出，将老年人纳入保障范围[2] |
| Bright Health | 2015 年 11 月 | 美国 | Bright Health 构建了覆盖全类型用户的保险保障计划。Bright Health 运用数字技术打造了用户服务平台和医生服务平台，以面向 C 端用户的 Bright Healthcare 保险服务和面向 B 端用户的 NeueHealth 医疗健康服务两大业务板块，为用户提供更优质和更具效率的高质量医疗服务[3] |
| Singapore Life | 2014 年 1 月 | 新加坡 | Singapore Life 以 D2C 模式运营，通过网站和代理人销售定期寿险产品和万能寿险产品，主要面向高净值客户。Singapore Life 提供健康管理项目，借助可穿戴设备和保费奖励机制鼓励客户坚持健康的生活习惯。[4] 2020 年 Singapore Life 与世界第五大保险集团 Aviva 的新加坡分部合并，现以 Singlife with Aviva 为主体对外经营 |

资料来源：编者根据公开信息整理。

## 三、互联网保险公司的主要特征

虽然各家互联网保险公司的经营业务与发展理念有所不同，但它们在经营方式上存在一些共性。

（1）互联网保险公司服务成本低。一方面，互联网保险公司通常不设置分支机构，降低了线下布局成本与内部沟通成本。另一方面，互联网保险公司的大量业务环节都在线上完成，利用数字技术代替了大量纸质材料和人工作业，降低了保险公司的运营成本。互联网保险公司的线上经营模式节约了很大一部分成本，使其可以为客户提供更优惠的保险产品，利用价格优势锁定目标客户。

[1] Oscar Health：内生增长乏力下的上市挑战. 道口保险观察，2021-03-26。
[2] 美国医疗独角兽 Clover Health 的成功之道：以慢病管理切入健康险领域，效率超越顶级保险公司. 今日保险，2018-08-01。
[3] Bright Health：老模式新成长. 经理人杂志，2022-02-24。
[4] 清华大学五道口金融学院中国保险与养老金研究中心. 2018 全球保险科技报告。

（2）互联网保险公司产品可触达性高。在展业环节，互联网保险公司运用数字技术减少了对传统保险代理人的依赖，使得保险产品可触达性更高。互联网保险公司的展业渠道包括线上网站、手机 App、微信公众号、合作的第三方互联网平台等。在这些渠道中，互联网保险公司一方面应用大数据技术分析客户多维度数据，识别客户需求，从而开展产品的定点投放和精准推荐，提升展业效率的同时降低获客成本；另一方面推出可以全天候响应客户的智能保险顾问或线上咨询团队，根据客户的实际需求为其提供解决方案，保证客户的有效转化。

（3）互联网保险公司面临严格的监管约束。互联网保险公司在对产品设计与定价、展业、核保、理赔等各个环节进行数字化重塑的同时，也加强了业务的虚拟性，给风险管控、客户服务等带来了新的挑战。为了规范互联网保险公司的经营行为、保护保险消费者合法权益，银保监会于 2020 年发布了《互联网保险业务监管办法》，明确了"机构持牌"的原则，从互联网保险产品开发定价、信息披露、服务经营等方面对互联网保险公司提出了新的要求。同时，互联网保险公司需要具有完善的网络安全监测机制和网络安全防护手段，具有支持互联网保险业务运营的信息管理系统和核心业务系统，具有合法合规的营销模式，从而建立满足互联网保险经营需求的运营和服务体系。

## 四、互联网保险公司与传统保险公司的差异

为了更加全面地理解互联网保险公司，表 6-4 从业务运营、产品设计、组织架构三个层面简要列示了互联网保险公司与传统保险公司的差异。

表 6-4 互联网保险公司与传统保险公司的差异

| 比较维度 | 互联网保险公司 | 传统保险公司 |
|---|---|---|
| 业务运营 | 依托多种互联网渠道线上开展各项业务 | 依赖保险代理人和分支机构线下开展各项业务 |
| 产品设计 | 形态简单、条款简洁，场景化特征明显，服务多元化、个性化保障需求 | 相对于互联网保险公司，产品突出风险保障作用，保障范围宽泛，同质化现象突出 |
| 组织架构 | 组织架构较扁平，团队以产品为导向，拥有技术背景的员工占比高 | 层级和分支机构众多，极具规模但不灵活，以管理人员和销售人员为主 |

从业务运营来看，互联网保险公司与传统保险公司的核心差异在于开展业务运营的渠道不同。传统保险公司依赖保险代理人和分支机构在线下开展各项业务，为客户提供面对面服务，有利于提升客户体验。同时，传统保险公司的保险产品从开发到销售再到售后理赔的各项关键活动都遵循标准化的程序来推进，业务模式成熟。然而，传统保险公司的业务运营体系缺乏创新和应变能力。互联网保险公司通常不设置线下实体，通过自营网站、移动端 App 和第三方互联网平台等互联网渠道线上开展各项业务，实现了保险产品的线上销售并初步具备了全流程服务能力。互联网保险公司的展业渠道主要包括自营和合作两大类。一方面，互联网保险公司在官网、App、微信公众号和小程序等自营平台上设立客户业务的办理入口，展示产品信息，

并借助简洁的页面设计和智能化的服务功能辅助客户自主完成投保、申请理赔、更改方案等操作。另一方面，互联网保险公司将标准化的产品嵌入第三方场景，或依托电商平台和经代公司的互联网平台进行销售，从而丰富了展业渠道，拓展了流量入口。

从产品设计来看，互联网保险公司与传统保险公司的核心差异在于所设计的保险产品是否个性化、场景化。传统保险公司的产品通常突出其风险保障功能，产品条款复杂、价格较高，且保障范围通常较宽泛，难以满足数字经济时代下人们个性化、差异化的保险产品需求。互联网保险公司在产品开发上大胆创新，贯彻"以客户为中心"的理念，致力于运用互联网思维来重构保险产品形态。互联网保险公司推出的产品通常具有简洁、清晰的条款和投保理赔规则，并在保额和保障范围上设有充足的调整空间供客户进行个性化定制。同时，互联网保险产品的场景化特征明显，与各类细分场景连接紧密。例如，众安保险在2016年7月推出的个人消费信用保险产品"买呗"，专门应用于蘑菇街平台的用户信用消费。众安保险通过大数据筛选信用良好的"白名单"用户，为其提供信用保险保障，免息期最长40天，最高额度可达2万元。

从组织架构来看，互联网保险公司与传统保险公司的核心差异在于组织架构的灵活性和人员构成。传统保险公司多采用金字塔式的组织结构，运营模式具有层层传递、单向沟通的特点，逐渐不适应产品快速迭代的市场环境。同时，传统保险公司构建了庞大的分支机构和服务点网络，便于其将保险服务延伸至基层。以人保财险为例，其拥有超过1万个覆盖全国城乡的网点机构，超过300个服务中心、2.4万个乡镇保险服务站和28万个村级保险服务点。传统保险公司的员工以行政管理人员和营销客服人员为主，且管理权力集中，方便统一管理。互联网保险公司通常采取扁平化的组织架构和以产品为导向的团队机制，下设多条事业线，层级少、信息传递速度快，有利于缩短项目落地的周期。比如，易安保险建立了以产品经理为核心的蜂巢式组织结构，由产品经理牵头产品开发的全过程，并安排精算、核保等部门为其提供专业支持。在互联网保险公司中，技术型员工占比高，高层管理人员多拥有技术背景。比如，众安保险的工程师和技术人员占员工总数的47%。

# 第二节　平台型保险中介

在保险"产销分离"的趋势下，保险中介在保险销售中发挥着越来越重要的作用。根据《中国保险年鉴2021》，截至2020年末保险中介渠道实现保费收入3.98万亿元，占全国总保费收入的87.29%。在传统保险行业痛点丛生和保险科技快速发展的背景下，一批基于互联网渠道的平台型保险中介应运而生。本节将梳理平台型保险中介的内涵、代表性企业、主要特征及其与传统保险中介的差异。

## 一、平台型保险中介的内涵

保险中介是介于保险经营机构之间或保险经营机构与投保人之间，专门从事保险业务咨询与销售、风险管理与安排、价值衡量与评估、损失鉴定与理算等中介服务活动，并从中依法获得佣金或手续费的机构或个人。保险中介通常分为代理人、经纪人和公估人三类主体。其中，公估人主要涉及对保险标的的价值评估和损失勘察，业务占比少，非本节的讨论重点。

平台型保险中介是指通过互联网将传统的经纪或代理业务转移至线上，并进一步运用数字技术提升保险服务质量的第三方保险中介平台。平台型保险中介直接或间接持有监管部门颁发的保险经纪或代理牌照。保险中介公司通过建立线上服务平台，汇集几十家甚至上百家保险公司的精选产品，同时与保险公司的系统端口进行对接，为客户提供更全面、更高效率的保险服务。

平台型保险中介在互联网保险销售中占据主导地位。根据中国保险行业协会发布的报告，在互联网人身险方面，2021 年与第三方平台合作的人身险公司有 58 家，通过第三方平台线上销售实现规模保费 2 529.4 亿元，在互联网人身保险总体规模保费中的占比为 86.7%。[①] 在互联网财产险方面，2020 年第三方业务占比上升至 74.34%，其中专业互联网保险中介机构占比 32.33%，第三方互联网平台占比 42.02%。[②] 可见，不论是在人身险还是财产险领域，包括保险专业中介的线上自营平台和第三方互联网平台在内的平台型保险中介已经成为了重要的新型主体，在互联网保险销售中占据着主导地位。

平台型保险中介在传统的产品销售基础上，为保险公司提供产品开发设计的咨询服务，为客户提供售前和售后的高附加值服务。面向保险公司，平台型保险中介运用大数据技术参与到保险公司的产品开发中，针对用户需求设计定制化产品。平台型保险中介依托自身的数据优势和精算实力，对用户的年龄、收入、过往购买行为进行数据分析、出险理赔分析等，向保险公司提出定制产品的需求，联合打造定制化产品。一方面，平台型保险中介介入到保险责任及核保条件的设计中，制定对用户更有利的条款。另一方面，平台型保险中介寻找国内外优秀的再保险公司合作，协助保险公司完成定价。值得注意的是，在平台型保险中介与保险公司的产品开发合作中，保险产品仍由保险公司承保，平台型保险中介在其中担当咨询顾问的角色。面向客户，平台型保险中介运用数字技术在售前和售后环节为客户提供个性化的专业中介服务。在售前环节，平台型保险中介汇集整合多种保险产品的信息，并提供智能化的专业咨询服务。比如，美国互联网车险第三方比价平台 The Zebra 收集了各大保险公司的数据，并通过机器学习使数据与客户提交的个人信息结合，使客户可以在一分钟内收到全美超过 200 家保险公司的精准报价和个性化的购买推荐。在售后环节，平台型保险中介协助理赔，为客户提供方便、快捷、透明的理赔服务。比如，互联网保险中介慧择保险推出的小马理赔系统可以实时对接多家保险公司的理赔系统，为客户提供办理指导、预审服务、平台垫付、法律咨询等覆盖理赔全流程的服务，解决客户在理赔中面临的赔付不及时、少赔漏赔等问题。

## 二、平台型保险中介的代表性企业

各家平台型保险中介根据自有优势和自身对保险业务的理解采取差异化的发展策略。按成立性质划分，平台型保险中介可以分为由传统专业保险中介机构搭建的互联网平台、由互联网公司跨界布局的保险中介平台和独立的专业互联网保险中介平台。

---

① 2021 年度人身险公司互联网保险业务经营情况分析报告. 中国保险行业协会官网，2022-03-21。
② 2020 年互联网财产保险市场分析报告. 中国保险行业协会官网，2022-03-21。

**（一）传统专业保险中介机构搭建的互联网平台**

传统专业保险中介机构在过去主要采用"人海战术"，依赖人与人之间的沟通去达成与保险公司、客户的连接，往往效率低且难以凸显保险中介的价值。近年来，消费者保险保障意识和线上化保险购买需求明显提升，亟须专业保险中介机构改变传统的销售范式，提高数字化运营和线上化服务的能力。基于此，一些专业保险中介机构积极运用互联网新渠道和数字技术新科技，搭建保险电子商务平台和线上展业服务平台，赋能客户和代理人。

（1）保险电子商务平台拓展了专业保险中介机构触达客户的渠道。保险电子商务平台类似于一个"网上保险超市"，直接面向终端消费者。专业保险中介机构通常会选择将标准化程度较高、条款简单、保额较小的保险产品放至平台销售，如意外险、车险、房屋险等。这些产品形态简单，适合客户自主选购，形成了对代理人代理的高保费产品的补充。例如，保险中介机构泛华金控打造保险产品交易平台"保网"，为客户提供一个多品牌保险产品的展示选择、价格比较、投保交易和咨询分享社区。由此也构建起"鼠标+电话+地面"的立体化营销网络。再如，江泰保险经纪针对不同行业的保险需求，开发建设了卫健网、旅游保护网、安保网、教保网等互联网保险平台，内设保险超市，提供条款清晰、支持在线投保和索赔的互联网保险产品。截至2021年6月，江泰保险经纪已与25家合作保险公司的出单系统对接，覆盖公司90%以上的互联网经纪业务，为实时出单交易与业务真实性提供保障。

（2）线上展业服务平台提高了保险销售人员的日常工作效率。专业保险中介机构拥有自建的网点和销售团队，如何运用数字技术提升员工的交易和学习效率成为许多保险中介考虑的问题。专业保险中介机构设计各种线上展业工具，并将这些工具集成到一个移动服务平台上，为代理人提供在线交易、客户管理、理赔代办等服务，提高代理人的工作专业性和效率。由专业保险中介机构开发的线上展业服务平台包括大童保险的"快保"、泛华金控的"懒掌柜"等。以保险经纪公司大童保险开发的"快保"平台为例。代理人在"快保"平台上可以随时查看所有保险产品、与客户进行线上的互动式交流、借助内容分发精准获客、学习培训课程、收到自动续保提醒等，借助数字技术的力量提高展业效能。

**（二）互联网公司跨界布局的保险中介平台**

发展成熟的互联网公司用户流量大、数据积累多，拥有领先的数字技术和完善的消费场景。这使得它们可以较容易地与海量客户建立联系，推动保险流量变现，同时在线上为保险行业的精准定价、精准营销等环节赋能。基于此，一批互联网公司瞄准了保险赛道，通过发起设立或收购的方式持有保险中介牌照，布局互联网保险中介平台。

以蚂蚁保、微保为代表的平台型保险中介背靠头部互联网平台，在用户触达方面有天然的流量优势。蚂蚁保是蚂蚁集团旗下的保险代理平台，依托支付宝的流量优势和以消费和理财为主的用户数据优势，打造综合型保险超市。一方面，蚂蚁保以支付宝为主要流量入口，向客户展示来自多家保险公司的品类丰富的保险产品并提供投保服务。另一方面，蚂蚁保与保险公司合作定制保险产品，基于自身的用户洞察和技术优势，赋能保险产品的条款设计、定价、核保与理赔服务。对比蚂蚁保"流量转化+保险超市"的模式，腾讯旗下的保险代理平台微保更强调产品精选和用户体验。微保坚持严选的理念，每个险种只提供两到三款性价比高的产品，并联合头部险企开发创新型险种。微保使用真人顾问为用户提供保单咨询、方案定制和理赔协助服务，以高质量的服务保证用户体验，提高用户复购率。图6-1展示了蚂蚁保与保险合作伙伴的协作模式。

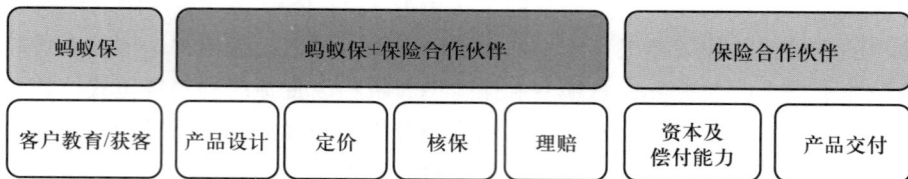

图6-1　蚂蚁保与保险合作伙伴协作示意图

资料来源：编者根据安信证券《保险行业专题报告：渠道之争，鹿死谁手?》绘制。

　　以水滴保、轻松保为代表的平台型保险中介自建生态场景引流，在垂直领域深耕并专注提供某一领域的险种。水滴保和轻松保都是聚焦健康险领域的互联网保险经纪平台，从母公司搭建的网络互助和公益众筹场景出发，探索出了一条差异化的保险中介发展路径。首先，借助集团内的互助和众筹等强相关场景，水滴保和轻松保迅速积累了大量客户，并对客户进行了充足的风险保障教育，激发了客户对保险的强需求实现销售引流。其次，庞大的用户体量为水滴保和轻松保带来了富有价值的用户信息和行为数据，为其开展产品定制和精准获客奠定基础。水滴保和轻松保基于大数据一方面给用户打上属性标签，在后续运营中结合场景向用户精准推荐保险，另一方面精准研判用户需求，运用数据化算法和产品模型反向定制多款创新健康险产品。最后，水滴保和轻松保将保险与健康管理和医疗服务深度链接，不断探索医疗健康服务的全流程覆盖，为健康险客户提供更全面的增值服务。图6-2展示了水滴保与水滴公司的其他业务线的互动关系，直观体现了以水滴保为代表的平台型保险中介如何以保险业务为核心打造生态场景的闭环。

图6-2　水滴保的商业模式示意图

资料来源：编者根据公开信息绘制。

**（三）独立的专业互联网保险中介平台**

　　在保险业数字化发展的趋势下，一批创业者瞄准保险行业在渠道端和产品端的痛点，创立高效链接保险公司与客户的互联网中介平台。这类平台通常从展销保险产品的功能出发，逐步拓展购买咨询、产品设计、理赔协助等服务，同时不断开发更先进的技术和模式以提高运营效率，设计出更符合市场需求的产品。

　　以慧择、小雨伞为代表的互联网保险中介平台致力于打造线上保险服务闭环，持续运用数字技术赋能产品运营与服务。慧择和小雨伞都是持有保险经纪牌照的互联网平台，以"定制化优质产品+全流程服务体系"构筑核心竞争优势。一方面，慧择和小雨伞与多家保险公司合

126

作，基于积累的大数据和目标用户画像定制更满足用户需求的保险产品。通过打造普惠化、定制化和高性价比的产品，互联网保险中介平台得以提升自身议价权和品牌口碑。比如，小雨伞基于少儿重疾"三高一低"的特点以及相应保险产品供给较少的市场现状，推出大黄蜂少儿重疾险，其保障全、保额高、保费低的特点得到了市场的肯定。另一方面，慧择和小雨伞在线上购保与售后的每个环节注入科技力量，打造"咨询—购买—核保—理赔"的交易服务闭环。以小雨伞为例，其沿着从售前咨询到售后理赔的保险全链条研发了人工智能投顾"静静"、智能核保"小智"、AICS 闪赔系统、啄木鸟智能风控系统等一系列技术，降低了用户自主选购保险产品的门槛，提高了服务效率。下面以慧择为例，展示独立的专业互联网保险中介平台如何通过搭建保险公司与保险客户的桥梁来推动公司营收增长。

## 小案例

### 慧择：打造"双引擎"商业模式，为保险客户与保险公司提供服务

慧择作为互联网保险经纪平台，不承担承保与投资风险，收入主要来自将保险产品推销至客户并收取相关佣金。借助自身的技术实力与业务经验，慧择一方面为保险客户提供从产品推荐到理赔结算的一站式互联网保险服务，另一方面为保险公司提供渠道、数据与技术支持，最终实现二者之间的良性循环，推动公司营收增长（见图6-3）。

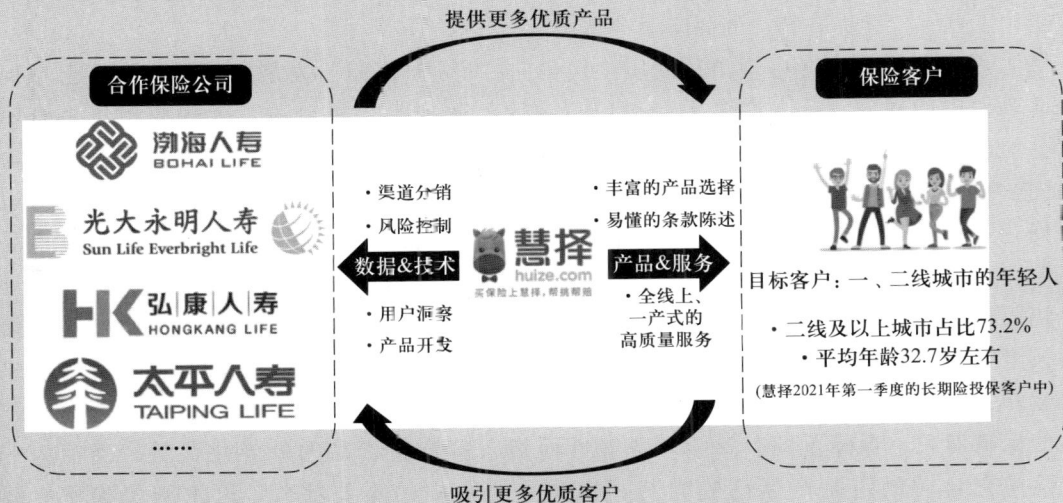

图 6-3 慧择"双引擎"商业模式

在保险客户端，慧择凭借丰富多样的保险产品、易于理解的保险单条款陈述和解释、高质量的客户服务等优势，吸引了大量保险客户，形成了庞大的客户群。同时，慧择的客户具有年轻化和受教育程度高的特点，客户质量高，符合保险公司的偏好。

在保险公司端，慧择首先可以为保险公司提供强大的产品分销能力，使其能更高效地在线接触到庞大且高质量的保险客户群。其次，慧择积累了超过5 000万保险消费群体的用户画像，打造了一个多维度的用户数据库。结合对海量数据的分析和团队的精算实力，慧择可

以与保险公司合作推出一系列弥补保险市场空白的高性价比产品。最后，慧择基于对海量数据的分析，可以为保险公司提供较强的风险管理能力和客户服务能力，使保险公司愿意在慧择的平台上提供更多优质产品，从而吸引更多客户，形成良性循环。

（资料来源：海通证券. 慧择保险：聚焦长期险业务，打造爆款定制产品，领跑中国互联网保险中介市场. 新浪财经，2021-05-24。）

### 三、平台型保险中介的主要特征

作为保险中介领域的一类新型主体，平台型保险中介在运用数字技术赋能保险业务的实践中呈现出一些共性。下面从平台型保险中介的核心竞争力、发展路径和收入来源三个方面总结其主要特征。

（1）数据和技术构筑起平台型保险中介的核心竞争力。一方面，平台型保险中介通过分析与挖掘丰富的场景数据，洞察用户需求，构建知识体系，联合保险公司针对市场不同阶段的保障空白和不同用户的痛点推出定制型产品。依托用户数据、跨行业知识和保险业务经验而生的定制型产品更加容易得到消费者的认可，再结合平台型保险中介的精准营销能力在多个合作伙伴平台上进一步宣传，可以成长为品牌标志性的爆款IP[①]。另一方面，平台型保险中介借助人工智能等数字技术，搭建与合作保险公司系统的对接通道，针对保险业务价值链的各环节设计智能化工具，持续提升客户的保险服务体验。

（2）平台型保险中介呈现出从同质化代销向"严选+定制"发展的趋势。在平台型保险中介蓬勃发展的现象背后，许多平台仍停留在原始的产品代销阶段，大规模销售来自不同保险公司的标准化产品。这种"大而全"的保险超市模式使用户在购买保险时容易因为平台在同一险种上承接的产品品类过多且条款相似而感到难以决策。部分中介平台在意识到这一问题后转变发展模式，以"严选+定制"的方式降低用户决策门槛，同时增强自身品牌的竞争力和影响力。一方面，平台型保险中介根据用户关注的维度甄选优质保险产品。比如，蚂蚁保在2022年2月上线"金选"服务，从服务理赔等五个标准建立保险产品的量化评估模型并对平台上的数百款产品进行打分，甄选出各细分险种的前10%的产品纳入"金选"榜单。另一方面，平台型保险中介基于用户需求洞察与保险公司合作开发新产品，从产品的保障对象、保障范围、保额保费等方面切入打造新产品的差异化优势。当前，平台型保险中介自营的定制产品已成为其销售产品矩阵中的重要部分。以水滴保为例，截至2021年12月水滴保平台累计提供364种保险产品，其中水滴保独家定制的保险产品贡献了超过90%的首年保费。

（3）平台型保险中介的收入来源更加多样化。平台型保险中介不仅仅将自身定位为保险销售渠道，更致力于成为保险行业的技术赋能者。因此，除保险销售佣金外，平台型保险中介还依靠自身强大的技术实力赋能保险行业，为合作的保险机构提供保险科技解决方案，从中获

---

① IP：Intellectual Property，字面意思为"知识产权"，现多指具有高品质和商业价值的跨媒介内容。若一个内容可以仅凭自身吸引力，挣脱单一平台的束缚，在多个平台上获得流量，则可以被称为IP。

得技术服务收入。此外，水滴保、轻松保等在医疗健康产业上已经具备一定资源整合能力的中介平台，未来可以进一步切入健康服务板块，为保险客户提供健康管理、在线问诊等更多的增值服务，拓展收入来源。

## 四、平台型保险中介与传统保险中介的差异

为了更加全面地理解平台型保险中介，表 6-5 从业务运营、产品理念、业务价值链三个层面简要列示了平台型保险中介与传统保险中介的差异，其中产品理念和业务价值链上的差异在保险代理人中表现得较为突出。

表 6-5　平台型保险中介与传统保险中介的差异

| 保险中介类型<br>比较维度 | 平台型保险中介 | 传统保险中介 |
|---|---|---|
| 业务运营 | 线上为主，B2C 和 B2B2C 两种线上获客方式 | 线下为主，"铺机构+招团队"的重成本发展模式 |
| 产品理念 | C2B 产品定制模式，以客户为中心，保险中介站在客户的角度，根据市场需求反向定制保险产品 | B2C 产品代销模式，以产品为中心，保险代理人站在保险公司的角度，倾向于销售佣金率高的产品 |
| 业务价值链 | 服务环节向价值链的前端和后端延伸，在销售外的其他业务环节为客户提供更高的价值 | 服务环节集中在销售端 |

从业务运营来看，平台型保险中介与传统保险中介的核心差异在于销售渠道不同。传统保险中介依赖广覆盖的销售与服务网点以及大体量的代理人触达客户，面对面的专业咨询是其主要的获客方式。平台型保险中介通过互联网渠道销售保险，主要通过直接营销和间接营销两种方式对接 C 端客户。一方面，平台型保险中介以 B2C 模式直接对接消费者，依托自建的生态场景或固有的巨型流量平台，在公司官网、App、微信小程序等自营平台上实现广泛获客。另一方面，平台型保险中介以 B2B2C 模式间接触达消费者，通过与第三方伙伴合作，利用他们的影响力和场景进行引流销售。常见的第三方合作伙伴包括社交媒体中的内容运营博主以及旅行网站、健康网站等特定场景平台。

从产品理念来看，平台型保险中介与传统保险中介的核心差异在于是否以客户为中心定制产品。传统保险代理人仅能销售合作保险公司提供的保险产品，且难免倾向于销售佣金率更高的产品。这使得传统保险代理人在一定程度上会站在保险公司的立场上销售产品，损失一定的中立性。平台型保险中介则突破了这种"以产品为中心"的销售范式，开创 C2B 的产品定制模式，用客户需求洞察撬动保险供给。平台型保险中介凭借平台优势可以接触到更大范围的客户群体，收集到数量更大、维度更多、反馈更快的客户数据样本，使其具备传统中介所没有的客户洞察能力。在此基础上，平台型保险中介对保险市场上的已有产品进行分析，继而与保险公司合作推出能够弥补市场空白、满足客户需求的"爆款"产品。

从业务价值链来看，平台型保险中介与传统保险中介的核心差异在于介入的价值环节不同。传统保险中介主要为保险公司销售保单，或为客户获取保险产品，服务的价值环节集中在销售端，竞争壁垒较低，模式易复制。在数字技术的赋能下，平台型保险中介介入更多的业务环节，或在更多的业务环节提供高质量服务。一方面，平台型保险中介通常拥有积累的客户数据、多行业的业务场景数据以及强大的科技实力，可以与保险公司合作开展客户需求分析、产品设计开发等业务。另一方面，平台型保险中介在线上提供核保理赔、保单保全等服务，并借助人工智能等数字技术提高为保险客户服务的个性化、精细化程度（见图6-4）。平台型保险中介提供全流程的高附加值保险服务，在为客户带去更多便利的同时，也有利于提升自身的竞争力和不可替代性。

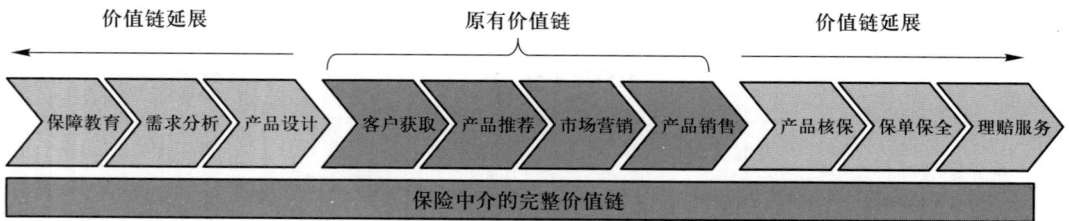

图6-4　保险中介的价值链延展

资料来源：编者根据普华永道、水滴保险研究院《中国保险中介行业发展趋势白皮书（2019）》绘制。

# 第三节　保险科技公司

在数字化浪潮下，并非所有保险机构都具备自建技术团队、自研技术应用的实力，许多保险行业主体都借助第三方技术服务商的力量开展数字化转型。本节将聚焦保险科技公司，即保险机构数字化转型过程中的技术赋能者，梳理其内涵、代表性企业和主要特征。

## 一、保险科技公司的内涵

保险科技公司是指利用云计算、大数据、人工智能、区块链等数字技术为保险机构提供服务的技术提供商。本书所讨论的保险科技公司通常不直接持有保险公司牌照或保险中介牌照，主要以技术提供商的角色向持牌机构提供IT建设服务、数据服务以及定位业务流程提升的保险技术服务。保险科技公司注重发挥自身的技术优势，从保险行业的某一痛点切入，积极探索数字技术在保险全价值链上的创新应用。从服务对象来看，保险公司、保险中介机构和保险代理人是保险科技公司赋能的三大重要主体，针对主体的业务与能力需求提供解决方案。

（1）服务保险公司。业务流程优化是保险科技公司服务保险公司的主要定位。保险科技公司通过为保险公司提供产品设计、销售、客户管理、风险控制等方面的技术服务，帮助保险公司降低成本，提高运营效率。

（2）服务保险中介机构。一方面，保险科技公司为中介机构提供核心系统的支持，在"前台"为代理人提供高效、便捷的展业工具，在"后台"为机构提供自动化、智能化的运营管理系统。另一方面，保险科技公司为中介机构搭建与合作保险公司之间的接口，帮助中介机构达到信息化合规要求[①]。比如，保险科技服务商智保云通过设计渠道上云、接口预对接等方案，解决保险中介机构与保险公司在数据与业务上的对接难题。目前，智保云已与近百家保险公司建立了数据通道，协助众多中介机构实现与多家保险公司产品接口的对接。

（3）服务个人保险代理人。保险科技公司从个人保险代理人的需求出发，针对其在产品、能力和客户上的诉求开发一站式的技术解决方案。以保险科技服务平台 i 云保为例。在产品方面，i 云保与市场上超百家保险公司对接，以消费者需求为导向为代理人提供大量高性价比的保险产品。在能力方面，i 云保一方面为代理人提供产品对比、保单分析、预核保等展业工具，提升代理人的工作效率；另一方面提供学习和资讯平台对代理人的专业能力进行系统培训。在客户方面，i 云保对客户进行标签化管理，将特定人群推送至术业专攻的代理人，帮助代理人解决开拓客源难的痛点。

值得注意的是，除了独立为保险行业主体提供技术支持的服务提供商，大中型险企和互联网保险公司为顺应科技浪潮，积极筹建科技子公司。这些保险公司希望利用科技子公司灵活的机制快速布局数字化转型的相关产业链，为险企本身的互联网渠道和其他业务赋能。部分布局较早的科技子公司不仅服务集团内部，同时对外输出技术服务。例如，众安保险旗下的众安科技是采取"内外兼修"模式的代表，其服务的保险产业链客户达到 109 家，2021 年的技术输出收入达到 5.2 亿元，同比增长 42.5%。表 6-6 展示了部分由保险公司成立的科技子公司。

**表 6-6　代表性保险系科技子公司**

| 保险公司 | 科技子公司 | 子公司成立时间 |
| --- | --- | --- |
| 中国平安 | 平安科技 | 2008 年 9 月 |
| 中国太平 | 太平金科 | 2009 年 1 月 |
| 众安保险 | 众安科技 | 2016 年 7 月 |
| 中国人保 | 人保科技 | 2022 年 1 月 |
| 中国太保 | 太保科技 | 2022 年 2 月 |

## 二、保险科技公司的代表性企业

保险科技公司的主营业务非常多元。不同公司从保险产业链上的不同位置切入，以数字技术解决不同保险行业主体所面临的痛点。按主营业务来划分，当前保险科技公司主要提供 IT 解决方案、SaaS 服务、风控理赔和健康险 TPA 服务四类业务。

### （一）提供 IT 解决方案的保险科技公司

保险科技公司提供的 IT 解决方案经历了在系统架构和开发模式上的转变。传统保险业 IT

---

解决方案提供商的核心产品包括核心业务系统、渠道系统和管理系统。核心业务系统由多个流程和功能模块构成，不同险种拥有单独的核心系统，支持各类保险业务开展。渠道系统包括营销管理、电子商务等子系统，辅助核心系统进行营销展业。管理系统包括客户关系管理、财务管理等子系统，主要负责保险公司的日常事务管理。然而，这种传统的系统集成模式在数字化时代暴露出了系统封闭、拓展性差的弱点，无法支持保险公司更高效的产品开发及日常运营。因此，提供保险 IT 解决方案的企业顺应行业数字化升级的趋势，一方面推动保险 IT 系统上云，开发保险行业的云服务解决方案；另一方面打造跨行业的信息桥梁，建立开放平台连接其他行业场景，以数据驱动产品与服务的持续迭代。

我国保险 IT 解决方案行业的市场集中度较高，中科软、易保网络和软通动力是三大龙头企业。表 6-7 梳理了这三家保险科技公司的经营概况。

表 6-7　提供 IT 解决方案的代表性保险科技公司概况

| 名称 | 成立时间 | 地点 | 经营特点 |
|---|---|---|---|
| 中科软 | 1996 年 5 月 | 北京 | 中科软依托中国科学院雄厚的人才优势和领先的科研成果，长期活跃在中国行业信息化建设的前列，是从事计算机软件研发、应用、服务的大型专业化高新技术企业。公司以行业应用软件开发为核心，业务涵盖应用软件、支撑软件、系统集成等应用层次，可为客户提供大型行业应用解决方 |
| 易保网络 | 2000 年 6 月 | 上海 | 易保网络致力于为保险行业的创新及连接提供技术赋能，满足数字时代保险公司对海量业务、高频变化及提供个性化产品的要求。其提供的解决方案包括易保云中台以及一系列保险业务应用 |
| 软通动力 | 2005 年 11 月 | 北京 | 软通动力是中国领先的软件与信息技术服务商，长期提供软件与数字技术服务和数字化运营服务。其中，软件与数字技术服务包括咨询与解决方案、数字技术服务和通用技术服务，数字化运营服务包括客服、数字内容和业务流程服务 |

资料来源：编者根据公开信息整理。

### （二）提供 SaaS 服务的保险科技公司

SaaS 是保险科技公司在云计算领域的主要切入点。保险机构对云计算的需求可以分为 IaaS、PaaS 和 SaaS 三个层面。其中，SaaS 服务直接为保险机构提供业务应用，省去了保险公司自建 IT 架构和团队的成本，帮助保险机构快速获得展业和管理平台。由于 SaaS 服务具备提高服务流程效率、降低高成本投入等优势，行业对 SaaS 的需求较大，使其成为保险行业技术输出的主要模式以及保险科技公司在云计算领域的主要切入点。聚焦 SaaS 服务的保险科技公司主要服务中小保险公司和保险中介公司，结合客户的业务需求为其提供轻量化、模块化的技术支持。

当前，我国保险 SaaS 赛道的竞争者众多，行业集中度低，产品同质化问题较严重。因此，根据保险机构的个性需求提供差异化产品和增值服务成为保险科技公司构筑行业竞争力的关键。表 6-8 梳理了我国代表性的保险 SaaS 技术提供商的经营概况。

表 6-8　提供 SaaS 服务的代表性保险科技公司概况

| 名称 | 成立时间 | 地点 | 经营特点 |
|---|---|---|---|
| 南燕保险科技 | 2014 年 9 月 | 上海 | 南燕保险科技是第三方保险电子商务综合服务平台，是全球领先的一体化保险科技服务提供商，致力于为保险公司、再保险公司和保险中介机构提供从产品、销售、管理到理赔、TPA、健康服务等业务全流程的综合解决方案 |
| 豆包网 | 2015 年 7 月 | 北京 | 豆包网是保险业智能科技服务提供商，为保险公司、中介机构和企业客户、第三方增值服务商提供智能营销、智能客服、智能理赔、智能运营、职域裂变等"SaaS+小程序"一站式整体解决方案 |
| 微保科技 | 2014 年 4 月 | 北京 | 微保科技是为保险行业提供保险交易数字化综合解决方案的企业服务科技公司，形成了包括"微小保"（聚合保险支付 SaaS 平台）、"微云保"（聚合保险产品 SaaS 平台）等综合保险科技服务方案，助力保险行业全面实现支付和交易的数字化转型及行业整体效率提升 |
| 力码科技 | 2017 年 8 月 | 北京 | 力码科技致力于为保险机构提供保险 SaaS、保险产品供应链等综合技术解决方案。在保险 SaaS 方面，力码科技的营销 SaaS 平台拥有上百个独立模块，供客户根据自身业务特点订阅需要的模块。在产品供应链方面，力码科技的产品推荐算法和供需匹配规则可以帮助客户快速对自身公司的供应链产品进行上架、培训和销售等操作 |

## （三）聚焦风控理赔领域的保险科技公司

在风控领域，保险科技公司运用大数据技术赋能保险公司的核保风控。保险科技公司接入不同数据源收集客户的多维度数据，再结合合作险企的内部数据进行建模，从而对客户风险进行评分预测，提升保险公司在核保环节对风险因素的感知、预测和防范能力。保险科技公司的风控能力还可以为保险公司的产品开发提供支持，帮助保险公司推出责任设计与产品定价优势突出、风险有限可控的保险产品。

在理赔领域，保险科技公司专注于理赔流程的流畅化、自动化。保险科技公司基于人工智能等数字技术提供理赔管理软件及移动应用，在理赔流程中进行自动化的数据抓取与分析，同时提供远程侦查技术以协助理赔。车险定损是科技公司在理赔环节瞄准的重要场景。保险科技公司向保险公司提供智能定损平台，在线连接查勘员、客户与维修点，支持视频取证、图片定损等智能化应用，解决现场查勘成本高、定损人为因素高等痛点。

表 6-9 梳理了我国聚焦风控理赔领域的代表性保险科技公司的经营概况。

表 6-9　聚焦风控理赔领域的代表性保险科技公司概况

| 名称 | 成立时间 | 地点 | 经营特点 |
|---|---|---|---|
| 亿保创元 | 2016 年 9 月 | 北京 | 亿保创元是一家聚焦保险数字化风控的保险科技公司。其依托深厚的保险行业数据应用知识积累和算法建模能力，创建保险数字化风控服务平台，为保险公司提供贯穿保单全生命周期的数字化风控应用整体解决方案和一站式平台服务 |
| 商涌科技 | 2017 年 8 月 | 上海 | 商涌科技是一家致力于推动保险科技发展的大数据科技公司。公司通过深度挖掘与解析保险产品运营各个环节的痛点，借助人工智能、大数据、蛋白组学等前沿科技，精准风险评级，定制保险产品，构建涵盖产品创新、客户服务等延伸服务的全面风控体系综合解决方案，提升保险公司产品竞争力，改善客户服务体验 |
| 爱选科技 | 2017 年 4 月 | 北京 | 爱选科技自成立以来坚持深耕老年人、带病体、全人群互动式保单等全新商业领域，并始终保持与国内外知名学术机构的长期研究合作，主要侧重于大数据、精算科学和人工智能在保险与医疗健康领域的应用，追求更快、更准、更科学地识别、预测、管理疾病风险与死亡风险 |
| 智勘科技 | 2019 年 1 月 | 上海 | 智勘科技开发了智能视频查勘定损平台，颠覆了保险行业车险理赔的传统模式。该平台依托云通信、人工智能和大数据分析能力，协助保险公司快速完成查勘定损流程，解决现场查勘成本高、用户等待时间长等痛点 |

资料来源：编者根据公开信息整理。

### （四）聚焦健康险技术领域的保险科技公司

随着医疗大数据以及医疗健康服务与保险的结合日益紧密，涌现出一大批聚焦健康险技术领域的保险科技公司。这些公司在长期的业务经营中积累了大量值得保险行业挖掘的价值，包括医疗数据的价值、与医疗服务机构连接的价值、技术价值等。因此，它们以"保险+医疗+医药"的专业能力为服务基础，以互联网医疗和健康科技为手段，帮助保险公司打造高度数字化和科技化的健康险服务闭环。

聚焦健康险技术领域的保险科技公司从产品设计、增值服务、风控理赔和健康管理四个方面赋能保险公司。在产品设计方面，保险科技公司在业务过程中通过连接医院、药企积累相关数据，建立医学知识图谱，以协助保险公司定制针对非标体人群或新型医疗服务需求的保险产品。在增值服务方面，保险科技公司运用互联网医疗的模式，整合优质医疗资源，帮助保险公司将线上问诊、就诊绿通、送药上门等服务嵌入保险产品。在风控理赔方面，保险科技公司结合医学知识图谱、AI 算法以及广泛的服务网络，帮助保险公司在核保端精准识别客户风险、快速筛选人群，在理赔端直连医疗机构、降低欺诈风险。在健康管理方面，保险科技公司借助多种智能硬件和可穿戴设备追踪客户的健康状况，对相关健康数据进行分析和量化评估后，生成个性化的干预方案，从而帮助保险公司响应慢性病、亚健康人群的健康管理需求。

表 6-10 梳理了我国聚焦健康险技术领域的代表性保险科技公司的经营概况。

表 6-10　聚焦健康险技术领域的代表性保险科技公司概况

| 名称 | 成立时间 | 地点 | 经营特点 |
|---|---|---|---|
| 镁信健康 | 2017 年 8 月 | 上海 | 镁信健康作为"互联网+医+药+险"生态闭环的创立者，致力于通过创新医疗支付模式，连接患者、药企以及商保公司，推动金融工具与医疗领域的深度融合。镁信健康重点关注新特药、慢性药、罕见药、器械领域的医疗支付服务，围绕创新支付、商保PBM、药品福利为患者提供价值 |
| 暖哇科技 | 2018 年 10 月 | 上海 | 暖哇科技致力于深度融合健康保险与医疗生态，依托专业健康保险能力和丰富医疗数据资源，为保险公司及互联网平台打造数字化和科技化的健康险服务闭环，提供产品定制服务、公域/私域流量转化服务、风控服务、理赔服务、健康管理解决方案、客户数字化经营等全栈式解决方案，助力健康险行业数字化升级和降本增效 |
| 圆心惠保 | 2019 年 4 月 | 北京 | 作为一家综合型商业险服务供应企业，圆心惠保深耕惠民保险、药品保险、健康管理和理赔调查四大优势服务领域，全方面覆盖以"医—患—药—险"为链条的各个环节。为保险公司提供产品精算定价、风险控制、用户获取解决方案以及特药和健康管理等高附加值服务；为药企提供个性化保险定制服务，促进保险与互联网医疗健康联动，构建线上线下新生态 |
| 诺惠医疗 | 2018 年 11 月 | 上海 | 诺惠医疗是一家专业的创新模式医疗支付和保险解决方案提供商。针对重大疾病输出用药报销、疗效保障、用药保障等商业健康险方案和支付方案。通过提供深度医疗场景化的方案，降低患者自费费用，提高用药可及性 |
| 妙健康 | 2013 年 6 月 | 北京 | 妙健康是一家以健康行为大数据和人工智能为基础的健康科技公司。妙健康帮助保险公司打造数字化中台，提供"ABCDS"解决方案。从保前、保中、保后不同场景，对代理人营销（A 端）、保险公司（B 端）、保单用户（C 端）、健康管理及医疗服务智能分发平台（D 端）的多维度需求提供对应的健康管理服务及医疗服务（S 端），重塑健康管理对于保险行业的价值 |

## 三、保险科技公司的主要特征

不同类型的保险科技公司虽然有各自的主营领域，但在运用数字技术赋能保险行业主体的实践中仍呈现出一些共性。

（1）保险科技公司以专业和科技立本，拥有业务和技术的双重优势。众安科技前 CEO 陈玮曾说："我们输出的不是纯技术，而是行业解决方案或者一种新的业务模式。"科技与业务的高度融合是保险机构数字化转型的关键所在，这决定了保险科技公司不仅需要有深厚的技术积累，而且要有深刻的业务场景理解能力。当前，不少保险科技公司都具备较强的保险行业背景，员工在保险行业长期扎根的经历使公司更能从保险行业的痛点出发提供解决方案。比如，南燕保险科技创始人龚勋在创业前曾在保险行业深耕 20 余年，几乎在所有核心部门都有任职经历，为南燕提供全链条的保险 SaaS 服务奠定了基础。在洞察业务运作逻辑的基础上，保险科技公司利用自身技术优势，为保险机构提供系统架构、数字技术应用等方面的支持，解决保险机构信息化程度低、业务流程效率低的问题。

（2）保险科技公司呈现出从服务保险到覆盖生态的发展方向。保险科技公司不局限于帮助保险机构解决服务流程中的种种痛点，同时还通过先进的科技手段和丰富的数据积累为保险公司连接更多产业链主体，识别更多场景中的风险管理需求。一方面，保险科技公司帮助保险公司联通保险行业中的其他重要参与主体，从而为客户提供更流畅的服务体验。比如，保险科技服务商 CCCIS 让整车厂、维修企业、零配件供应商等主体在数据、定损和维修方案层面与保险公司对接，借助平台体系让以往博弈的这些主体达到合理的平衡状态，共同为车主提供服务。另一方面，保险科技公司将以往由于缺乏数据和模型而不可保的风险转化为可保风险，对定价不精准的风险进行精确承保，从而拓展保险公司的服务领域。比如，综合型健康险服务供应商圆心惠保依托强大的技术实力以及合作医疗机构、药企的专业能力，创新性地推出了为新特药设计的惠民保险、药品保险，为带病人群设计的定制保险等产品。

## 本章小结

本章聚焦数字保险的三大新型主体，分别对三类主体的内涵、代表性企业、特征进行了梳理，并对比了互联网保险公司与传统保险公司、平台型保险中介与传统保险中介的差异。

互联网保险公司拥有监管部门颁发的保险牌照，主要依托互联网渠道开展保险业务。互联网保险公司致力于运用数字技术重构保险行业现有的产品结构、运营和服务模式，打造互联网保险生态圈。平台型保险中介将传统的经纪/代理业务向线上转移，并进一步运用数字技术提升保险服务质量。定制化的优质产品和全流程的服务体系是平台型保险中介构筑核心竞争力的两个关键点。保险科技公司以技术提供商的角色向保险机构提供 IT 建设服务、数据服务以及定位业务流程提升的保险技术服务。保险科技公司赋能保险公司、保险中介机构和保险代理人三大主体，积极探索数字技术在保险全价值链上的创新应用。

## 思考与练习

1. 数字保险的新型主体有哪些？
2. 互联网保险公司在传统保险公司的基础上有哪些创新发展？
3. 互联网巨头在开展保险中介业务上具备哪些独特优势？
4. 平台型保险中介对比传统保险中介有哪些优势？
5. 保险科技公司从哪些方面为数字保险行业赋能？
6. 三类数字保险新型主体之间形成了怎样的互动关系？

即测即评

参考文献

[1] 清华大学五道口金融学院中国保险与养老金研究中心. 2018 全球保险科技报告 [M]. 北京：清华大学出版社，2018.

[2] 清华大学金融科技研究院互联网金融实验室，清华大学金融科技研究院阳光互联网金融创新研究中心. 保险科技：国际创新实践 [M]. 北京：经济科学出版社，2018.

# 第七章　数字保险的风险管理

通过本章学习，学生应能够：掌握风险与风险管理的基本概念；了解数字保险面临的新型风险；从政府机构与保险机构的视角出发，了解数字保险的新型风险管理。

## 导读案例

### 隐私计算——兼顾数据价值和数据安全

在数字经济时代，数据流通和共享可以为保险机构创造巨大价值，但同时也扩大了保险机构的风险敞口。保险机构隐私泄露事件发生的频率与范围都在不断增加和扩大。2020年末，瑞典最大的保险公司Folksam被查出与数字合作伙伴共享了近百万客户的个人信息，并且这些信息已在社交媒体上泄露。2021年5月，法国安盛保险公司在亚洲的分公司遭勒索软件攻击，造成部分数据泄露。同年6月，南非保险服务商QSure的用户银行账户信息等敏感信息被第三方盗取。

数据价值实现与数据隐私保护之间的矛盾促进了隐私计算的发展。隐私计算是指在不泄露原始数据的前提下，对数据进行分析计算的一系列信息技术。隐私计算在业界已有应用。例如，神州融安数字科技有限公司与医院、卫健委和医保局通过"融安隐私网关"构建了基于隐私计算的医保智能风控平台。该平台打造了保险机构与医院、卫健委和医保局之间的核保风控通道，很大程度上提高了保险机构的核保效率，降低了保险纠纷的比例。此外，保险机构通过访问该平台，一方面可以获取全行业数据进行联合分析建模，提高模型的准确性，将其应用于实际业务场景；另一方面避免直接访问各单位的数据所产生的法律风险和隐私泄露风险，最大限度兼顾数据价值实现和数据安全保护。

（资料来源：神州融安官网。）

神州融安数字科技有限公司运用隐私计算技术实现数据"可用不可见"，兼顾数据价值和数据安全，从而有效防控数据共享中的隐私泄露风险。在数字经济时代，数字保险还会遇到其他各种新型风险。如果政府机构和保险机构不能对其进行有效的风险管理，可能导致保险机构自身亏损或倒闭，甚至危及整个金融体系的安全与稳定。

2022年1月26日，银保监会印发《关于银行业保险业数字化转型的指导意见》，提出加快数字经济建设，全面推进保险业数字化转型，推动金融高质量发展。在推进保险业数字化转型的过程中会遇到哪些新型风险？政府机构和保险机构该如何进行有效的风险管理？这些问题近年来受到监管者和业界持续关注，也是本章将探讨的内容。本章第一节将阐述风险和风险管理的概念；第二节分析数字保险面临的新型风险；第三节探讨数字保险新型风险的管理。通过学习上述内容，本章将帮助读者形成对数字保险风险管理的初步认知。

# 第一节　风险与风险管理

数字保险面临多种新型风险，因此如何有效进行数字保险的风险管理是近年来备受业界和监管者关注的问题。明确风险的基本概念是进行风险管理的前提。本节将阐述风险的基本概念、特征及分类，并介绍风险管理的概念和流程。

## 一、风险的概念及特征

### （一）风险的概念

风险作为一个比较成熟的概念，已有诸多文献予以探讨。在许多保险学的教科书中，风险通常被解释为"损失的不确定性"（Robert，1986；Kulp 和 John，1968）。这个定义存在两处不足：第一，风险并不能等同于不确定性，风险是可以度量的不确定性，不可以度量的不确定性并非风险（Knight，1921）[①]；第二，风险使得各种可能结果与预期偏移，产生的影响是双向的，即可能使经济单位获得收益或者遭受损失（Pratt，1964；Roure 和 Maidiqu，1986；Kmec，2011）。大多数学者认可《ISO31000 风险管理标准》中对风险的定义，即风险是不确定性事件对经济单位目标的影响（吕文栋等，2019）。这进一步说明，风险产生的外因是不确定性事件，风险的大小体现在目标与预期偏离的程度。由此，本书将风险定义为：风险是指由于不确定性事件的存在，经济单位出现最终损失和收益的可能性。

### （二）风险的特征

风险主要有以下四大特征。

1. 客观性

风险是客观存在的。风险独立于人的主观意志而存在，不以人的主观意志为转移。自然界的风暴、洪水、火灾、地震等天灾，经济领域的倒闭、挤兑等经济事件，分别是由自然界的物质运动及人类社会的规律决定的，并不会随人的主观意志而转移。风险的客观性表现在可以用客观尺度与期望值来测度。风险的客观性意味着风险管理是可行且必要的。

---

[①]　传统风险管理理论在定义风险时囊括了"不可度量的不确定性"，在风险衡量时普遍使用概率论的方法对各种不确定性进行度量，导致了研究问题和研究方法的不匹配。

2. 普遍性

风险是普遍存在的。随着科技进步和生产力水平提高，人们不断发明和创新控制风险的方法，但同时新的风险也在不断产生。自然界内力和外力的相互作用，能量的积蓄和爆发是导致各种自然灾害的原因。宏观经济决策的失误、经济结构的不合理性、利率和汇率的变动等都会导致经济风险。科学技术的发展在为人类带来益处的同时，也给人类带来了新的不确定事件。

3. 不确定性

风险是不确定的。风险产生的根源是事物发展未来状态所具有的不确定性，因此不确定性是形成风险的基本因素之一（吕文栋等，2019）。不确定性导致两种可能结果：一是带来意外收益，即风险收益；二是带来意外损失，即风险成本或风险损失。不确定性体现在风险是否发生不确定、发生时间不确定、发生地点不确定以及发生结果不确定。

4. 可识别性

风险是可识别的。经济单位可以通过分析过去的统计资料，判断某种风险发生的可能性以及可能造成影响的程度。风险的可识别性是进行风险管理的前提。现代风险管理理论已经为经济单位提供了一系列风险识别和控制的技术方法，经济单位可以运用这些方法，研究风险以及风险损失发生的规律，从而有效地进行风险管理。

## 二、风险的分类

不同风险在发生起因、导致结果与影响范围上会存在差异性，因此对风险进行分类是实施有效风险管理的前提。经济单位可通过风险的分类明确可以衡量和控制的风险，并根据自身对风险的承受能力，实施有效的风险管理，以最小成本获得最大安全保障。

### （一）静态风险和动态风险

按照风险的起因分类，风险可分为静态风险和动态风险。静态风险是在经济条件没有变化的情况下，自然行为和人们的失当行为形成的损失可能性。例如，火灾、车祸和个人不诚实的行为会造成经济损失。静态风险于社会无益，并具有一定的规律性和可预测性。动态风险是经济条件变化造成的风险。例如，价格水平和技术变化可能使经济单位和个人遭受损失或收益。与静态风险相比较，动态风险因缺乏规律性而难以预测。

### （二）纯粹风险和投机风险

按风险的结果分类，风险可分为纯粹风险和投机风险。纯粹风险是只有损失机会的风险，如火灾、暴雨、车祸、地震等。一般而言，纯粹风险事件通常会重复出现，服从大数定律，因此具有可保性[①]。投机风险是既有损失机会也有收益机会的风险，如投资股票、购买期货、经营房地产等。投机风险是多变的，大多难以量化和预测，因此是不可保的。大多数投机风险属于动态风险，大多数纯粹风险属于静态风险。

---

① 可保风险一般满足损失的非一般性、偶然性、可统计性、损失或收益程度的可确定性和非巨灾性。

### （三） 系统风险和异质风险

按照风险的范围分类，风险可分为系统风险和异质风险。系统风险的影响范围是非个人和非单独的，属于团体风险，大部分是由经济、自然灾害、社会和政治原因引起的，可能影响到整个社会。例如，大规模失业、通货膨胀、地震、洪水都属于系统风险。异质风险的影响范围是个人和单位的。例如，住宅发生火灾和银行被盗窃属于异质风险。从风险管理的角度看，系统风险对个人而言是不可控制的，因此政府机构需要承担对这类风险的管理责任。例如，针对大规模失业政府使用社会保险来管理的重大风险；针对地震和洪水灾害需要动用政府基金。而异质风险的管理主要由个人和单位负责，一般采用购买商业保险等措施。

## 三、风险管理的概念及流程

风险管理是指对经济单位所面临的风险进行识别、衡量和控制，以最小成本获得最大安全保障的过程。风险管理的概念包括以下几个方面：① 风险管理的主体是经济单位，包括个人、家庭、企业、社会团体和政府机构、跨国集团、国际联合组织、国家等；② 风险管理的目标是以最小成本获得最大的安全保障；③ 经济单位就是基于上述目标，运用风险识别、风险衡量、风险控制等一整套管理方法对风险进行管理。无论是企业还是政府机构，风险管理的流程大致相同，包括风险识别、风险衡量、风险管理措施选择、风险管理效果评价四个步骤，下文以企业为例讲述风险管理的流程。

### （一） 风险识别

风险事件、风险因素和风险结果三者与风险息息相关[1]。因此风险识别需要从这三方面切入，对企业所面临的风险事件、风险因素及其结果加以识别。具体包括以下四个步骤：① 全面总结和归类风险承受对象——企业人员和资产；② 识别与判断人和物所面临的风险事件；③ 分析企业面临的风险因素；④ 分析和归类风险造成的结果。风险清单识别法是风险识别的常用方法，企业可以通过编制类似表7-1所示的风险清单来收集风险信息。

**表 7-1 风险识别清单**

| 风险承受对象 | 风险事件 | 风险因素 | 风险结果 |
|---|---|---|---|
| 执行人员 | 山坡陡滑，人员滑落山下 | 1. 事先未了解地形特点<br>2. 踏勘时没有注意周边地形 | 人员伤亡 |
| 设备倾倒 | 挖掘设备随塌方的沟壁失衡倾倒 | 1. 挖掘机距离管沟过近<br>2. 管沟壁土质松软<br>3. 横坡、纵坡施工时操作不当 | 人员伤亡<br>设备损坏 |

资料来源：编者根据吉林梦溪工程管理有限公司风险识别清单整理。

---

① 风险事件是指造成风险的直接原因或条件；风险因素是指引起风险事件发生的因素、增加风险事件发生可能性的因素，以及在事件发生后造成损失/收益扩大的因素；风险结果是指非预期的损失/收益。例如，火灾是风险事件，木结构的房屋是风险因素，固定资产减值是风险结果。

## （二）风险衡量

风险衡量包括两个步骤：① 风险估算，即在风险识别的基础上，估算损失或收益发生的概率和幅度；② 风险评价，即依据企业的风险态度和风险承受能力，对风险的相对重要性进行分析。风险衡量包括定性分析和定量分析，需要一定的专业技术知识，如概率统计。风险估算是一项极其复杂和困难的工作，尤其是对发生概率低但损失巨大的风险的估算，如核风险。由于缺乏足够的历史数据，企业对于这类风险很难应用传统的统计方法进行估算，必须探索新的途径。得到风险估算的结果以后，企业还要根据自身的风险态度和风险承受能力对风险给出主观的评价。

## （三）风险管理措施选择

根据风险衡量的结果，本着企业价值①最大化的目的，企业要选择适当的措施进行风险管理。图 7-1 把企业风险管理的措施大致分为三类：损失控制、内部风险抑制和损失融资。风险控制是指损失控制及内部风险抑制两类方法，而损失融资属于风险的财务处理方法（Scott 和 Gregory，2011）。在风险管理框架中，风险控制侧重于事前防范，损失融资侧重于事后补偿。

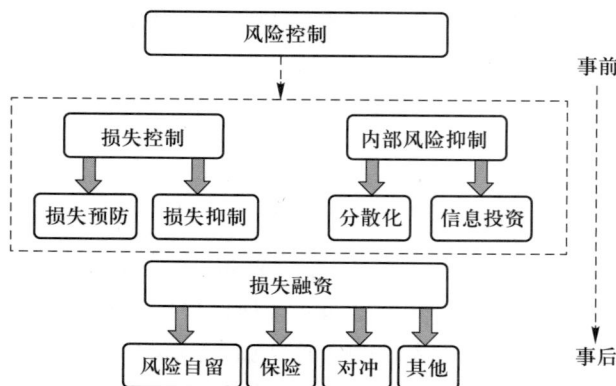

图 7-1 企业主要的风险管理措施

资料来源：编者根据 Scott 和 Gregory（2011）绘制。

损失控制是指以降低损失频率或损失程度为目的的措施，包括损失预防和损失抑制两类措施。一般来说，降低损失频率的措施称作损失预防措施，降低损失程度的措施称作损失抑制措施，也有的措施具有同时减少损失频率和损失程度的作用②。避免风险是损失控制的一种极端情况，具体指企业主动放弃极有可能产生重大风险损失或损失事故发生后损失程度很严重的某项活动或业务。

内部风险抑制是企业通过内部业务的管理调整来降低风险发生可能性的各种措施。内部风

---

① 企业价值：企业预期自由现金流量以其加权平均资本成本为贴现率折现的现值。
② 还有一种常见分法，将损失控制划分为两种：一是减少风险事故的数量；二是提高对风险事故可能造成的损失的预防能力。第一种方法虽然在一定程度上减少了风险事故的损失，但也同时丧失了可能伴随着的收益。第二种方法重视提高自身的预防能力，如全面的安全检测以及安装安全保障设备等。

险抑制主要有两种方法：① 分散化。分散化是指企业通过分散经营活动从内部降低风险。例如，企业可以通过持有不同国别、不同币种，或者相关性较低的货币，从内部来降低外汇风险。② 信息投资。企业通过投资人力、物力和财力购买决策所需信息和风险管理方案等，可以对未来的不确定性因素做出较为准确的分析，从而有效地进行风险管理。例如，为降低产品价格风险，企业可以对不同产品潜在需求情况进行市场调研，对未来商品价格波动进行预测。

损失融资是指以损失发生后能够获取资金补偿为目的，在风险事件发生前所做的一系列融资决策。根据资金来源不同，损失融资行为可分为风险自留（资金来自企业内部）和风险转移（资金来自企业外部）。风险自留包括建立损失储备基金和建立自保公司①，以便在损失发生时能够尽快恢复原状。风险转移包括购买保险和对冲等。购买保险和对冲是两类重要的损失融资行为，分别应对可保的纯粹风险和投机风险。投机风险大多是不可保的，因此需要采取对冲的方式进行损失融资。例如，面对突发市场风险，基金经理可以通过做空股指或利率期货，对其投资组合进行风险对冲。

**（四）风险管理效果评价**

风险管理效果评价是对风险管理技术②的适用性和收益性情况进行分析、检查、修正与评估。风险管理技术的适用性和收益性均取决于成本和安全收益两个指标。其中成本等于企业采取某项风险管理技术所支付的各项费用与机会成本之和；安全收益程度等于企业采取该项风险管理技术后减少的直接损失和间接损失之和；从适用性来讲，若成本高于安全收益，说明该项风险管理技术并不适用，反之则该项技术具有适用性。从收益性来讲，效益比值越大，说明该项风险管理技术收益性越高；反之则说明该项技术收益性越低。即在各项可供选择的技术中，若某项技术的效益比值最大，则该项技术为最佳技术。

$$效益比值 = \frac{安全收益}{成本} = \frac{采取了该项技术后减少的直接损失和间接损失}{采取某项技术所支付的各项费用 + 机会成本}$$

在风险管理的实践中，企业会根据风险管理效果评价的结果反馈不断完善风险识别技术，此外由于风险的普遍性和人们的认知水平的阶段性，风险识别、风险衡量、风险管理措施选择以及风险管理效果评价的整个风险管理流程并不是直线型的，而是周而复始的循环。

# 第二节 数字保险面临的新型风险

数字保险市场主体面临的风险虽不尽相同，但却互相耦合。例如，隐私泄露风险不仅危及保险机构的经营、投保人的个人隐私，还与金融市场稳定和国家安全紧密相关。本节将梳理数字保险面临的新型风险，具体包括网络攻击风险、算法风险、隐私泄露风险和市场垄断风险。同时，本节将从消费者权益、行业创新与社会稳定性三个角度，分析上述新型风险可能带来的社会影响。

---

① 经济单位自身成立保险公司，其保险对象是本单位。
② 风险管理技术包括在风险识别、风险衡量、风险控制流程中采用的技术。

## 一、数字保险面临的新型风险

在数字经济时代，数字保险面临的传统意义上的风险仍然存在，如信用风险、市场风险、操作风险、流动性风险等（魏巧琴，2002）。除此以外，数字保险还面临着新型风险，包括网络攻击风险、算法风险、隐私泄露风险和市场垄断风险。

### （一）网络攻击风险

网络攻击风险是网络攻击者针对系统存在的漏洞进行攻击，使保险机构面临安全隐患的风险。根据世界经济论坛发布的《2020 年全球风险报告》，数据诈骗、大规模数据泄露、网络攻击等风险被列为未来最有可能发生且影响最大的风险。[1] 保险机构由于用户数量多、资金量大且数据规模大，更加容易成为黑客攻击的目标。2021 年 3 月 21 日，美国第七大商业保险机构 CNA Financial 遭到勒索软件攻击[2]，导致该机构的员工和客户服务中断了三天。

（1）保险机构运用的底层基础技术整体上仍处于发展初期，安全漏洞问题不容忽视。底层基础技术在底层代码、逻辑结构和基础设施等方面的设计和建设仍然相对薄弱，存在许多潜在的漏洞。如表 7-2 所示，区块链和物联网技术均存有多种不同类型的安全漏洞，增加了网络攻击的安全隐患。

表 7-2　区块链和物联网的常见安全漏洞

| 技术 | 安全漏洞 | 描述 | 安全隐患 |
|---|---|---|---|
| 区块链技术 | 公链漏洞 | 区块链可能面临超过 50% 算力攻击[3] | 数据篡改、财产损失 |
| | 数据结构漏洞 | 区块链可能被攻击者恶意分叉[4] | 双重支付[5] |
| | 智能合约漏洞 | 在智能合约终止前重新进入函数[6] | 财产损失 |
| 物联网技术 | 设备漏洞 | 物联网设备的软件或硬件中存在漏洞 | 设备被攻击者操纵 |
| | 加密技术漏洞 | 物联网设备发送的数据由于缺少加密被攻击者截取 | 隐私泄露 |
| | 访问控制漏洞 | 攻击者可对物联网系统或设备进行未经授权的访问 | 非法访问、数据泄露 |
| | 网络节点漏洞 | 攻击者通过恶意软件或病毒感染某个物联网设备节点攻击物联网 | 设备被操纵 |

资料来源：编者根据江沛佩等（2021）和张玉清等（2017）的研究与其他公开资料整理。

---

[1]　世界经济论坛. 2020 年全球风险报告. https://cn.weforum.org/reports。

[2]　勒索软件攻击：一种限制或阻止用户使用计算机系统的恶意软件攻击。黑客会将用户的计算机档案加密或锁定用户的计算机荧幕，令用户无法存取计算机档案或者使用计算机，借此威胁用户要其缴付赎金。

[3]　只要攻击者掌握了 50% 以上的算力，就能够篡改区块链数据。

[4]　区块链本身的共识机制可以阻止双重支付，但是如果攻击者控制了比特币网络中的 50% 以上的算力，就会导致双重支付。

[5]　双重支付：同一笔钱支付了两次或多次。

[6]　攻击者通过恶意合约回调受攻击合约上的一个函数，便可以在受攻击合约上的任意位置"重新进入"代码执行，从而使得合约出现不可预知的行为。

（2）勒索软件攻击的手段和模式更加多元化，成本更低，功能更强大，给企业带来了巨大威胁。目前，黑客主要的攻击方式有分布式拒绝服务攻击（DDoS）① 和勒索病毒攻击等（史明华和吴嘉玮，2020）。例如，2021 年 5 月 16 日，保险巨头安盛集团多家分公司遭到了 DDoS 攻击，导致 3TB 的敏感数据被窃取。岳猛等（2020）指出，DDoS 攻击技术已经变得越来越多样，同时随着系统更新换代，新的系统漏洞不断出现，增加了保险机构的防护难度。勒索病毒攻击是指黑客通过勒索病毒或勒索软件入侵保险机构数据库并将其文件加密，以索要赎金。例如，2020 年 12 月 11 日，以色列 Shirbit 保险机构遭到了勒索软件的攻击，黑客以每 24 小时泄露一次数据作为索要赎金的条件。

实际上，保险机构目前仍聚焦于运用区块链、物联网等基础技术来提高保险业务的效率，一定程度上忽视了基础技术的安全性和其应对黑客攻击的能力。因此，底层基础技术仍然存在的安全漏洞与日益增强的勒索软件攻击技术很大程度上增加了数字保险的网络攻击风险。

### （二）算法风险

基于人工智能算法主要以数据输入为基础、以深度学习算法为核心这一事实，下文将从数据偏差风险和算法漏洞风险两个方面具体阐述数字保险面临的算法风险。

（1）数据偏差风险是数据量不足或数据质量存在问题导致算法失效的风险。一方面，输入的数据可能存在数量不足而导致算法输出结果覆盖群体不全、不具备代表性等问题。目前，大部分的算法和模型都高度依赖输入数据集，这意味着只有海量和高覆盖度的数据输入，才能确保保险机构运用机器学习模型对不同风险类型的人群给出精准的差异化报价，实现"千人千面"的承保模式。因此，如果用于训练的输入数据集不能完全覆盖现实情况和人群，有可能使模型结果不准确，从而影响现实中保险的定价和承保。另一方面，数据的质量会在很大程度上影响算法输出结果的精确性和代表性。一般而言，数据筛选是由程序员自行判断哪些数据该被收集以及纳入算法分析指标。这种筛选模式可能导致算法结果因人为偏见产生偏差和歧视。如果输入的数据是有倾向性和歧视性的，算法的输出结果就不具备公正性，从而引发算法歧视问题。例如，如果进行驾驶员验证识别的算法使用的数据基本只覆盖白人男性，那么就可能无法识别黑人、亚裔或女性，从而形成歧视（丁晓东，2020）。

（2）算法漏洞风险是指由算法自身特性导致的设计漏洞使得输出结果出现错误或偏差的风险。算法的黑箱性和历史数据依赖性等是算法漏洞风险产生的两大原因。算法的黑箱性指的是算法的输入数据和输出结果之间存在不透明且难以理解的运行过程（Bathaee，2017）。算法黑箱的存在使保险机构难以完全控制算法的运行，容易导致结果偏差。在这样的特性下，保险机构将人工智能算法和模型用于保险业务的重要场景时，会存在未知的安全隐患。例如，人工智能投保顾问只呈现程序化交易的过程，而不呈现程序内部的算法。当内部代码出现漏洞，由于输出的结果无法被验证是否准确，这些漏洞也无法被及时发现，从而增加了保险机构的事后纠错成本。历史数据依赖性是指算法是根据历史数据预测未来，无法应对未发生过的、不可预测的风险事件。例如，在 2020 年突发新冠肺炎疫情的背景下，寿险、健康险及旅游险赔付支出

---

① DDoS 攻击：利用网络上现有系统的漏洞，攻占联网主机，当被控制的机器达到一定数量，攻击者通过发送指令操纵被攻击机同时向目标主机或者网络发起拒绝服务攻击，大量消耗其网络带宽和系统资源，导致该网络或系统瘫痪。

额度巨大，这也体现出算法模型无法准确预判和应对新冠肺炎疫情这类从未发生过的异常事件。

### （三）隐私泄露风险

数字经济时代在放大数据共享价值的同时，也增加了隐私泄露风险。在数据周期的各个阶段，如数据收集、储存、分析、应用，共享、清除等阶段，都存在泄露隐私的可能。下文主要从数据储存阶段的云端储存风险与数据共享阶段的数据共享风险两个方面具体阐述数字保险面临的隐私泄露风险。

（1）云端储存风险指保险机构上传到云上数据库的信息面临泄露的风险。云端存储风险的主要产生原因有云配置错误、访问管理不善、应用程序接口不安全。首先，云配置错误指保险机构作为云服务用户在操作与设置中出现人为错误。由于责任边界不明确，保险机构会将云安全责任交付给云服务提供商，从而对云端存储安全性的关注度不足，使得在云服务的操作与设置中可能出现错误。其次，访问管理不善指保险机构对身份、凭证或密钥的管理和控制不足。访问管理通常存在对凭证的保护不足、使用密码不够复杂或缺乏系统性管理等问题，容易造成云端数据的泄露。IBM 的数据指出，19%的云数据泄露事件是由于凭证被盗。最后，云服务提供商会提供一些公开 API 接口，以符合用户的定制设计需求。但是 API 安全性不足也可能导致云环境面临被黑客攻击与保险机构数据被滥用的风险。

---

**拓展阅读**

#### 云安全的共享责任模型

2019 年 7 月，美国第七大商业银行 Capital One 存储在亚马逊云平台的数据被曝泄露。Capital One 在声明中表示，此次事件是自身在云配置错误产生的 Web 应用程序防火墙漏洞所导致的。使用云服务可以将某些安全控制的责任转移给云服务提供商，让企业专注于它们的核心竞争力，但这不代表着企业不需要对云安全负责。根据调研机构 Gartner 的预测，到 2025 年，99%的云数据泄露都发生在云服务的客户端。

共享责任模型的一个基本部分是客户责任矩阵，其列出了云服务提供商提供的安全控制以及留给云服务客户的责任。云服务提供商负责管理所有运行云服务的基础设施，包括硬件、软件、网络和设备等。客户端则需承担操作系统的责任和管理、其他相关的应用软件以及安全组防火墙的配置。简而言之，云安全的共享责任模型划清了责任界限，云服务提供商负责云平台基础设施的安全，而客户负责其云平台业务操作的安全。

（资料来源：金山云官网。）

---

（2）数据共享风险是指保险行业在数据共享过程中发生隐私泄露的风险。在数字经济时代，保险行业中的大数据分析通常需要跨行业、跨组织的数据共享与集成分析，而传统的数据访问控制技术难以解决数据跨界的权限管理与流向追踪问题，因而增大了隐私泄露的风险。并且，这些数据一般会进行匿名化处理，如数据脱敏、去标识化等。但随着可用数据量的增长，可相互参照的数据集的增加会使得经过匿名化处理的数据并不"匿名"。当数据处理者通过集成分析非敏感

数据时，可能重新识别出经过匿名化处理的敏感数据，也就是使敏感数据去匿名化，从而扩大了数字保险隐私泄露的危害（Rocher 等，2010）。例如，2006 年，Netflix 公司为改善其电影推荐服务，公布部分用户评分和评分日期的匿名化数据库。但得克萨斯州的研究人员只用了少量非敏感的参照数据便成功重新识别了用户，获取了其政治观点、宗教信仰和性取向等敏感数据。

### （四）市场垄断风险

在数字经济时代，保险机构需要具备"DNA"的特性，即数据分析能力（Data Analytics）、网络外部性[①]（Network Externalities）和场景互通（Interwoven Activities）。上述特性赋予了大型保险机构在保险领域开展业务，并获得垄断地位的能力。数字保险面临的垄断风险主要包括两点：一是大型保险机构由于网络外部性形成的平台壁垒；二是大型保险机构拥有的海量数据形成的数据壁垒。

（1）大型保险机构形成的平台壁垒可能扩大其在保险市场中的竞争优势，进而增大市场垄断的风险。在数字经济时代，保险业务的开展往往依赖于数字平台。而数字平台由于网络外部性的特点极易形成垄断的市场格局（许恒等，2020）。大型保险机构通过构建大规模的数字平台，积累大量用户，形成垄断的流量优势。平台利用数据优势和流量优势，能够将其初始的垄断能力延伸至其他市场，从而形成双轮垄断（李勇坚和夏杰长，2020）。大型保险机构形成的平台壁垒在现实中有很多，例如，截至 2020 年 6 月 30 日，蚂蚁集团利用支付宝平台积累的用户优势，开展了保险业务，规模达到了 518 亿元。

（2）大型保险机构形成的数据壁垒会扩大其在保险市场中的竞争优势，进而增大市场垄断风险。数据是数字经济时代最核心的生产要素之一，是大数据分析、人工智能、云计算等数字技术运用的基础。因此，大型保险机构的数据收集、存储、分析及应用能力将成为其获得优势的关键因素，但每个环节都可能构成市场垄断的壁垒（杨东和刘炼箴，2020）。在数据收集环节，网络外部性、锁定效应[②]和排他性等构成了大型保险机构对其他保险机构的壁垒（殷继国，2020）。在数据存储和分析环节，存储硬件与软件和数据分析工具构成了技术壁垒。

---

**小案例**

### 水滴保险商城：大型保险机构初步形成的正向反馈

数字保险商业模式可能形成数据分析、网络外部性和场景互通的正向反馈，最终促使海量数据向龙头机构聚集。再加上数据的边际效用递增属性，使得以数据为生产要素的保险市场容易出现"马太效应"。以水滴保险商城为例，其依靠互联网平台的流量优势收集大量用户数据。通过进行大量的数据分析，在特定场景下打造保险生态圈，水滴保险商城已触达超2.5 亿独立付费用户。用户在使用保险服务的过程中又将产生大量数据，水滴保险商城再对

---

[①] 网络外部性：也叫网络效应，指某商品使用人数愈多，则使用该商品的消费者所获得效用愈高，也就是一项产品价值取决于市场整体使用人数，使用者或用户人数越多，对新加入者的价值和效益就越高，越具吸引力。

[②] 锁定效应：两个相似的产品，一个是较先进入市场，积累了大量用户，用户对其产生了依赖；另一个较晚进入市场，仍需用户重新学习了解，因此很难再积累到用户，从而慢慢退出市场。

这些数据进行分析进而改进原有产品。同时，水滴保险商城通过在筹款、互助、商保等多层次的健康保障体系中进行精准推送，聚焦 85 后或 90 后消费客群，吸引更多用户，进一步强化自身的网络外部性，收集到更多数据。

（资料来源：中国保险中介白皮书发布　水滴保险商城引领 3.0 时代. 环球网，2019-06-26。）

## 二、新型风险可能带来的社会影响

（1）数字保险的新型风险可能损害消费者的合法权益。首先，数字保险会加剧消费者隐私泄露的风险。消费者在体验更加优质的保险产品或服务的同时，也将支付更多的个人隐私和数据作为代价，最终损害自身的合法权益。其次，数字保险的垄断风险可能导致保险产品或服务质量降低。保险机构在保险行业可能通过数据壁垒和平台壁垒形成垄断。一旦垄断地位形成，龙头企业可能失去提高保险产品或服务质量的动力，或提高原有保险产品或服务的价格。最后，数字保险的算法风险可能使弱势消费者遭到算法歧视。如前文所述，算法虽然是一种中立技术，但是设置算法的程序员和算法学习的数据却可能存在歧视。因此，当算法在保险行业发挥越来越重要的作用，潜在的算法歧视对弱势消费者的合法权益的损害也将逐渐扩大，影响社会公平。

（2）数字保险的新型风险可能不利于保险行业创新。一方面，数字保险面临的垄断风险可能降低大型保险机构进行保险业务创新的动力。Davies 等（1991）指出，垄断企业能够通过垄断定价等方式赚取非正常利润，因而缺乏创新动力。另一方面，中小型保险机构将面临来自龙头保险机构的竞争压力。一部分中小型保险机构可能被大型保险机构兼并收购，继而借助这些大型机构的流量优势快速扩大规模，而另一部分则需要承受被收购的企业带来的巨大竞争压力，以及被大型数字平台封禁的风险。

（3）数字保险的新型风险可能对社会稳定造成负面影响。一方面，数字保险的网络攻击风险在放大原有系统性金融风险的同时，也成为新的系统风险敞口，可能造成财产损失和金融市场秩序混乱。另一方面，数字保险的垄断风险导致了新型的"大而不能倒"风险。如今，高度互联、紧密耦合的网络系统意味着每个环节中的某个小故障或一系列故障可以级联，不同保险机构之间的风险相互扩散，大型保险机构涉及多领域的金融场景和广大群众的利益，具备系统重要性的特征。如果保险机构出现问题，交易系统会受到巨大的影响，进而影响整个金融体系的稳定性。

# 第三节　数字保险的风险管理措施

针对上一节阐述的数字保险新型风险及其社会影响，本节将分析保险机构和政府应采取的风险管理措施，以更好地应对新型风险带来的负面影响。

## 一、网络攻击风险管理

（1）在识别网络攻击风险的过程中，由于网络攻击目标和方式的多样化，保险机构要提取出多元化的风险评价因子，才能更加全面地识别潜在的风险。《2021 安永全球信息安全调查报告（GISS）》指出，网络攻击威胁日益严峻，攻击者的目标越来越多，采用的攻击方式也愈加难以预测。识别网络攻击风险主要有以下四个评价因子：告警①数量、告警类型、告警级别与告警威胁程度。表 7-3 包含了各个因子的含义。挖掘出多样的风险因子后，保险机构可以通过搭建风险评估与预警模型，再落地应用与获得反馈，从而持续推动模型的自我迭代与优化。

表 7-3 风险识别因子

| 评价因子 | 说明 |
| --- | --- |
| 告警数量 | 如果检测到的告警数量超过预想阈值，可认为存在网络攻击风险 |
| 告警类型 | 攻击者在攻击一个系统时，通常会采取不同的攻击手段，攻击系统不同的漏洞，这就造成了检测到的告警类型较多。因此当显示有多种类别的告警信息发生，可认为存在网络攻击风险 |
| 告警级别 | 常见的入侵检测系统或工具，在对潜在的攻击事件进行告警时，都会同时为事件赋予一个等级，以示该事件可能造成的威胁的大小。如果告警事件都具有较高等级，可认为存在严重的网络攻击风险 |
| 告警威胁程度 | 不同的攻击行为可能造成不一样的后果，在对网络攻击风险识别过程中，每一条告警信息产生的危害程度也需要考虑在内 |

（2）保险机构可以通过加强安全防护措施和营造企业安全文化的方式有效控制网络攻击风险。保险机构需要加强应对黑客攻击的安全防护措施，包括定期查杀病毒、完善防火墙系统等，并持续地对多种风险评价因子进行定期监测，减少自身的安全漏洞。保险机构还需营造以安全为导向的企业文化，提供员工培训，使他们意识到企业数据可能存在的所有漏洞，并明确如何采取措施处理这些漏洞。例如，中国人寿财险携手 360 终端安全管理系统，从威胁防护、终端掌控、安全运维、主动防御四个维度，严守网络安全防线。

（3）政府机构应加强网络安全基础设施建设，引导企业创新协同。政府机构应建设安全可信的物联网，构建 5G 安全保障体系，并联合产业联盟完善数据中心、云计算、人工智能、区块链等数字基础设施的安全建设，增强其安全防护能力。同时，政府机构可倡导提供网络安全产品的企业在网络攻击追溯能力方面加强研发，并引导企业协同建立信息技术产品自主可控的生态链。

（4）政府机构应建立与完善"网络安全+金融素养"人才培养体系。随着保险行业加快数字化转型，保险业对网络安全人才的缺口继续扩大。兼具网络安全技术与基本金融素养的跨专业人才是防范保险行业网络攻击风险的关键。政府机构应为"产学研用"合作计划的开展提供政策指引和机制保障，牵头高校和保险机构联合建立"网络安全+金融素养"人才培养机制。针对从业人员的职业培训体系，政府机构应鼓励大型保险机构开设网络安全培训与实践课程，提升保险行业人员的网络安全技能。政府机构应进一步加大网络安全基础理论和前沿技术研发支持力度，建立自主可控的网络安全技术、产品和服务的软硬件生态体系。表 7-4 罗列了近年来颁布的关于基础设施建设、网络安全技术研发、人才培养基地搭建等层面的法律法规和指南。

---

① 告警：网络设备的告警包含误报和异常告警，异常告警包括对网络攻击行为的告警、突发的大量的登录行为、僵尸蠕虫攻击行为等。

表7-4 网络安全方面的法律法规和指南

| 公布时间 | 法律/指南 | 具体内容 |
|---|---|---|
| 2022年1月 | 《网络安全产业人才岗位能力要求》 | 涵盖网络安全规划设计、网络安全建设实施、网络安全运行维护、网络安全应急防御、网络安全合规管理等，为组织开展网络安全产业人才招聘和培训等提供依据和参考 |
| 2022年1月 | 《网络安全审查办法》 | 规定关键信息基础设施运营者在采购网络产品和服务时，应进行网络安全审查，确保关键信息基础设施供应链的安全 |
| 2019年8月 | 《加强工业互联网安全工作的指导意见》 | 加大对工业互联网安全技术研发和成果转化的支持力度，强化5G安全、标识解析系统安全、平台安全、工业控制系统安全等核心技术研究，加强攻击防护、漏洞挖掘、态势感知等安全产品研发 |
| 2019年6月 | 《国家网络安全产业发展规划》 | 到2025年，建成我国网络安全产业五个基地：一是国家安全战略支撑基地。二是国际领先的网络安全研发基地。三是网络安全高端产业集聚示范基地。四是网络安全领军人才培育基地。五是网络安全产业制度创新基地 |

## 小案例

### 中国人寿财险携手360

当前全球正加速迈入"万物感知、万物互联"的数字化时代，网络安全风险已经成为人类社会面临的新的重大威胁。2020年8月，中国人寿财险与360集团签署战略合作协议，在网络安全领域展开全面的合作。基于360集团在智能化大数据分析、IoT硬件等领域的优势，并且在网络安全领域多年的经验积累，中国人寿财险与之达成战略合作协议，联合推出360终端安全管理系统，共同化解网络安全风险。360终端安全管理系统从威胁防护、终端掌控、安全运维、主动防御四个角度出发，严守网络安全防线，做好网络安全的风险管理（见图7-2）。

图7-2 360终端安全管理系统

（资料来源：强强联合360携手中国人寿财险打造网络安全风险减量管理新模式. 搜狐网，2020-08-19。）

## 二、算法风险管理

2017 年，美国计算机协会公共政策委员会发布《关于算法透明性和可问责性的声明》，指出根据算法透明性和可问责性的原则，使用算法自动化决策的机构应对算法程序和具体制定的决策给予解释，并且应对模型、算法、数据和决策进行记录，以便在可能产生损害时对算法进行审计。基于数字保险可能存在的算法风险，并借鉴国外已有的治理经验，未来算法风险管理可以从以下两个方面出发：一是可解释性；二是可问责性。

### （一）可解释性

欧盟《通用数据保护条例》将可解释性定义为：在自动化决策中用户有权获得决策解释，处理者应告知数据处理的逻辑、重要性和影响后果。可解释性要求决策结果可以被人类理解和追踪。算法的可解释性有两个要求：一是保险机构从技术角度去解决其因果机制的构建问题；二是立法机构从制度角度赋予个人和主体可解释的权利，进而反作用于算法的设计以达到公平合理的目标。

保险机构可以使用可解释性算法[①]技术控制算法漏洞风险。可解释性算法可以有效解决算法黑箱问题，其核心思想在于选择算法构建模型时，不再像传统算法只考虑模型的预测精度，还会考虑模型的可解释性，并尽量找到二者之间的最佳平衡，从而实现模型的安全、透明与公平。算法可解释的具体方式存在争议——是公开模型、源代码、运算规则，还是决策的权重因素，这是否会影响到保险机构的商业秘密等，都是亟待下一步研究明确的问题。

---

**小案例**

**RealBox 可解释机器学习建模平台**

北京瑞莱智慧科技有限公司于 2019 年推出 RealBox 可解释机器学习建模平台，目前已在多家银行和保险机构投入使用。与传统黑盒的机器学习模型相比，RealBox 呈现透明化的白盒训练结果，采用经典评分卡的形式，充分展示重要变量及其对应的决定方向和权重，提高准确度的同时也保证了可解释性，解决了传统模型的可解释性与模型效果不可兼得的核心问题。同时，RealBox 平台还能够展示个体粒度的各维度数据在决策过程中所占比重，精准分析个体特性，实现个性化展示客户画像，真正做到千人千面级别的可解释，有效辅助保险机构进行决策。此外，RealBox 作为一款自动建模平台，覆盖贝叶斯概率机器学习从模型训练到模型应用的全过程，可实现对异质数据与同质数据自动进行有效特征学习和输出，一键完成端对端建模，解决传统建模过程中投入成本高、建模流程慢的痛点。

（资料来源：北京瑞莱智慧科技有限公司官网。）

---

① 可解释性算法：能够用可理解的语言向人解释算法的内在机理。

立法机构需在自动化决策场景下积极探索治理规则以使算法可解释,有效控制算法漏洞风险。2021 年 11 月 1 日起施行的《中华人民共和国个人信息保护法》明确规定利用个人信息进行自动化决策需进行事前评估。该法赋予个体在个人信息处理活动中的权利,保障自动化决策透明度和结果的公平公正,并指出对个人权益有重大影响的决定,个人有权要求信息处理者给予说明,并有权拒绝只通过自动化决策作出决定。2021 年 3 月 26 日央行颁布的《人工智能算法金融应用评价规范》从全过程的角度对算法可解释性提出基本要求、评价方法与判定标准等。但较之于表 7-5 欧美算法监管的法律法规,我国现有的算法监管规则较为分散,缺乏实施细则和操作指引,统一协调负责算法监管的机构还不明确,仍需要具体领域相关的职能部门发挥更多作用。

表 7-5 欧美算法监管的法律法规

| 国家/组织 | 年份 | 法律法规 | 具体内容 |
| --- | --- | --- | --- |
| 美国 | 2022 | 《算法问责法》 | 要求采用自动决策系统的机构设立内部影响评估委员会,定期发布公开报告,讨论自动化决策对准确性、公正、偏见、歧视、隐私和安全的影响 |
| | 2019 | 《算法问责法 2019(草案)》 | 防止自动化决策造成歧视 |
| 欧盟 | 2020 | 《数字服务法(草案)》 | 保护用户的基本线上权利,引导更为公平和开放的数字市场 |
| | 2019 | 《算法责任与透明框架》 | "数据规则+算法规则"共同构成欧盟治理算法的初步体系 |
| | 2016 | 《通用数据保护条例》 | 规定了整个欧盟数据处理的共同规则,在立法层面将自动化决策纳入监管 |

资料来源:编者根据公开资料整理。

### (二)可问责性

算法的可问责性是指明确算法责任主体。美国信息技术与创新基金会的《政策制定者如何推动算法问责》报告指出算法可问责性能够有效防止有害的算法结果输出,确保算法决策受到与人类决策相同的监管和规制。实现可问责性一方面要求监管机构建立算法审计制度,对算法进行监督和安全认证;另一方面要求保险机构按照审计的要求和结果,对算法不平等以及算法黑箱等问题进行规制。

算法审计可以帮助保险机构评估算法是否存在偏见,检查意外错误,并创造更多的透明度,从而有效识别算法风险。中国信通院发布的《人工智能治理白皮书(2022 年)》指出,可信安全逐渐成为人工智能赋能过程中不可或缺的保障。由于算法不平等以及算法黑箱等问题频发,算法审计近年来颇受重视。例如,Google 发表了内部审计框架,旨在帮助企业工程团队在部署 AI 系统之前对其进行隐私、偏见和其他道德问题的审计。美联储 2011 年发布的 SR-11 示范风险管理指南要求机构对统计模型进行审计,以警惕算法决策可能造成的财务损失。

## 小案例

### O'Neil风险咨询和算法审计公司

2022年4月，隶属于科罗拉多州监管机构的保险部门与O'Neil风险咨询和算法审计公司签订合同，以协助监管机构执行法律，限制保险机构使用外部消费者数据，保护科罗拉多州消费者免受基于种族、肤色、国家的不公平歧视。

O'Neil风险咨询和算法审计公司是一个帮助组织管理和审计算法风险的咨询公司。该公司与客户合作，审计特定算法的复用情况，识别公平、偏见和歧视问题，并建议补救措施。该公司负责的主要事项包括：（1）帮助客户建立一套早期预警系统，在有问题的算法正在开发或生产时标记该系统，从而将此事升级到相关方进行补救；（2）帮助组织制定战略和程序，在开发和纳入算法工具时实施公平；（3）充当专家证人，协助公共机构和律师事务所采取与算法歧视和伤害有关的法律行动；（4）与监管机构合作，将公平法律和规则转化为算法构建者的具体标准；（5）培训客户人员进行算法审计。

（资料来源：ORCAA官网。）

监管机构应设立第三方算法审计机构，建立算法测试机制。虽然算法决策过程难以被解释，但是算法输入和输出结果可见。由第三方算法审计机构对算法进行事后审计，可以倒逼算法设计者和使用者合法合规地设计和使用算法。相比算法透明原则，即要求公开源代码，审计原则可以更加现实可行地规制算法。因此监管机构应设立算法的第三方审计机构，建立算法测试机制，加强对算法风险的监测。具体而言，算法审计机构应参考监管沙盒和试点先行政策，对算法进行测试与局部实践，前瞻性地评估算法的有效性及公正性。

## 三、隐私泄露风险管理

保险机构通过运维管理和对共享平台的定期检查，可以有效识别隐私泄露风险。一方面，在运行维护云服务中心的过程中，保险机构需要对应用及云资源进行运维管理。云上运维管理能够帮助保险机构实时监控应用及云资源，采集各项指标、日志及事件等数据。通过解读数据得到应用和云资源的状态后，云上运维管理能够提供告警及数据可视化功能，帮助保险机构及时识别云端储存风险。另一方面，保险机构需要定期对数据共享平台的核心数据库进行安全状况检查，包括相关数据库安全漏洞、补丁更新、脆弱代码等检测项。在有效识别数据共享风险后，保险机构需建立数据库安全基线，提供加固建议以保证核心数据库的安全性和可用性。

保险机构可以采用隐私计算来控制共享数据时面临的隐私泄露风险。数字技术的发展是把双刃剑，在给隐私保护带来挑战的同时，也使得隐私保护机制更加有效。2020年11月央行发布的《多方安全计算金融应用技术规范》规定了多方安全计算技术金融应用的安全要求和性能要求等，对于隐私计算开展提供了实操参考。截至2021年底，招商银行、浦发银行等均已开展隐私计算相关研究，并在部分场景进行试点应用。隐私计算以多方安全计算为典型，并综合运用可信执行环境、同态加密、零知识证明、差分隐私和联邦学习等系统安全技术与密码学技术，在保证原始数据安全隐私性的同时对数据进行计算和分析。隐私计算能够在不泄露原始数据、保障信息安全的前提下推动多个主体间的数据共享与应用，是兼顾隐私保护和数据共享的有力途径。例如，中国人寿财险自主打造的隐私计算平台能够实现机构内外部数据价值安全融合，从而充分发挥多方数据在保险业务中的应用价值。

---

**拓展阅读**

### "百万富翁"设想：以 MPC 为典型的隐私计算

假设有两位百万富翁 A 和 B，他们都想知道谁更富有。由于他们都担心隐私泄露，不愿意向任何人披露自己的财富。这时，是否有一种方法可以在不侵犯隐私的情况下告诉这两位百万富翁究竟谁更富有呢？

Yao（1982）首次提出了这个百万富翁的问题。该文提出多方安全计算（Secure Multi-Party Computation；MPC）协议，具体指参与者在不泄露各自隐私数据情况下，运用隐私数据参与保密计算，共同完成某项计算任务。随着企业数字化转型和行业智能化转型进程的不断推进，挖掘更高维度的数据价值以及数据上云的过程中，数据隐私泄露的风险只增不减，以 MPC 为典型的隐私计算技术正受到广泛关注。

（资料来源：罗汉堂. 理解大数据：数字时代的数据和隐私. https://gw.alipayobjects.com/os/bmw-prod/335eb9fd-48a9-4635-b660-d4ad62cb4657.pdf。）

---

**小案例**

### 中国人寿财险隐私计算平台

2021 年 12 月，中国人寿财险自主打造的隐私计算平台成功上线并通过中国信通院专业技术认证。在保证参与保险业务数据协同的各方明文数据均不出本地前提下，该隐私计算平台实现机构内外部数据价值安全融合，在营销端、服务端、产品端充分发挥多方数据在保险业务中的应用价值。中国人寿财险是首家通过中国信通院"可信隐私计算评测"的保险机构，这标志着其隐私计算平台在算法实现、计算性能及安全性等方面达到国内领先水平。

（资料来源：中国人寿财险官网。）

---

立法机构应针对不同技术场景完善判定和执行的细则。近年来，我国已推出较多与数据保护相关的法律法规和指南。但是，我国现行法律体系在此领域不够完善，在判定和执行的细则上仍较为模糊。比如，《信息安全技术个人信息安全规范》虽然提到了个人信息收集最少化，但仅仅提出了相关性、最低频率与最少数量三条简单的原则，缺乏具体场景下的判定指南。针对该问题，立法机构应根据不同的场景出台具有针对性和可实践性的法律法规。例如，立法机构可以依照数据的分类分级限制物联网设备采集的数据级别，并对云计算数据库所存储的不同级别的数据采取不同的风险管理措施。

政府机构应引导研究者拓展数据共享立法的研究方向。欧盟委员会于 2020 年 11 月 25 日提出了《数据治理行动》，该条例提议允许消费者在自愿前提下分享个人数据；并提议创立数据中介机构，允许其以非营利的性质促进个人、企业间数据交换。相较之下，我国数据共享相关的法律仍然缺位，给数据共享和隐私保护带来困难。因此，政府机构应引导研究人员重点关注数据共享过程中的数据产权、主体权责和跨境传输等问题，加大对数据共享领域的学术研究项目鼓励和支持。表 7-6 列举了 2021 年我国政府机构设立的与上述研究问题相关的国家社科基金。

表 7-6　2021 年国家社科基金的部分年度项目

| 课题名称 | 预期成果 | 计划完成时间 |
| --- | --- | --- |
| 个人数据流通隐私保护的机制设计研究 | 研究报告 | 2023-12-31 |
| 政治安全视角下数据要素流动的风险识别与评估研究 | 论文集、研究报告 | 2023-12-30 |
| 数据开放共享提升政府公共服务绩效的政策效应与实现路径研究 | 论文集、研究报告 | 2024-06-30 |
| 数据使用中相关者利益冲突私法化解路径研究 | 专著 | 2024-12-31 |
| 网络数据知识产权保护与治理研究 | 专著 | 2025-12-30 |
| 平台型企业拒绝交易数据行为的规制研究 | 研究报告 | 2024-12-31 |
| 数据要素市场化配置改革的财税法治保障研究 | 专著 | 2023-12-31 |
| 开放银行数据共享法律问题研究 | 专著 | 2024-06-30 |
| 国家安全视域下金融数据跨境流动的法律规制研究 | 专著 | 2024-06-30 |
| 国际经贸协定中跨境数据流动例外条款研究 | 专著 | 2026-12-31 |
| 区块链中用户数据的合规利用与隐私风险研究 | 论文集、研究报告 | 2023-12-31 |

资料来源：编者根据公开资料整理。

## 四、市场垄断风险管理

立法机构应从数据要素层面健全反垄断法律体系。杨东和臧俊恒（2020）指出，在数字经济中，数据要素可能成为影响市场力量的重要因素之一。2021 年 2 月，国务院反垄断委员会出台《国务院反垄断委员会关于平台经济领域的反垄断指南》，首次将数据要素问题纳入市场力量的考察范围，完善了数字平台反垄断问题的判定原则与治理思路。但是我国的反垄断法律体系尚未对平台企业起到有效震慑作用，反垄断监管也亟待加强。因此，立法机构在进一步完善我国反垄断法律体系时，应着重研究数据要素对市场力量的影响以及数据垄断的评估方式和判定规则。

监管机构应加强反垄断行为监管，搭建数字化监测平台。目前，监管机构主要通过反垄断调查和发起反垄断诉讼的方式对大型保险科技公司进行监管。但是这种监管模式难以有效应对透明度较低的数据垄断和算法垄断，且存在一定的滞后性。因此，监管机构应深化监管科技的应用，建立数字化监测平台，提高反垄断监管的及时性和主动性。如 2021 年 2 月，浙江省发布数字平台监管系统"浙江公平在线"。具体而言，监管机构可以构建反垄断行为评估模型，利用物联网、云计算和人工智能等数字基础设施，实现对垄断行为的动态监测。

---

**小案例**

### 浙江公平在线：平台垄断行为的监管

平台的出现为社会经济发展做出了巨大贡献，但平台滥用市场优势地位，限制竞争、价格歧视、损害消费者权益等一系列问题层出不穷，破坏了市场竞争秩序，阻碍了行业创新。为加强平台反垄断和防止资本无序扩张，浙江推出了全国首个平台数字化监管系统——浙江公平在线。该应用对"二选一""低于成本价销售""纵向垄断协议""违法实施经营者集中""大数据杀熟"五种垄断及不正当竞争行为进行靶向监管，并采取不同的数据抓取规则和识别模型。浙江公平在线将防垄断监管从事后监管转向事前和事中监管、从碎片化监管向全周期监管、从模糊监管向精准监管的转变。

（资料来源：浙江数字化改革元年回眸：深化改革迈向新征程. 浙江网信网，2022-01-12.）

---

**本章小结**

本章介绍了风险和风险管理的概念。风险是指由于不确定性事件的存在，经济单位出现最终损失和收益的可能性。风险可分为三类：静态风险和动态风险、纯粹风险和投机风险、系统风险和异质风险。风险管理是用来对经济单位所面临的风险进行识别、衡量和控制，以最小成本获得最大安全保障的过程。

保险业数字化转型的过程中会遇到许多新型风险，这些新型风险损害了消费者的合法权益，不利于行业创新与社会稳定性，因此需要政府和保险机构共同进行风险管理。本章梳理了数字保险面临的新型风险类别，具体包括网络攻击风险、算法风险、隐私泄露风险和市场垄断风险，介绍了政府机构和保险机构针对四类风险的风险管理措施，为数字保险的风险管理提供切实可行的建议。

---

**思考与练习**

1. 什么是风险？它主要包括哪几类？
2. 什么是风险管理？风险管理的流程是什么？
3. 数字保险面临着哪些新型风险？
4. 新型风险可能带来的社会影响有哪些？
5. 未来算法风险管理的两大方向是什么？保险机构和政府机构如何从两大方向对算法风险进行有效的风险管理？
6. 保险机构和政府机构如何对数字保险面临的各类新型风险进行有效的风险管理？

即测即评

参考文献

[1] Bathaee Y. The Artificial Intelligence Black Box and the Failure of Intent and Causation [J]. Harvard Journal of Law & Technology, 2017, 31: 889.

[2] Davies S, Lyons B, Geroski P, Dixon H. Surveys in Economics: Economics of Industrial Organisation [M]. London: Longman, 1991.

[3] Kmec P. Temporal Hierarchy in Enterprise Risk Identification [J]. Management Decision, 2011, 49 (9): 1489-1509.

[4] Knight F H. Risk, Uncertainty and Profit [M]. University of Chicago Press, 1921.

[5] Kulp C A, John W H, Casualty Insurance Hardcover [M]. New York: The Ronald Press Company, 1968.

[6] Pratt J W. Risk Aversion in the Small and in the Large [J]. Econometrica, 1964, 32 (1/2): 122-136.

[7] Robert I M. Fundamentals of Insurance [M]. Homewood: Richard D Irwin, 1986.

[8] Rocher L, Hendrickx J M, de Montjoye Y A. Estimating the Success of Re-Identifications in Incomplete Datasets Using Generative Models [J]. Nature Communications, 2019, 10 (1): 3069.

[9] Roure J B, Maidique M A. Linking Prefunding Factors and High-Technology Venture Success: An Exploratory Study [J]. Journal of Business Venturing, 1986, 1 (3): 295-306.

[10] Scott E H, Gregory R N. 风险管理与保险 [M]. 陈秉正, 等, 译. 北京: 清华大学出版社, 2001.

[11] Yao A C. Protocols for Secure Computations [J]. 23rd Annual Symposium on Foundations of Computer Science, 1982: 160-164.

[12] 丁晓东. 论算法的法律规制 [J]. 中国社会科学, 2020 (12): 138-159, 203.

[13] 江沛佩, 王骞, 陈艳姣, 等. 区块链网络安全保障: 攻击与防御 [J]. 通信学报, 2021 (1): 151-162.

[14] 李勇坚, 夏杰长. 数字经济背景下超级平台双轮垄断的潜在风险与防范策略 [J]. 改革, 2020 (8): 58-67.

[15] 吕文栋, 赵杨, 韦远. 论弹性风险管理——应对不确定情境的组织管理技术 [J]. 管理世界, 2019 (9): 116-132.

[16] 史明华, 吴嘉玮. 计算机网络攻击及防御技术研究 [J]. 中国管理信息化, 2020

（22）：198-199.

[17] 魏巧琴. 保险企业风险管理 [M]. 上海：上海财经大学出版社，2002.

[18] 许恒，张一林，曹雨佳. 数字经济、技术溢出与动态竞合政策 [J]. 管理世界，2020（11）：63-84.

[19] 杨东，刘炼箴. 数字经济时代反垄断法重构的有益尝试——评《关于平台经济领域的反垄断指南（征求意见稿）》[J]. 中国信息安全，2020（12）：74-77.

[20] 杨东，臧俊恒. 数字平台的反垄断规制 [J]. 武汉大学学报（哲学社会科学版），2021，74（2）：160-171.

[21] 殷继国. 大数据经营者滥用市场支配地位的法律规制 [J]. 法商研究，2020（4）：73-87.

[22] 岳猛，王怀远，吴志军，刘亮. 云计算中 DDoS 攻防技术研究综述 [J]. 计算机学报，2020（12）：2315-2336.

[23] 张玉清，周威，彭安妮. 物联网安全综述 [J]. 计算机研究与发展，2017（10）：2130-2143.

[24] 曾忠东. 保险企业全面风险管理（ERM）研究 [D]. 四川大学，2006.

# 第八章 数字保险监管

## 学习目标

通过本章学习，学生应能够：掌握保险监管的相关概念；了解数字保险监管的现状；了解影响数字保险监管发展的因素；掌握如何构建数字保险监管体系。

## 导读案例

### 从水滴保等企业诱导营销被罚看数字保险发展问题

2021 年 11 月，中国银行保险监督管理委员会公布了行政处罚决议书。其中水滴保险经纪有限公司（以下简称"水滴保"）和微医（北京）保险经纪有限公司（以下简称"微医"）因未按照规定使用经批准或者备案的保险条款、保险费率，分别被罚款 120 万元和 11 万元。此外，保险中介平台悟空保也遭到消费者投诉其是"套路保"。悟空保在消费者扫码充电、扫码骑单车等场景中植入广告弹窗，使得部分消费者在不知情的情况下误投悟空保提供的"首月 1 元"保险产品，此后每月微信被固定扣费 100 元至 200 元不等。

水滴保、微医与悟空保都是近年凭借数字技术发展起来的新型保险中介平台，在便利消费者投保的同时，也发生了一些诱导性营销等违法行为。例如，部分平台使用"限售""限时""限量"等字眼炒作保险产品，却不准确如实介绍保险产品的责任、功能和保险期限。同时，也有平台存在打着"银行存款、理财产品等其他金融产品"的旗号虚假宣传和售卖保险产品。更有甚者，一些平台以默认勾选、强制勾选等方式进行捆绑搭售，强制要求消费者购买非必要的产品或服务。上述行为都严重侵害了消费者的知情权和自主选择权。

（资料来源：水滴被罚 120 万！银保监会提醒：因需购买保险产品，不被"免费"迷惑. 澎湃新闻，2021-11-10。）

水滴保等企业的违法行为只是数字保险迅猛发展过程中行业乱象的一隅。随着数字技术高速发展，数字保险乱象层出不穷，进一步构建我国数字保险监管体系迫在眉睫。那么，数字保险监管是什么？我国数字保险监管现状如何？哪些因素影响了数字保险监管发展？如何构建数字保险监管体系？本章将探讨这些问题。

本章第一节对保险监管进行概述；第二节介绍数字保险监管的现状与存在的主要问题；第

三节阐述影响数字保险监管发展的因素；第四节分析如何构建数字保险监管体系。

# 第一节　保险监管概述

近年来，数字技术推动保险业发生了巨大变化，数字保险发展过程中存在诸多乱象和风险亟须处理，构建完善的数字保险监管体系刻不容缓。我们在学习数字保险监管相关内容之前，需要先厘清保险监管概念、内容以及数字保险监管的基本概念。

## 一、保险监管概念

如图 8-1 所示，根据保险监管主体[①]不同，本书从广义和狭义两个角度绘制了保险监管框架，并简单介绍了各类监管主体的主要监管内容。其中狭义角度的保险监管主体特指国家或地区设立的保险监管机构[②]；广义角度的保险监管主体还包含了保险行业自律组织和保险信用评级机构。参照曾燕等（2021）的观点，并结合保险监管实际情况，本书从狭义角度理解保险监管，认为保险监管主要指国家或地区通过设立保险监管机构对保险机构[③]的经营活动和偿付能力以及保险市场行为进行监督管理。保险监管主体为银保监会及其派出机构[④]。

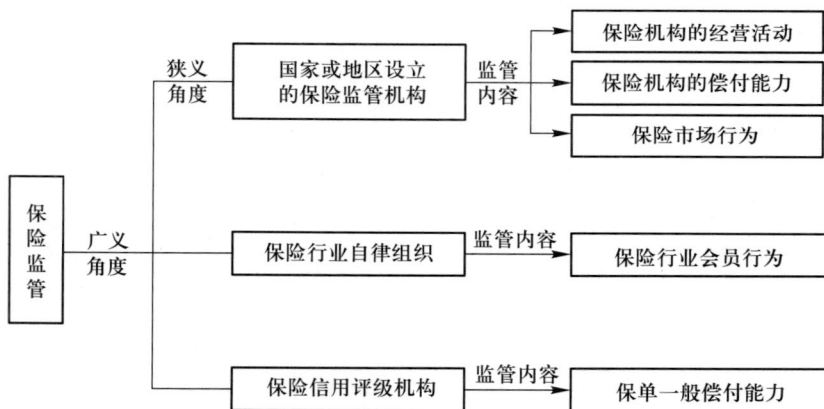

图 8-1　保险监管框架

资料来源：编者根据公开资料整理。

---

[①]　保险监管主体：保险行业的监督者与管理者。
[②]　根据我国《保险法》及保险业监督管理相关条例，本章提到的保险监管机构指宏观层面上的由国家设立的监管机关，以银保监会为主，也包括各省、自治区、直辖市和计划单列市的银保监局。
[③]　根据银保监会出示的保险机构名单，本章提到的保险机构包括出口信用保险、保险集团（控股）公司、财险公司、寿险公司、养老保险公司、健康险公司、资产管理公司、保险互助社、相互保险社。
[④]　银保监会派出机构：主要是各省、自治区、直辖市和计划单列市的银保监局。

## 二、保险监管内容

银保监会披露的保险监管机构履行职责范围显示，除了参与起草保险业重要法律法规草案以及审慎监管基本制度、法律法规外，保险监管机构的保险监管内容还可以划分为三个部分，即保险机构经营活动监管、保险机构偿付能力监管和保险市场行为监管。

### （一）保险机构经营活动监管

保险监管机构对保险机构的日常经营活动进行监管，包括保险组织监管和保险业务监管。

1. 保险组织监管

保险组织监管指保险监管机构对保险机构的组织形式、组织设立审批、保险从业人员资格、停业清算等方面进行的监督和管理。首先，经济主体设立保险组织需要符合我国《保险法》相关制度法律规定，保险经营者必须是法人组织，包括股份有限、有限责任等公司制组织以及保险合作社等非公司制组织。其次，保险监管机构在保险组织设立时要对保险机构的资本金、法人资格、营业范围等资料进行审批。再次，在保险机构设立前，保险监管机构要审定保险机构主要负责人与高级管理人员的任职资格。保险机构必须聘用经银保监会认可的保险精算人员。最后，保险机构因经营不善、严重违法而面临破产时，除按照我国《破产法》规定处理外，还需要进入保险监管机构的清算程序。在清算时，保险监管机构指派的清算专家一般会尽量帮助保险机构改善经营条件，使其免于破产。

2. 保险业务监管

保险业务监管指保险监管机构对保险机构的经营范围、保险条款和费率、再保险业务以及保险中介人进行监督和管理。为保障被保险人利益，保险监管机构限制保险机构从事保险经营外业务（除"保险投资"）。2009 年 9 月，原保监会发布了《保险公司管理规定》，指出保险机构应当公平、合理拟订保险条款和保险费率，不得损害投保人、被保险人和受益人的合法权益。保险监管机构对关系公众利益、依法强制保险等险种的保险条款和费率进行审批，对其他保险险种的保险条款和费率进行备案。同时，为分散风险以稳定保险经营，《保险法》规定保险机构生产经营过程中产生的最大损失不得超过 10% 的资本金与公积金，超过部分需要办理再保险业务。此外，保险监管机构也对从事保险中介活动的机构和人员实施监督和管理，包括保险代理人、保险经纪人和保险公估机构。保险监管机构对合格的保险中介人进行注册登记并收取保险金后，保险中介人才能经办保险业务。

### （二）保险机构偿付能力监管

银保监会采取现场与非现场相结合的方式检查保险机构的偿付能力，并对保险机构报送的偿付能力报告进行审查和评估，进而根据保险机构偿付能力状况实施分类监管。根据《保险法》等相关法律法规，银保监会在 2021 年 1 月发布了《保险公司偿付能力管理规定》，指出银保监会与各地银保监局等派出机构通过评估保险机构操作风险、战略风险、声誉风险和流动性风险，并结合保险企业偿付能力充足率，评价保险企业总体风险并确定其风险综合评级，如表 8-1 所示。同时，银保监会也提出将根据保险企业风险成因和风险程度对其采取差别化监

161

管措施，具体如表 8-2 所示。如果银保监会对偿付能力不达标①的保险机构采取以下监管措施后，该类机构偿付能力若未明显改善或进一步恶化，银保监会将会对其依法采取接管、申请破产等监管措施。此外，若保险机构聘请的会计师事务所、精算咨询机构、信用评级机构、资产评估机构、律师事务所等在工作中存在严重质量问题时，银保监会也要根据具体情况采取更换中介机构、不接受报告等监管措施。

表 8-1　银保监会对保险机构偿付能力风险综合评级标准

| 企业所属类别 | 偿付能力充足率 | 操作风险 | 战略风险 | 声誉风险 | 流动性风险 |
|---|---|---|---|---|---|
| A 类 | 达标 | 小 | 小 | 小 | 小 |
| B 类 | 达标 | 较小 | 较小 | 较小 | 较小 |
| C 类 | 偿付能力充足率不达标，或者偿付能力充足率达标但上述风险中的某一类或几类风险较大的机构 | | | | |
| D 类 | 偿付能力充足率不达标，或者偿付能力充足率达标但上述风险中的某一类或几类风险严重的机构 | | | | |

资料来源：中国银保监会发布 2021 年三季度保险偿付能力状况．金投网，2022-03-08。

表 8-2　银保监会对保险机构偿付能力的监管措施

| 序号 | 保险机构偿付能力 | 监管措施 |
|---|---|---|
| I | 保险机构的核心偿付能力充足率低于50%或综合偿付能力低于100% | 采取以下全部措施：<br>1. 监管谈话；<br>2. 要求保险公司提交预防偿付能力充足率恶化或完善风险管理的计划；<br>3. 限制董事、监事、高级管理人员的薪酬水平；<br>4. 限制向股东分红<br>根据其偿付能力充足率下降的具体原因采取以下措施：<br>1. 责令增加资本金；<br>2. 责令停止部分或全部新业务；<br>3. 责令调整业务结构，限制增设分支机构，限制商业性广告；<br>4. 限制业务范围，责令转让保险业务或责令办理分出业务；<br>5. 责令调整资产结构，限制投资形式或比例；<br>6. 对风险和损失负有责任的董事和高级管理人员，责令保险公司根据聘用协议、书面承诺等追回其薪酬；<br>7. 依法责令调整公司负责人及有关管理人员；<br>8. 中国银保监会依法根据保险公司的风险成因和风险程度认为必要的其他监管措施 |

---

① 偿付能力达标的保险机构需要同时满足以下三点：一是核心偿付能力充足率不低于 50%；二是综合偿付能力充足率不低于 100%；三是风险综合评级在 B 类及以上。其中核心偿付能力充足率＝核心资本/最低资本，衡量保险机构高质量资本的充足状况；综合偿付能力充足率＝实际资本/最低资本，衡量保险机构资本的总体充足状况。资料来源：中国政府网，http://www.gov.cn/zhengce/zhengceku/2021-01/25/content_5582424.htm。

| 序号 | 保险机构偿付能力 | 监管措施 |
|---|---|---|
| Ⅱ | 保险机构的核心偿付能力充足率和综合偿付能力充足率达标，但操作风险、战略风险、声誉风险、流动性风险中某一类或某几类风险较大或严重的 C 类和 D 类 | 银保监会依法根据保险公司的风险成因和风险程度认为必要的其他监管措施 |
| Ⅲ | 保险机构未按规定报送偿付能力报告或公开披露偿付能力信息，以及报送和披露虚假偿付能力信息 | 银保监会及其派出机构依据《保险法》等进行处罚 |

### （三）保险市场行为监管

保险市场行为监管主要指保险监管机构采取直接或间接的监管措施，监督和管理保险机构在产品设计与定价、展业、核保与理赔等过程中是否存在侵害被保险人利益、妨碍保险市场健康发展等违法违规行为。根据监管目标的实现路径，保险市场行为监管主要包括：一是直接保护保险消费者合法权益，包括处理保险消费者的投诉、解决保险消费者理赔难问题等直接措施；二是规范保险市场运行以达到间接维护保险消费者合法权益目的，包括识别保险市场垄断行为、限制保险机构投资行为等间接措施。

---

**拓展阅读**

#### 银保监会双措并施保护保险消费者权益

银保监会发布的保险消费者投诉情况数据显示，在 2021 年，银保监会全年累计处理消费者投诉事件超 16 万件，其中处理的人身保险投诉量最多、财产保险单位投诉量（投诉量与业务量之比）较高。大量消费者与人身保险企业产生销售纠纷，其主要原因是消费者认为保险公司存在夸大保险产品的责任或收益、虚假宣传保险产品、将保险产品包装成理财产品、隐瞒保险产品的免责条款等问题。这类现象还可能会衍生出过度消费、暴力催收等问题。

针对此类现象，银保监会消保局局长郭武平曾在公开场合表示，银保监会将在 2022 年实施针对性措施维护保险消费者权益。一方面，银保监会将加快出台《银行保险机构消费者适当性管理办法》，进一步压实保险机构主体责任，进而维护保险消费者的合法权益。另一方面，银保监会也要进一步对保险消费者进行宣传教育，提醒消费者要正确认识保险保障功能，勿受高息诱导，并提高警惕，理性对待销售推荐行为，认真了解保险合同条款。

（资料来源：保险公司消费投诉透视：银保监 2021 年处理逾 16 万件投诉，人身保险公司被诉讼量较大．金融界，2022-03-25。）

### 三、数字保险监管的概念

近年来，数字技术与各类保险产品深度结合衍生出数字保险，能够较好地满足各类群体的保险需求，受到了资本市场及公众的广泛关注。与此同时，随着数字技术发展和数字保险风险升级，保险监管机构也需要创新模式与业态，推动保险监管向数字保险监管转型。

基于保险监管定义，本书认为数字保险监管是指保险监管机构依法对数字保险机构的经营活动、偿付能力及保险市场行为进行监督管理。数字保险监管的主体仍为银保监会及其派出机构。其中保险监管机构对数字保险机构的日常经营活动进行监管，包括数字保险组织监管与数字保险业务监管。同时，银保监会也会采取现场与非现场相结合等方式检查数字保险机构的偿付能力，并对数字保险机构报送的偿付能力报告进行审查和评估，进而根据数字保险机构的偿付能力状况实施分类监管。此外，银保监会还采取各类监管措施进行数字保险市场行为监管，包括监管数字保险机构在产品设计与定价、展业、核保与理赔等过程中是否存在侵害被保险人利益、妨碍保险市场健康发展等违法违规行为。

## 第二节　数字保险监管现状与难点

大数据、人工智能等数字技术的发展使得保险机构的业务模式从单一的线下经营转向了线上线下兼营，数字保险应运而生。数字技术在保险业深度应用的同时，也暴露出了许多问题和风险隐患，给数字保险监管带来了一些挑战。因此，为方便梳理数字保险监管相关问题，本节将介绍数字保险监管现状，并总结数字保险监管的难点。

### 一、数字保险监管现状

大数据、互联网等数字技术与传统保险的深度结合衍生出数字保险新业态，数字保险监管也成为银保监会的工作重点。数字保险监管和传统保险监管在监管对象、监管手段等方面有所不同。数字保险监管的监管对象从传统保险转变为数字保险，并从以人工为主的监管手段向以数字技术为主的监管手段过渡。

（1）在监管工具方面，随着数字技术在保险业的深度运用，保险监管机构运用监管沙盒①监管数字保险。随着我国金融科技创新产品和模式的增加，银保监会借鉴国际监管沙盒经验并结合国内监管特点，设立了中国版监管沙盒。2020 年 6 月 2 日，中国人寿财产保险股份有限公司申请将"一路行"移动终端理赔产品入盒，成为首次入盒的保险机构。在沙盒测试期间，数字保险监管机构可以调整和完善基于数字技术创新的保险产品。同时，监管沙盒也能加强保险监管机构与数字保险创新企业的沟通交流，将传统的"先发展后监管"理念转换为"边发

① 监管沙盒：一种实验性监管工具，持牌类金融机构或与持牌类合作的非持牌金融机构可以申请将金融技术创新产品和模式入盒，在设定的监管规则下进行重复试验，测试通过后能供消费者使用。

展边监管"理念，有效提升数字保险监管效率。

## 小案例

### 保险业首家入选"监管沙盒"测试项目案例
#### ——中国人寿财险"一路行"理赔移动终端

经过项目申报、组织评选、现场答辩和公示，中国人寿财产保险股份有限公司（以下简称"人寿财险"）申报的"一路行"智能理赔项目成功入盒，监管沙盒运行流程如图 8-2 所示。监管沙盒通过预先设置参数测试入盒产品，预防化解保险产品风险。同时，监管沙盒还可以根据测试反馈结果为保险产品提供指导和反馈，进而助力保险机构提供总结报告和概述产品测试中的重要经验。

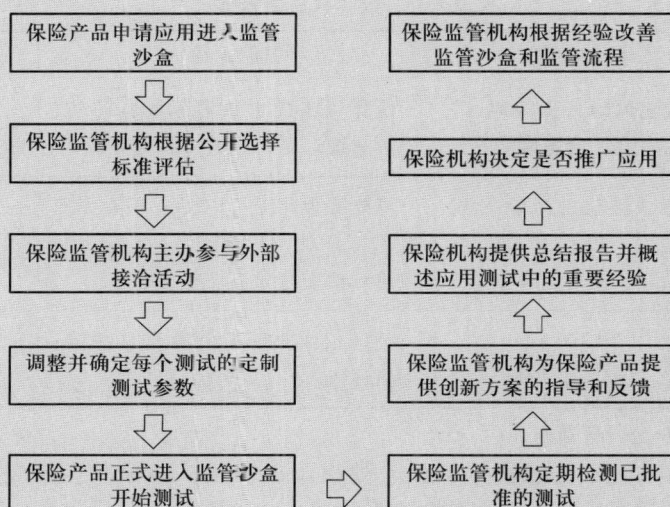

```
┌──────────────────────┐          ┌──────────────────────┐
│ 保险产品申请应用进入监管 │          │ 保险监管机构根据经验改善 │
│ 沙盒                  │          │ 监管沙盒和监管流程      │
└──────────────────────┘          └──────────────────────┘
          ⇩                                  ⇧
┌──────────────────────┐          ┌──────────────────────┐
│ 保险监管机构根据公开选择 │          │ 保险机构决定是否推广应用 │
│ 标准评估              │          └──────────────────────┘
└──────────────────────┘                    ⇧
          ⇩                        ┌──────────────────────┐
┌──────────────────────┐          │ 保险机构提供总结报告并概 │
│ 保险监管机构主办参与外部 │          │ 述应用测试中的重要经验   │
│ 接洽活动              │          └──────────────────────┘
└──────────────────────┘                    ⇧
          ⇩                        ┌──────────────────────┐
┌──────────────────────┐          │ 保险监管机构为保险产品提 │
│ 调整并确定每个测试的定制 │          │ 供创新方案的指导和反馈   │
│ 测试参数              │          └──────────────────────┘
└──────────────────────┘                    ⇧
          ⇩                        ┌──────────────────────┐
┌──────────────────────┐  ⇨       │ 保险监管机构定期检测已批 │
│ 保险产品正式进入监管沙盒 │          │ 准的测试              │
│ 开始测试              │          └──────────────────────┘
└──────────────────────┘
```

图 8-2　监管沙盒运行流程

该项目运用大数据、人工智能等数字技术优化理赔业务流程，使得保险理赔运营实现集中化、移动化与线上化，不仅提高了保险理赔效率，还能确保消费者在任何天气、地形条件下享受专业的理赔服务。特别在新冠肺炎疫情发生后，人寿财险以"一路行"安行、准行、畅行等业务应用模块为基础，推出非车险远程视频查勘工具以及自助报案"云端赔"功能。"一路行"视频理赔车险件均查勘处理时长低于 10 分钟，自助理赔占比提升至 30%，有效保证了疫情期间理赔服务质量。

（资料来源：国寿财险"一路行"智能理赔项目获 2019 年首都金融创新激励提名奖项. 金融界，2023-03-06。）

（2）在监管手段方面，保险监管机构在不断更新升级偿付能力监管体系。自 2012 年起，原保监会就开始推动保险业第二代偿付能力监管制度体系（以下简称"偿二代"）建设。2021 年 12 月，银保监会发布《保险公司偿付能力管理规则（Ⅱ）》标志着保险业第二代偿付能力监管体系正式建成。偿二代由三大支柱组成，主要内容如表8-3所示。数字技术的高速发展使得保险业务呈现出场景碎片化、营销模式精细化等特点，数字保险的风险特征也在不断变化。故保险监管机构为满足风险防范和监管改革需求，拟运用数字技术改进偿二代，以提高监管的科学性和有效性。偿二代二期工程建设扩大了风险覆盖范围，提高了风险计量科学性，更及时与精准地预测风险和响应监管。首先，偿二代二期工程能够增加集中度风险，即通过使用超额累进法计算风险敞口阈值，超过单一法人风险敞口阈值的资产的全部风险暴露计提集中度风险。其次，偿二代二期工程进一步完善了利率风险计量方法，以指导保险机构优化资产负债对账管理。利率风险是人寿保险机构面临所有风险中最大的单一风险，其资本消耗约占人寿保险机构最低资本的六到七成。最后，保险监管机构运用大数据等数字技术更新监管数据集成系统和自动化监管报告系统，一定程度上能够及时发现保险业风险移动并对其作出监管响应。

表8-3　偿二代主要内容

| 三支柱 | 风险类型 | 监管手段 | 评价标准 |
|---|---|---|---|
| 第一支柱（定量资本要求） | 量化风险（保险风险、信用风险、市场风险） | 量化资本要求；实际资本评估；资本分级；压力测试；监管分级 | 综合偿付能力充足率；核心偿付能力充足率 |
| 第二支柱（定性监管要求） | 难以量化的风险（战略风险、操作风险、声誉风险、流动性风险） | 风险综合评级（IRR）；风险管理要求与评估（SARMRA）；流动性风险；检查与分析；监管措施 | 风险综合评级；控制风险得分 |
| 第三支柱（市场约束机制） | 难以监管的风险 | 公司信息披露；监管信息披露；信用评级 | 市场评级等 |

资料来源：编者根据公开资料整理。

（3）在监管政策方面，为促进数字保险健康规范发展，银保监会等相关监管机构先后出台了多部法律法规规范保险机构经营数字保险行为。如图8-3所示，2005年4月，《电子签名法》施行，通过规范电子签名的使用和保管，使电子签名具备了法律效力。为促进数字保险健康有序发展，防范数字保险欺诈风险，切实保障保险利益相关方的合法权益，原保监会在2011年4月印发了《互联网保险业务监管规定（征求意见）》。而后，原保监会又发布《互联网保险业务监管暂行办法》，进一步规范了数字保险机构的经营范围和业务操作。2020年12月，银保监会颁布《互联网保险业务监管办法》（以下简称《办法》），替代了原有的暂行办法。《办法》包括总则、基本业务规则、特别业务规则、监督管理和附则，厘清了数字保险业务的本质、经营要求，在规定"基本业务规则"的基础上，规定了各类保险机构的"特别业务规则"和互联网企业代理保险业务[①]的条件。2021年1月，银保监会更新了《保险公司偿付能力监管规定》，指出保险机构偿付能力须符合三项要求，并进一步优化利率风险计量方法等。

---

　　① 互联网企业代理保险业务：互联网企业利用符合《互联网保险业务监管办法》规定的自营网络平台代理销售互联网保险产品、提供保险服务的经营活动。

通过规范电子签名的使用和保
管，使数字保险具有法律效力

《电子签名法》
2005年4月

2011年4月
《互联网保险业务监管规定
(征求意见稿)》

推动保单电子化发展，基本建立了偿付能力、
公司治理和市场行为三支柱监管框架，监管
的规范化、信息化水平显著提升
《中国保险业发展"十二五"规划纲要》
2011年8月

促进数字保险健康有序发展，防范
网络保险欺诈风险，切实保护保险
人、被保险人和受益人的合法权益

2014年4月
《关于规范人身保险公司经营互联网保险有关问题
的通知(征求意见稿)》

2015年7月
《互联网保险业务监管暂行办法》

正式就人身险公司经营互联网保险的条件、风
险监督等问题向业内征求意见

明确规定了数字保险的发展主体、经营
范围以及门槛标准

2016年1月
《关于加强互联网平台保证保险业务管理的通知》
进一步明确了数字保险的信息披露和内控管理

2020年6月
《关于规范互联网保险销售行为可回
溯管理的通知》

进一步加强保险机构投资资产穿透
式监管；进一步完善利率风险计量
方法
《保险公司偿付能力管理规
定》
2021年1月

提出数字保险销售过程的全流程回溯，并要求
该记录能被监管机构查验

2020年12月
《互联网保险业务监管办法》

明确了数字保险业务本质、制度适用和衔接政策、经营要求、持
牌经营原则、持牌机构自营网络平台、持牌机构经营条件、非持
牌机构禁止行为、保险营销宣传行为、管理要求和业务行为标准
等；按经营主体分类监管，在规定"基本业务规则"的基础上，进
一步规定了各类保险机构的"特别业务规则"等

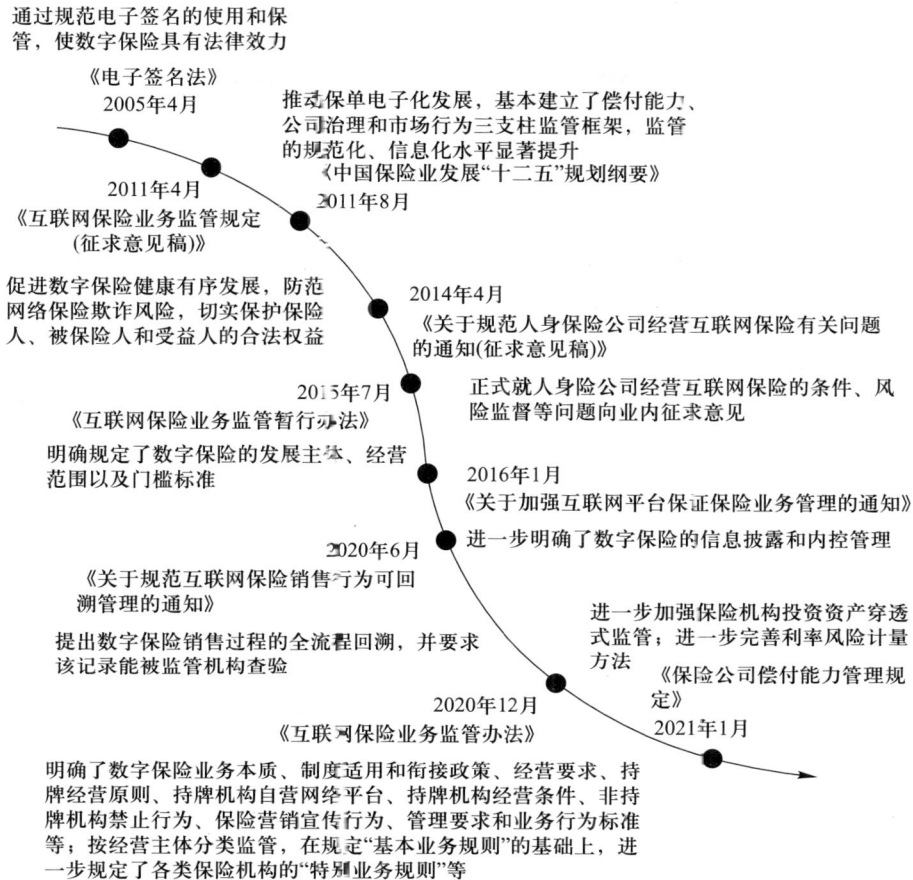

图 8-3　数字保险监管相关法律与政策

## 二、数字保险监管难点

数字保险监管的难点主要包括监管相关法律法规滞后、监管手段缺乏有效性和监管人才较
为匮乏。

### (一)　监管相关法律法规滞后

尽管银保监会陆续出台了多部数字保险相关政策性文件，但由于数字保险监管是一个系统
性工程，监管相关法律法规相对滞后于数字保险发展，难以对数字保险实现全面监管。2020
年，金融稳定协会（Financial Stability Institute）发布报告指出，虽然各国监管机构能够运用各
类监管措施应对数字技术创新，但是随着数字技术进一步发展和应用，监管机构仍然面对较大
挑战（锁凌燕和吴海青，2021）。比如，Nicholson（2019）指出，保险监管机构现阶段面临的
挑战之一是保险数据的要素化。但我国立法机构部门尚未出台关于保险业数据确权、流通、定
价等细分类法律法规，导致数字保险监管机构在处理相关纠纷时难度增大。同时，国外发生的
大型保险业数据泄露事件也为银保监会拉响了警钟。监管相关法律法规滞后于数字保险发展，

导致消费者数据大面积泄露，影响了消费者隐私和财产安全。

## 拓展阅读

### 保险数据泄露警示：保险业缺少专门的制度规范

在数字经济时代，数据管理存在疏漏导致用户数据泄露事件引起了人们的关注。而保险机构收集了大量用户个人身份信息、资金支付信息以及健康、习惯等敏感数据，保护这些数据安全尤为重要。据外媒报道，南非保险服务商 QSure、法国安盛保险机构接连卷入数据泄露事件，敲响了把控数据安全风险的警钟。

据了解，QSure 是一家与保险企业、保险中介企业等保险机构合作的保险服务商，为保险机构提供定制的专业收款和支付服务。2021 年，QSure 遭遇数据泄露事件，其用户银行账户信息等敏感数据被第三方盗取。同时，QSure 合作的保险企业 Hollard 提醒，若违法犯罪分子使用了被泄露的用户数据，会增加欺诈与身份盗窃的风险。

而在 2021 年 5 月，法国安盛保险公司在亚洲的运营业务遭到勒索软件攻击，导致其在泰国的分支机构 Inter Partners Asia 处理的某些数据发生泄露。此前，瑞典最大的保险企业 Folksam 在某次内部审计中，发现其与数字合作伙伴共享的近百万客户的个人数据在社交媒体上被泄露。

多年前，我国保险机构也曾发生过多起用户数据泄露事件。2013 年，某保险公司近 80 万份保单信息可在其合作公司网站中公开查询；2015 年，补天漏洞响应平台——白帽子指出，某保险企业存在数据泄漏风险，这些数据包括用户身份证、银行卡号、保险企业与其他机构合作的金额、开户企业信息、内部业务人员账号密码等敏感数据。

尽管近年来我国保险业未发生大型数据泄露事件，但非法获取和买卖数据现象越来越严重。专家表示，我国现阶段保险业数据安全性环境存在明显不足，缺乏专门的制度与规范，且保险机构管理意识不强，存在制度缺失或执行力有限的情况。

而银保监会也注意到保险数据安全性环境存在不足，在法规中强调了数据安全的重要性，通过细化规则填补漏洞。比如，2021 年，银保监会在《保险中介机构信息化工作监管办法》中提到，保险中介机构在开展信息化工作时，不得违规泄露保险相关方数据，应当与关联企业形成有效隔离。

（资料来源：保险数字化首要解决数据确权.中国经营报，2020-11-28；保险信息泄露事故警示：行业数据安全环境仍存不足，需搭牢制度篱笆强化执行.蓝琼财经，2021-07-07。）

### （二）监管手段缺乏有效性

数字保险涉及范围广且发展尚不成熟，更加容易积聚风险，保险监管机构缺少有效监管手段，不能全面及时监测和控制各类风险，存在难以保障消费者权益等问题。2021 年 8 月，银保监会针对数字保险乱象发布了相关文件，指出部分互联网平台涉嫌非法从事保险业务，部分保险机构的数字保险产品存在定价风险突出、投诉纠纷多、销售误导等问题，提出让各保险机构自查自纠，并拉网式梳理与互联网平台合作业务情况。银保监会干部王磊曾在公开场合表示，数字保险面临着非法经营、产品定价风险突出等问题。比如，部分互联网平台虽然控股或参股了一些保险机构，但其自身并未获得保险经营牌照，便在主营业务中销售数字保险。更有甚者，一些互联网平台没有获得保险业务经营许可，便直接利用生态场景内积累的客户数据优势开展数字保险业务。这些企业都涉嫌非法经营数字保险业务，但保险监管机构却难以及时对这些现象做出事前监管，暴露出保险监管机构存在监管手段不足的问题。同时，数字技术的发展不仅使金融风险传播速度更快、渗透更深，也进一步推动了金融业混业经营现象。金融风险因业务交叉而更具传染性，容易引发系统性风险。同时，一些新兴业务模式仍在触碰或者变相突破监管红线，部分保险机构打着"金融创新""数字保险"的名号非法开展业务，使得潜在金融风险更加隐蔽与复杂。而保险监管机构缺少能够识别新型数字保险风险的监管手段，也难以运用监管手段对该类风险做出事前监管，难以有效保护消费者相关权益。

## 小案例

### 数字保险乱象屡禁不止

2022年3月21日，泰康在线财产保险股份有限公司（以下简称"泰康在线"）因宣传"1元保"被央视点名批评。次日，银保监会称将立即展开立案调查。

记者调查发现，在共享单车扫码界面、公交车乘车码、共享充电宝扫码等多个场景都能看到"1元保""首月0元"等数字保险广告。一些保险机构将前期优惠的保险费用分摊至后期，却不在投保界面告知投保人具体收费标准，使得投保人陷入"套路保"。

在泰康在线被点名后，记者发现泰康在线官网与小程序仍然打着"首月1元""1元购""不分年龄每月1元"等广告售卖保险产品。并且在实际购买过程中，记者与客服沟通发现，该保险产品针对不同年龄阶段的投保人设置了不同的保费。此外，黑猫投诉平台显示，大量消费者曾经投诉泰康在线虚假宣传保险产品，并投放钓鱼网站诱骗消费者开通保险服务。

实际上，银保监会多次下发通知文件整肃数字保险虚假宣传、销售误导等乱象。但这类问题仍然屡禁不止，侵害了消费者的消费知情权、公平交易权与财产安全权等相关权益。

（资料来源：泰康在线因"1元保"被央视点名　媒体曝鸿坤金服现逾期无法兑付. 网易新闻，2022-03-30。）

### （三）监管人才较为匮乏

保险监管机构尚未完全建成数据治理体系，缺少数字保险相关监管人才，导致保险监管机构的数字保险监管能力较差。数字保险是传统保险和数字技术高度融合的产物。从事数字保险监管的工作人员不仅需要具备扎实的保险专业知识，还需要具备对新型数字保险创新活动的风险预警能力和监测能力。现阶段，部分市场从业人员了解分业监管的工作重心和监管手段，能够利用监管空白在不同行业中套取资金，而数字保险监管人员特定领域的专业知识储备不足，难以识别跨行业交叉风险。比如，我国近年来引发股灾、债灾与险灾的各类资管计划，均与保险监管队伍缺乏系统掌握市场动态和监管规则的能力有关。

---

**拓展阅读**

**华润信托被撤销中英益利保险资管股东资格：合规管理漏洞或引发跨行业风险**

2020 年 8 月 12 日，银保监会公布了一项行政许可事项撤销决定书，其中显示中英益利的股东——华润信托使用非自有资金出资筹建中英益利并发布虚假声明，决定撤销之前同意华润信托共同筹建中英益利的行政许可。

回到 2012 年 6 月，经原保监会批准，中英人寿、华润信托、信泰人寿与上海凯石投资共同发起筹建中英益利资产管理有限公司。因其股东分别为两家寿险机构、一家信托机构与一家私募机构，该公司被业界称为首家"混血"资管牌照，能够更好地发挥投资功能和挖掘投资机会。而到 2019 年 1 月，华润信托因涉嫌多项违规行为被银保监会深圳监管局处罚金人民币 460 万元及没收违法所得人民币 150 万元。违规行为包括违规代持保险资产管理公司股权、协助保险资金投资通道类信托计划等。一旦这些违规行为引发跨行业交叉风险，会引起投保人恐慌而发生保险挤兑等事件，进而造成社会经济动荡。

（资料来源：编者根据中国基金报整理。）

---

## 第三节　影响数字保险监管发展的因素

本节将分析影响数字保险监管发展的因素，主要包括国家政策与监管强度、数字技术的发展水平与运用、监管目标与人才储备。

### 一、国家政策与监管强度

（1）国家政策影响数字保险监管发展的总体方向。近年来，为强化保险监管机构的数字保险监管能力，国务院和央行通过发布一系列政策文件推动数字技术在数字保险监管中的运用。如图 8-4 所示，央行在 2017 年 6 月就提出，要探索基于大数据、人工智能等数字技术的穿透式监管方法。2018 年 3 月，国务院办公厅提出要建立金融业综合统计基础数据归集平台，并在此基础上运用大数据等数字技术建立完备的国家金融基础数据库。同年 10 月，北京市政府发布政策称，要探索沙盒试点和金融风险管理试验区，以缓解现有监管工作中的资源约束，为数字保险监管发展指明了方向。2019 年 8 月，央行发布了《金融科技发展规划》，指出要从监管科技、数字监管规则库、风险管理模型等方面着手提升监管机构的监管能力。2022 年 1 月，央行又提出要加强数字化监管能力建设，并强化金融科技创新行为监管（见图 8-4）。由此可见，这些国家政策指出保险监管机构要运用数字技术和监管沙盒工具提升自身的监管能力，为数字保险监管体系建设提供了思路，也为数字保险发展指引了方向。

2018—2019年，国家金融基础数据库建立金融业综合统计基础数据归集平台，在数据源上依托金融管理部门现有信息系统资源，构建分层次的数据组织架构。
2020—2022年，综合运用大数据等现代信息技术手段，加快建设先进、完备的国家金融基础数据库，实现对基础数据源、汇总指标与统计报表的多层级数据逻辑对应关系审核，并提供数据查询、报表生产、数据挖掘与分析服务。

央行提出要提升穿透式监管能力。加强监管科技应用，建立健全数字化监管规则库，研究制定风险管理模型，完善监管数据采集机制，通过系统嵌入、API等手段，实时获取风险信息、自动抓取业务特征数据，保障监管信息的真实性和时效性。

《国务院办公厅关于全面推进金融业综合统计工作的意见》

《金融科技发展规划(2019—2021年)》

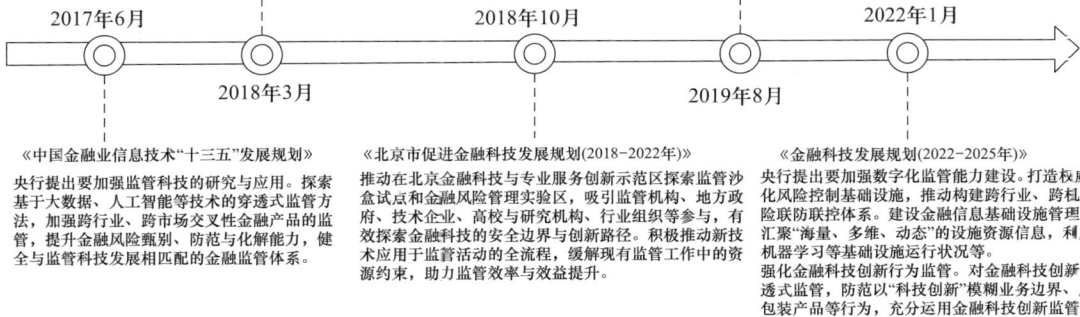

2017年6月　　　　　　　　　　　2018年10月　　　　　　　　　　2022年1月

2018年3月　　　　　　　　　　　　　　　2019年8月

《中国金融业信息技术"十三五"发展规划》
央行提出要加强监管科技的研究与应用。探索基于大数据、人工智能等技术的穿透式监管方法，加强跨行业、跨市场交叉性金融产品的监管，提升金融风险甄别、防范与化解能力，健全与监管科技发展相匹配的金融监管体系。

《北京市促进金融科技发展规划(2018—2022年)》
推动在北京金融科技与专业服务创新示范区探索监管沙盒试点和金融风险管理实验区，吸引监管机构、地方政府、技术企业、高校与研究机构、行业组织等参与，有效探索金融科技的安全边界与创新路径。积极推动新技术应用于监管活动的全流程，缓解现有监管工作中的资源约束，助力监管效率与效益提升。

《金融科技发展规划(2022—2025年)》
央行提出要加强数字化监管能力建设。打造权威、专业化风险控制基础设施，推动构建跨行业、跨机构的风险联防联控体系。建设金融信息基础设施管理平台，汇聚"海量、多维、动态"的设施资源信息，利用数据、机器学习等基础设施运行状况等。
强化金融科技创新行为监管。对金融科技创新实施穿透式监管，防范以"科技创新"模糊业务边界、层层包装产品等行为，充分运用金融科技创新监管工具⋯

图8-4　数字技术与保险监管相关政策发展历程

资料来源：编者根据公开资料绘制。

（2）数字保险监管强度影响了保险监管机构的积极性。由上文可知，金融科技创新层出不穷，保险监管机构难以运用现有的监管手段对其实施有效监管，使得数字保险存在"监管真空""监管套利"等现象。为平衡数字保险发展与监管，保险监管机构也提升了对数字保险创新产品、模式等方面的监管积极性，通过开罚单、设置监管沙盒等方式提高数字保险监管强度。比如，保险中介机构一直是保险业处罚的"重灾区"。2019年以来，银保监会多次下发通知规范保险中介机构经营业务活动，但却没有改善保险中介机构违法经营现象。特别是在数字经济时代，数字技术的发展催生了大量数字保险自媒体中介平台，这些平台在为投保人普及保险知识与提供产品咨询服务时，也会通过公众号、短视频测评等方式为数字保险产品引流。但是，由于监管强度较低，部分平台存在编织虚假信息诱导投保人消费、泄露投保人隐私等现象。截至2019年11月，银保监会及其派出机构注销了400余家保险中介许可证，对专业保险中介机构所开罚单占保险罚单的40%左右。2019年12月，银保监会中介部也提出将通过发布数字保险监管办法向部门保险机构征求意见，寻求解决数字保险监管办法，进一步加大保险业新型数字保险的强监管态势。可见，数字保险监管强度低提高了数字保险的创新活力，为平衡数字保险的发展与监管，改善数字保险存在的"监管真空""监管套利"等现象，保险监管机构进一步提升了数字保险监管的积极性。

## 二、数字技术的发展水平与运用

（1）数字技术的发展水平助力保险监管机构推出新的监管手段，为数字保险监管发展提供了条件。一方面，数字保险监管体系建设离不开大数据、人工智能等数字技术的发展水平。在传统保险监管中，银保监会通常采用政策指导、现场检查与非现场检查等方式开展保险监管工作，耗费大量的人力、物力也难以及时发现保险机构存在的违规经营问题。2020年5月，银保监会发布《关于开展监管数据质量专项治理工作的通知》，提出要推动保险业和银行业监管数据质量治理。随后，银保监会发布了针对人身险和财险机构的监管数据标准化规范，借助数字技术推出 EAST 系统。该系统运用大数据、云计算等数字技术进行现场检查项目管理、标准化数据提取及数据模型创建、发布和管理。银保监会在保险监管数据治理工作中运用该系统，为其自身处理大批量监管数据提供了条件。可见，数字技术的发展使得保险监管机构具备标准化处理海量保险监管数据的能力，也能提高其金融风险监测能力。另一方面，随着数字技术发展，银保监会推出的监管沙盒还能测试基于数字技术创新的监管办法和监管技术，进而更好地促进监管规则的修订与实施有效的监管措施。同时，数字技术助力银保监会建立完善的项目数据库，提高监管沙盒测试结果的准确性。此外，大数据技术和人工智能技术也能使监管沙盒持续记录沙盒内保险产品和服务的运行数据，自动评估测试产品的风险防控能力。

（2）数字技术在数字保险监管中的运用加快了数字保险监管发展的速度。银保监会运用数字技术建设 EAST 系统，使其自动采集保险机构的数据，通过设定统一的监管数据标准降低监管机构现场检查的人工成本，提高了保险监管机构处理监管数据的能力。此外，保险监管机构运用传统的监管手段通常只能在事后发现保险机构的违规经营问题，且需要根据保险机构实际经营中发现的问题完善原有的监管规则，导致数字保险监管发展速度较慢。而数字技术在保险监管中的运用加快了数字保险监管发展的速度。以监管沙盒为例。沙盒技术的本质是一种新的云计算技术，保险监管机构将监管政策和监管技术放置在模拟的控制系统中，可以提升监管的可拓展性与操作性，还能缩短保险监管机构的监管政策和监管技术推出时间。

### 三、监管目标与监管人才

（1）保险监管机构的监管目标推动了数字保险监管发展。保险监管机构的监管目标是防范、化解潜在金融风险和降低保险监管成本，但保险监管机构缺少有效监管手段以实现该目标。而且数字技术的发展进一步推动了金融业混业经营现象，使得金融风险因业务交叉而更具传染性，容易引发系统性风险。保险监管机构也想解决数字保险存在的潜在风险问题。以监管沙盒为例。保险监管机构运用监管沙盒不仅可以鼓励数字保险产品和服务创新，还能改善保险监管滞后于数字保险发展的现象，实现防范、化解金融风险的监管目标。此外，保险监管机构运用 EAST 系统能够解决数据报送问题，捕捉信息数据的关联性及规律性，进而降低保险监管成本，助力保险监管机构实现监管成本低的监管目标。

（2）监管人才影响了保险监管机构自身能力建设，进而影响了数字保险监管发展的效果。过去，银保监会的监管人才主要来自金融专业、经济专业、会计专业等，也有小部分监管人才具有法律、计算机、外语等背景，共同构成了我国保险监管人才梯队。但随着数字技术发展、各行业数字化转型以及我国宏观经济发生变化，以往监管人才梯队面临着巨大挑战。面对此类现象，监管机构有意识地培养相应的金融监管专门人才，为金融稳定发展提供有效保障。一方面，传统监管人才较少掌握数字技术，难以有效借助数字技术实施监管，导致数字保险监管效率较低。另一方面，数字技术人才缺少数字保险监管的专业知识与经验，未能系统掌握市场动态和监管规则，难以及时发现监管漏洞、监管空白等问题。两种人才难以融合并形成合力，影响了数字保险监管效果。此外，保险监管机构进行数字化转型也离不开复合型监管人才的支持。

# 第四节 构建数字保险监管体系

构建与数字保险发展相适应的数字保险监管体系是数字保险监管重点工作。数字保险监管体系的核心是监管机构的数字化转型。数字保险监管体系建设要秉承以下四点原则：一是坚持底线思维，管住风险底线，守住风险前沿，确保不发生系统性风险；二是坚持监管一致性原则，保持线上、线下保险监管的一致性，防止监管套利行为；三是坚持公开性原则，持续提高数字保险市场透明度，依法保障消费者知情权和选择权；四是坚持合作性原则，形成监管机构监管、市场约束、行业自律、机构内控、社会监督五位一体的监管体系。基于上文分析，本节将进一步阐述如何构建数字保险监管体系，包括完善监管制度、更新监管理念、发展监管技术和培养监管人才。

## 一、完善监管制度

（1）保险监管机构要进一步完善和宣传与数字保险监管相关的法律法规，加强对数字保险产品或服务的合规监管和数字保险机构的行为监管。保险监管机构要从战略层面重视数字保险监管顶层设计，进一步完善数字保险监管法律法规，使数字保险发展过程中产生的风险处于可控范围内。一方面，保险监管机构要重视运用监管沙盒等监管工具加强数字保险产品或服务的合规监管，培养数字保险机构主动合规意识，从源头引导保险机构进行合规数字保险创新。另一方面，保险监管机构还要通过完善数字保险相关法律法规，为加强数字保险机构行为监管奠定法律基础。保险监管机构要从制度层面明确各自在数字保险创新中的监管职责，尽可能明确数字保险机构行为引致的潜在金融风险和技术风险，并从立法角度对各类风险实施分类监管。

（2）保险监管机构需要进一步压实数字保险创新的主体责任，通过细化相关监管机构的职责范围发挥分业监管体制的作用。保险监管机构应当认识到部分违法分子能够借助数字保险创新进行跨行业监管套利，可能也与相关监管政策不够完善有关。故保险监管机构应当及时调整监管政策，压实各级相关监管机构的主体责任，对不同类型金融机构的数字金融产品或服务创新、各个业务环节实现无差异监管。同时，保险监管机构还要继续细化监管主体的职责范围，注重监管的协调性和一致性，做到"有险能避、有责必究"，切实落实监管主体责任，及时防范与化解数字保险创新产生的新型风险。

> **拓展阅读**
>
> ### 国际保险监督官协会（IAIS）：提高监管的一致性与有效性
>
> IAIS基于保险监管核心原则（ICPs）和国际活跃保险集团监管共同框架（ComFrame）提出的监管要求，发布了《保险业系统性风险整体框架》（以下简称"《框架》"），旨在增强监管一致性、了解保险市场发展趋势与防范系统性风险。

IAIS 在《框架》中提出将收集重点保险机构和整体行业数据，评估系统性风险并与相关监管机构共享信息。一方面，IAIS 将在全球范围里筛选符合条件的保险机构，采用绝对值评估、相对值评估、跨行业分析等方法评估重点保险机构风险，并依此了解风险集中度水平、潜在异常值的情况。另一方面，IAIS 也收集了自愿参与行业整体风险监测经济体的数据，采用定量评估、定性评估、趋势分析等方法分析行业整体风险变化趋势。基于此，IAIS 可以按照指定的操作细则开展评估工作，形成对全球保险业风险的综合性和前瞻性评估，能够提升监管的一致性和有效性。

（资料来源：一文读懂《保险业系统性风险整体框架》. 21 世纪经济报道，2020-11-09。）

## 二、更新监管理念

（1）保险监管机构要建立、完善多层次数字保险监管体系。在数字经济蓬勃发展的背景下，银保监会应当根据形势变化更新监管理念，与相关监管机构、保险行业协会、保险机构和保险消费者在内的主体，共同打造基于法律法规约束，行政监管、行业规范、机构自律、公众监督的多层次数字保险监管体系。同时，保险监管机构要建立金融信息共享机制，避免各类监管机构间信息不对称造成监管失灵。相关主管部门应当进一步构建并完善金融监管协调机制，促进各金融监管机构之间的合作监管。此外，银保监会要支持大、中、小、新各类保险从业机构和市场主体探索更具适应性、竞争性与普惠性的业务形态和商业模式，完善多层次产品供给结构。

（2）保险监管机构要秉持包容性监管原则，进一步强化穿透式监管理念。穿透式监管包含横向穿透和纵向穿透两个维度。横向穿透监管主要聚焦微观审慎监管，其目标是控制金融机构的单体风险，要根据"实质重于形式"的原则识别跨领域经营的金融业务和行为实质，通过穿透金融产品及工具的表面形态把握其本质属性和底层逻辑。纵向穿透监管更偏向宏观审慎监管，以防范系统性金融风险为目标，全流程监管混业经营涉及的金融产品、金融业务、资金等。数字技术在保险业的运用衍生出数字保险，其涉及的经营主体、涉足的领域更加复杂且广泛，各种类保险产品、类保险机构等新型业态和经营主体仍游离在监管之外。故保险监管机构应当进一步强化穿透式监管理念。但是，保险监管机构也要避免过度使用穿透式监管，以防打乱有序的监管结构，引发新一轮数字保险监管问题。故保险监管机构在原有的保险机构经营活动监管、保险业务监管和保险市场行为监管的基础上，还要重视监管机构间的统筹协调，有效避免单纯使用某种监管手段对整个数字保险监管造成危害。

## 拓展阅读

### 法链模式：以"效率+公平"为首要监管理念

面对监管滞后于数字保险创新的现象，部分国家提出了"法链模式"，即将区块链技术与监管结合起来，营造一个透明公开、共同治理的监管环境。

法链模式秉承着以效率和公平相结合的首要监管理念，旨在防范金融风险、鼓励数字保险创新与保护消费者权益。一方面，区块链技术具有去中心化、分布式、共识信任等特征，使得链上信息不易篡改，能够解决保险监管机构、保险机构以及消费者之间的信息不对称问题，有效降低保险监管机构的监管成本和保险机构的合规成本，同时有利于消费者通过价格形成机制作出理性决策并保护自身权益，化解潜在金融风险，并促进金融市场稳定。另一方面，得益于区块链技术的运用，法链模式使得监管主体更多元化，保险机构、消费者以及社会公众均可以成为第三方监管主体，对创新业务进行监管。而监管机构也可以减少使用各类刚性监管政策和直接干预措施，从中扮演协调者和平衡者的角色。

（资料来源：央行最新部署，揭开金融科技监管的神秘面纱. 新浪网，2022-04-16。）

### 三、发展监管技术

（1）数字保险监管要重视大数据、人工智能等新兴数字技术工具的支撑和辅助，并重视数字技术监管。银保监会要借助大数据、人工智能等数字技术完善常态化风险监测机制，并根据各类数字技术的特点调整、优化监管方法，提升监管的针对性和前瞻性。比如，银保监会可以运用区块链技术搭建不可篡改的去中心化信息网络，确保保险数据的点对点传输，从而促进监管机构间协调合作。同时，政府等相关部门应当重视数字基础设施平台建设，充分发挥数字基础设施和保险业数据的支撑作用，与保险监管机构、行业自律组织、保险机构等相关主体共同推进数字保险高质量发展。此外，保险监管机构应当明确数字保险监管不仅包含保险业务监管，还包括数字技术监管。即保险监管机构应当规范和管理支撑数字保险创新的底层技术，并重视管理数字保险创新背后相关机构规范运营。

（2）保险监管机构要关注前沿数字技术的发展趋势，积极与金融科技公司、国外保险监管机构等展开交流合作，提高数字保险监管水平。保险监管机构自主研发数字保险监管产品的进程通常较慢，保险监管机构要主动关注大数据、人工智能技术以及其他新兴数字技术的发展趋势，通过与金融科技公司合作研发、购买专业监管科技企业服务等方式，加快构建数字保险监管体系建设。在此过程中，保险监管机构要加强与金融科技公司、专业监管科技企业的沟通，明确告知其监管产品预期要达到的效果。同时，保险监管机构在与外部企业合作过程中要注重保护消费者以及保险机构隐私，预防监管数据泄露风险。英国金融市场行为监管局推出创新中心、监管沙盒、电子沙盒等项目，为数字保险发展提供合规指导与测试空间。美国消费者金融保护局推出了催化剂项目以推动金融创新进程。在安全可控前提下，保险监管机构可以继续借鉴这类灵活高效的金融创新项目，为数字保险创新提供试验空间和改进机会。同时，我国保险监管机构可以加强与发达国家在数字保险监管发展方面的交流，成立国际性行业交流组织，定期分享最新的应用成果或促成国际合作项目，提高自身数字保险监管水平。下文根据国外监管科技企业运用数字技术的情况，为我国构建数字保险监管体系提供借鉴。

**拓展阅读**

### 德勤：部分监管科技企业发展监管技术情况

德勤在研究全球数字技术在监管机构中运用情况时发现，监管科技公司逐渐成为市场关注的热点。监管科技公司主要聚焦监管研究、交易监控、合规咨询、用户身份管控和风险管理等领域，为客户提供用户身份管控、提交各类监管报告等服务。

随着数字技术的高速发展，大数据、人工智能、区块链等数字技术运用于监管领域，使得监管科技企业成为市场关注的热点。现阶段，英国等欧洲国家以及美国拥有全球最多的监管科技企业，并投入了大量资金在监管技术发展中。德勤研究发现，欧洲国家拥有58家重点监管科技企业，占重点监管企业总数的72.5%；美国拥有16家重点监管科技企业，占重点监管企业总数的20%。比如，在运用数字技术的前提下，Trustev通过实时扫描交易以确定其合法性，在线提供防欺诈解决方案。Corlytics为保险企业等金融机构提供合规风险分析。Cappitech能够提供交易和监管报告。OSIS能够提供信用风险分析和监管报告。

监管技术不仅可以助力监管机构避免信息不对称问题，解决监管套利问题，预防发生系统性金融风险；还可以辅助保险机构做决策，降低保险机构的合规成本等。

（资料来源：全球监管科技浪潮来袭. 中国银行保险报，2019-10-30；首席风控合规官. 监管科技面面观. 腾讯网，2021-09-12。）

## 四、培养监管人才

保险监管机构需要继续扩大具有复合知识背景的监管人才队伍，为数字保险监管发展设立人才储备计划。在央行建立的金融基础数据中心基础上，银保监会及其派出机构还需继续落实人才引进计划，为构建数字保险监管体系提供智力支持。比如，保险监管机构可以定期举办各类交流、实地操作、业务培训等活动，帮助现有人才学习特定领域的专业知识，提升监管人才队伍掌握市场动态和监管规则的能力。同时，保险监管机构还可以进一步优化年度考核机制和晋升管理办法，激励相关人才向具备监管专业知识素养和数字技术知识的复合型人才转型。此外，保险监管机构可以与高校进行合作，在高校实施"产学研"联培计划，通过设置专业课程、举办相关竞赛类项目等方式挖掘潜在监管人才。

**本章小结**

本章首先介绍了保险监管的相关概念和监管内容。保险监管是指国家或地区通过设立保险监管机构对保险机构的经营活动、偿付能力及保险市场行为进行监督管理。随着数字技术与传统保险深度结合，传统保险监管逐渐向数字保险监管转型。

现阶段，保险监管机构从很多方面对数字保险监管进行了探索。在监管工具方面，保险监管机构通过监管沙盒对数字保险监管。在监管手段方面，保险监管机构在不断更新升级偿付能力监管体系。在监管政策方面，银保监会等相关监管机构先后多次出台了法律法规规范保险机构经营数字保险行为。但是，数字保险监管存在很多沉疴亟须解决，包括监管相关法律法规滞后、监管手段缺乏有效性和监管人才较为匮乏。本章从数字保险监管现状出发，介绍了数字保险监管在监管政策、监管手段与监管人才方面存在的痛点，梳理了影响数字保险监管发展的因素，进而阐述了如何构建数字保险监管体系，包括完善监管制度、更新监管理念、发展监管技术和培养监管人才。

## 思考与练习

1. 保险监管的概念是什么？保险监管机构的监管内容是什么？
2. 数字保险监管现状如何？存在哪些问题？
3. 影响数字保险监管发展的因素有哪些？
4. 你认为如何构建有效的数字保险监管体系？
5. 你认为数字保险监管未来发展面临的挑战与机遇有哪些？

## 即测即评

## 参考文献

［1］Nicholson J E. Challenges for the Insurance Industry in the Future，Journal of Insurance Regulation，2019，38（6）.

［2］锁凌燕，吴海青. 数据要素化与保险监管改革［J］. 保险研究，2021（10）：79-89，105.

［3］曾燕，杨佳慧，等. 中国数字普惠金融热点问题评述（2020—2021）［M］. 北京：中国社会科学出版社，2021.

# 第九章　数字保险前沿

## 学习目标

　　通过本章学习，学生应能够：掌握 UBI 车险、网络安全保险、自动驾驶保险和智能保险顾问的概念和常见类别；了解这些新型数字保险产品的发展历程及现状；思考这些新型数字保险面临的挑战，并展望其发展前景。

## 第一节　UBI 车险

### 导读案例

#### 路比车险推出"公里保"和"优驾保"

　　路比车险是一个从事 UBI（User-behavior insurance 或 Usage-based insurance）车险业务的互联网平台，推出了"公里保"和"优驾保"产品。公里保产品为行驶里程较少的用户提供保险费用优惠，优驾保产品为驾驶习惯良好的用户提供保险费用优惠。

　　路比车险通过车载自动诊断系统①采集用户的数据，并基于用户驾驶行为、出行习惯、用车信息和生活环境等因素实现车险差别定价。一方面，路比车险采集速度、里程、驾驶时间、天气、路况等数据，并使用驾驶评测精算模型评估驾驶风险水平。该评估结果为保险风险定价、用户风险识别等提供依据。另一方面，路比车险基于用户驾驶行为、用车习惯、出行规律等数据和人口属性、社会属性、生活习惯等信息，构建用户忠诚度、用户价值等模型。路比车险利用构建的模型进行用户画像，为精准营销、用户统计、效果评估等提供决策依据。

　　对于敏感性私人信息，路比车险基于 PKI②和密码学等技术，构建数据安全防护系统和运行管理机制，确保数据安全。对于公开数据和共享数据，路比车险采取开放共赢态度与其他保险公司合作，提供可供其他保险公司使用的数据。同时，路比车险通过数据平台打通数

---

　　① 车载自动诊断系统：On-Board Diagnostics，简称 OBD，是外部测试设备与车辆连接的接口。保险公司把外部测试设备插入 OBD 接口可读取车辆上的传感器参数，如油耗、车速、行车轨迹、行驶里程和行驶时间等。
　　② PKI：Public Key Infrastructure，公钥基础设施，是一个包括硬件、软件、人员、策略和规程的集合，用来实现基于公钥密码体系的密钥生成和证书产生、管理、存储、分发和撤销等功能。

据壁垒，建立跨行业的数据通道，满足合作方查询各类产品风险数据的需求，并衔接保险公司各业务流程和环节，让合作方可以快速落地 UBI 创新产品。

截至 2021 年 6 月，路比车险分析了超过 1 000 万辆车辆的数据。相比行业内 45% 的出险率，路比车险的 UBI 优质客户出险率最低可至 16%。

（资料来源：路比 UBI 车险官网。）

随着大数据、物联网等数字技术的广泛应用，越来越多公司通过收集和分析消费者个体层面的数据，提供更合理的定价或更个性化的服务。在商车费改背景下，以差别定价为显著特征的 UBI 车险也成为企业解决生存困境的方案之一，吸引了众多车险企业的目光。UBI 车险是什么？UBI 车险有哪些类别？UBI 车险的发展历程和现状如何？UBI 车险在发展过程中面临哪些挑战？UBI 车险的发展前景如何？

本节将探讨上述问题。本节首先阐述 UBI 车险的概念，并介绍 UBI 车险的类别；其次介绍 UBI 车险的发展历程和现状；最后思考 UBI 车险面临的挑战并展望 UBI 车险的未来。

## 一、UBI 车险概述

### （一）UBI 和 UBI 车险的概念

UBI 为基于消费者使用情况或行为厘定保险费用的保险产品，是保险行业在定价方面创新的产品。UBI 车险是 UBI 应用最广泛、发展最成熟的领域。UBI 车险是基于驾驶者驾驶行为和车辆使用数据厘定保险费用的保险产品。保险公司通过车联网、智能手机、OBD、车辆行驶记录仪[①]等联网设备将驾驶者的驾驶习惯、驾驶技术、车辆信息和周围环境等数据综合起来，建立人、车、路（环境）多维度模型进行差别定价（寇业富，2019）。

### （二）UBI 车险的分类

不同种类的 UBI 车险在定价模式上存在差异。定价模式指保险公司基于何种因素厘定保费，体现了保险公司的差异性，也影响投保人的选择。根据定价模式不同，UBI 车险可分为行车距离型（Pay As You Drive，PAYD）、驾驶行为型（Pay How You Drive，PHYD）和驾驶习惯管理型（Manage How You Drive，MHYD）三种类型。

PAYD 是最早兴起的 UBI 定价模式，该模式根据被保险车辆行驶里程数进行定价。在该模式下，保险公司通过车载 GPS 设备等获取车辆行驶里程数据，行驶里程较少的用户可以支付更低的保险费用。例如，美国保险公司 Metromile 是采用 PAYD 定价模式的代表性公司。2012 年 6 月，Metromile 推出 PAYD 定价模式的车险，根据汽车监控设备追踪到的车辆行驶里程确定保险费用。保险费用由固定费用和驾驶里程对应的变动费用构成。

---

① 车辆行驶记录仪：黑匣子，是对车辆行驶速度、时间、里程以及有关车辆行驶的其他状态信息记录和存储，并可通过接口实现数据输出的数字式电子记录装置。

　　PHYD 综合行驶里程、驾驶习惯与行为等多种因素进行定价，定价指标包括车辆加速度、紧急刹车次数、突然制动次数、行驶时间和行驶路线等。保险公司可通过 GPS、加速度感应器、OBD 等车载设备获取所需数据。① 这种模式要求用户在购买车险前使用保险公司提供的设备对自身驾驶行为和车辆使用情况进行检测。保险公司根据收集的数据分析用户风险级别，并为其提供个性化的保险优惠政策。例如，美国保险公司 Progressive 的 Snapshot 项目是采用 PHYD 定价模式的车险项目。用户若要加入 Snapshot 项目，需先下载 Snapshot 应用软件。Progressive 公司通过 Snapshot 应用软件收集用户近 6 个月驾驶习惯（开始行驶时刻、突然制动次数、紧急刹车次数、行驶时长、车速等），判断用户驾驶习惯是否良好。驾驶习惯良好的用户可以获得更低的车险费率。

　　MHYD 在 PHYD 模式的基础上，实时监测用户的驾驶行为，在驾驶过程中分析和改善用户的驾驶行为。该模式依托于高级驾驶辅助系统②技术。以法国安盛公司（AXA）于 2015 年推出的 Drive Coach 应用软件为例。该软件通过与 Apple Watch 连接，为用户提供驾驶反馈。具体而言，Driver Coach 实时记录用户的加速、刹车和转弯行为，并给其驾驶行为整体打分。通过 Apple Watch，Driver Coach 也把良好的驾驶习惯和有待改善的驾驶习惯反馈给用户，并给用户提供改善建议。

## 二、UBI 车险的发展历程和现状

　　UBI 车险发展迅速，产品形态也较为丰富。

### （一）全球 UBI 车险的发展历程和现状

　　根据 UBI 车险的不同产品形态，我们将全球 UBI 车险的发展历程划分为发展初期和高速发展期。具体而言，PAYD 概念的提出标志着 UBI 车险的诞生，PHYD 产品的出现则标志着 UBI 车险的进一步发展。

　　1. 全球 UBI 车险的发展历程

　　（1）发展初期（1994—2008 年）。PAYD 概念的出现拉开了 UBI 车险发展的序幕。PAYD 概念由 Progressive 公司于 1994 年首次提出。1999 年，Progressive 公司推出首款 PAYD 车险产品。PAYD 车险产品主要利用 GPS 等车载信息系统技术收集数据，部署简易，在 UBI 车险发展初期一直处于市场主导地位。在该阶段，车联网技术和远程通信技术相对不成熟，UBI 车险的产品种类也相对单一。

　　（2）高速发展期（2009 年至今）。随着远程通信技术的进步，UBI 车险产品的种类更加丰富，PHYD 车险产品出现，UBI 车险进入高速发展阶段。PHYD 车险产品可以更好地检测用户驾驶习惯、识别风险因子和差别定价。2009 年，Progressive 公司正式推出首款 PHYD 车险产品 Snapshot。Snapshot 通过检测用户急刹车次数、夜间行车次数等数据分析用户驾驶习惯，从而

---

　　①　路比 UBI：从大数据解锁车险改革新趋势. 路比 UBI 车险官网，2016-08-05。
　　②　高级驾驶辅助系统：简称 ADAS，是利用安装于车上的传感器（如摄像头、雷达、激光、超声波等），实时收集车内外环境数据，并辨别、侦测与追踪静态物体和动态物体，从而能够让驾驶者尽快察觉可能发生的危险，引起驾驶者注意和提高安全性的技术。

进行差别定价。随着 PHYD 车险产品在欧洲和美国的普及，亚洲市场也开始布局 PHYD 车险产品。2015 年，日本索尼保险公司首次推出 PHYD 车险产品。随着 PHYD 车险产品逐渐成熟，部分保险公司也尝试推出了 MHYD 车险产品。但由于保险公司难以实时采集相关车辆数据，该产品形态尚未成熟。①

2. 全球 UBI 车险的发展现状

全球 UBI 车险市场发展迅速。截至 2020 年，UBI 车险市场规模超过 300 亿美元。其中 PHYD 型车险产品占据主要市场。Global Market Insights 估计，2021—2027 年 UBI 市场规模的复合年增长率将超过 20%。从地域分布看，欧美国家 UBI 车险的应用更为广泛，其中美国是最大的 UBI 车险市场，意大利、英国等国家的 UBI 车险发展也十分迅速。

**（二）我国 UBI 车险的发展历程和现状**

在商车费改前，车险公司的费率厘定自主权受到严格限制，因此，我国 UBI 车险的发展明显晚于全球 UBI 车险的发展。根据政策推动、科技发展和保险公司表现情况，我们将中国 UBI 车险的发展历程分为诞生期和探索发展期。

1. 我国 UBI 车险发展历程

（1）诞生期（2013—2017 年）。2013 年，中国人寿携手第三方企业首次进行 UBI 项目试点，拉开了 UBI 车险在我国发展的序幕。平安保险、中国太保、阳光保险、安盛天平等大型保险公司也相继探索 UBI 车险领域。2015 年，原保监会出台《深化商业车险条款费率管理制度改革的意见》，明确提出鼓励和引导财产险公司为保险消费者提供多样化、个性化、差异化的商业车险保障服务。在政策红利助力下，UBI 车险市场迎来爆发式增长。里程保、评驾科技、斑马行车、车挣、几米等 30 余家科技公司纷纷进入 UBI 车险赛道。平安保险、众安保险等上市保险公司也推出了 UBI 车险服务。截至 2016 年，市场中涉及 UBI 概念的科技公司超过 300 家。

2017 年，大批 UBI 车险创业公司转型或倒闭。UBI 产品定价和理赔方法粗暴、用户效果不理想、信息不透明、缺乏行业标准、数据收集困难等问题集中爆发。同时，由于保险行业缺少指导细则和实践经验，UBI 车险面临的具体操作、定价标准、用户隐私等问题均无法得到解决。

（2）探索发展期（2018 年至今）。UBI 车险产品初步获得监管审批，标志着我国进入对 PAYD 车险产品的初步探索阶段。2018 年 9 月，中国保险行业协会在行业创新产品评委会议上通过了中国人保、平安保险、阳光保险和众安保险四家财险公司 UBI 创新产品的申报。2019 年 3 月，中国保险行业协会发布《机动车保险车联网数据采集规范》等四项标准，旨在扩大车联网等数字技术在车险领域的应用。2019 年 11 月，车辆被强制要求安装 OBD 设备。2020 年 7 月，银保监会发布《关于实施车险综合改革的指导意见》，提出支持保险行业在新能源汽车和具备条件的传统汽车中开发机动车里程保险（UBI）等创新产品。随着我国车联网技术不断成熟和监管政策相继出台，UBI 车险迎来了全新发展机遇。

2. 我国 UBI 车险的发展现状

我国的车险产品仍以传统车险产品为主，UBI 车险仍处于发展初期，UBI 车险定价模式尚

---

① 车险 AI 化：旧势力与新革命的未来之争. 亿欧，2022-02-22。

未普及。车载诊断端口功能的欠缺一定程度上影响了保险公司信息获取和数据分析精度，为 UBI 车险的推行带来挑战。但作为汽车保有量大国，我国 UBI 车险市场的发展潜力巨大。

### 三、UBI 车险发展面临的挑战与前景展望

#### （一）UBI 车险发展面临的挑战

UBI 车险在迅速发展的同时，也面临许多挑战。

（1）消费者接纳问题。UBI 车险公司需要解决消费者的顾虑以使消费者接受 UBI 车险。UBI 车险一定程度上提高了消费者效用。消费者可以通过参与折扣的获取、驾驶行为的改善或者驾驶里程的减少来降低车险费用。另外，差异化定价减少了高风险者和低风险者间的交叉补贴，使得风险与保险费用相匹配，更为公平。然而，消费者对使用 UBI 车险也有一定的顾虑。UBI 车险可能带来转换成本。从传统车险向 UBI 车险转换过程中，消费者需要了解不同保险公司的 UBI 车险产品，并获取、安装和使用 UBI 联网设备。此外，UBI 车险以收集消费者个人层面信息为使用前提，但消费者对隐私的分享会产生被侵犯的感觉，甚至担心隐私安全问题（Soleymanian 等，2017）。

（2）公平问题。如上文所述，UBI 车险的差别定价减少了高风险者和低风险者的交叉补贴，使面临不同风险的个体承担不同的保险费用，符合"公平歧视"① 的观点。但是差别定价会引发另一种保险歧视，即更需要购买保险以获得保障的高风险群体无法支付高昂的保险费用，低风险群体没有需求和动力购买保险。尽管这种演变是市场选择的结果，这种发展趋势不利于社会公平，也与保险的本质相背离。

（3）数据安全问题。保险公司收集的用户信息存在数据泄露风险。用户信息是保险公司分析风险群和个性化定价的前提。然而，一旦用户隐私数据泄露，保险公司将失去用户信任，进而面临失去用户数据获取权的局面。因此，在获取用户数据时，保险公司应尽可能保证数据的安全性。对此，副本数据脱敏、机密计算等技术可能是数据安全问题的解决方案。

#### （二）UBI 车险前景展望

（1）UBI 车险市场可能形成赢者通吃的竞争格局。一方面，保险公司可以通过 UBI 车险业务提高客户留存率和扩大客户群体。保险公司可以确认低风险驾驶人群，通过风险和保险费用的匹配，提高客户留存率。同时，UBI 车险项目为所有的驾驶者提供了支付更少保险费用的机会，这使得保险公司可以获取新客户，尤其是高风险但愿意改变驾驶行为以获得折扣的群体。另一方面，由于转换成本和先行者优势，从事 UBI 车险业务越早的保险公司竞争力越强。由于个人驾驶数据的专有性，UBI 车险领域可能表现出先行者优势，即根据已收集的数据对 UBI 定价模型的优化，先行者会获得竞争优势。同时，用户更换 UBI 项目会面临转换成本。若更换保险公司，用户行驶的相关数据需要被重新收集。因此，用户更换保险公司的动机较弱。

---

① 公平歧视的观点认为保险公司应该尽可能地对承保人风险对应的赔付金额进行准确估计，并收取相应的保险费用。如果不这么做，就是"不公平歧视"（Unfair Discrimination）。

（2）无人驾驶技术的应用必然会对 UBI 车险市场造成巨大冲击。美国高速公路交通安全管理局（NHTSA）的数据显示，自 2015 年启用特斯拉的 Autopilot 到 2017 年，美国车辆的事故率下降了 40%。根据麦肯锡的数据，自动驾驶汽车的全面部署将使美国汽车事故减少 90%。同时，不同于传统车辆引发的事故，无人驾驶事故为无人为错误事故。面对无人驾驶带来的冲击，UBI 车险是否还有存在意义和发展前景，这是值得我们思考的问题。

## 第二节　网络安全保险

**导读案例**

### 美国网络安全保险和安全提供商 Coalition

Coalition 成立于 2017 年，是一家综合运用保险和网络安全工具帮助企业管理网络风险的网络安全保险公司。Coalition 通过提供网络安全服务、事件响应服务和全面保险保护企业。

Coalition 首款网络安全保险给因使用业务服务而遭遇诈骗的投保企业提供补偿。常见的业务服务有 SaaS、IaaS、NaaS、电话服务等。在事前定价环节，Coalition 基于大量公开信息预测企业客户的网络安全风险，从而进行保险定价。在承保环节，Coalition 为投保人提供检测、管理和缓解威胁的网络安全应用程序。该网络安全应用程序可提供自动安全警报、威胁警报、专家指导等服务。在事后理赔环节，Coalition 与其合作公司（包括公共关系专家、法律专家和危机管理专家）及时帮助企业从网络安全事件中恢复。

为提高竞争力，Coalition 于 2020 年收购互联网扫描和网络安全公司 BinaryEdge。Coalition 利用 BinaryEdge 的技术实现对全球互联网的持续扫描，并为商业实体的设备绘制网络攻击面，提供实时网络威胁情况报告。

（资料来源：保观. Coalition：网络安全保险领域的佼佼者. 商业新知，2020-06-30。）

随着数字经济快速发展，网络空间成为个人活动和企业经营的重要场所。企业和个人面临的网络安全风险愈发严峻，网络安全风险引发的损失也愈发难以忽视。根据白宫经济顾问委员会（White House Council of Economic Advisers）的数据，2016 年，恶意网络活动造成美国经济损失 570 亿美元到 1 090 亿美元。2020 年，我国国家信息安全漏洞共享平台（CNVD）收录了20 704 个安全漏洞，其中高危漏洞数量为 7 420 个，同比增长 52.1%。[①]

网络安全保险作为企业和个人应对网络安全风险的重要手段，其必要性愈发突出。2021年 7 月 12 日，工业和信息化部网络安全管理局发布《网络安全产业高质量发展三年行动计划（2021—2023）（征求意见稿）》，明确提出面对电信和互联网、工业互联网、车联网等领域开展网络安全保险服务试点。本节将首先阐述网络安全保险的概念，介绍网络安全保险的类别和

---

[①]　2020 年我国互联网网络安全综述. 国家网信办，2021-05-26。

基本服务流程；其次介绍网络安全保险的发展历程和现状；最后分析网络安全保险发展面临的主要挑战，并展望网络安全保险的发展前景。

## 一、网络安全保险概述

### （一）网络安全保险的概念

随着网络攻击激增，网络安全保险的重要性愈发突出。网络安全保险又称网络保险、网络风险保险和网络责任保险。美国国土安全部认为网络安全保险旨在降低企业因遭受数据泄露、业务中断、网络损坏等网络事故而产生的损失。欧洲网络与信息安全局将网络安全保险定义为以承保与网络空间相关风险为目的的保险合同。保险合同内容覆盖责任问题、损失赔偿、数据损坏、网络中断和计算机故障或网站崩溃造成的收入损失。《我国网络安全保险产业发展白皮书（2021年）》把网络安全保险定义为投保人根据网络安全保险单向保险人支付保险费用，当合同约定范围内的网络安全事件发生时，保险人依据合同条款就对应的财产损失和第三方责任承担赔偿保险金责任的商业保险行为。

综合参考上述定义，我们从网络安全风险角度定义网络安全保险。网络安全风险指在使用信息通信技术过程中产生的危及数据和服务的机密性、可用性和完整性的任何风险。网络安全保险是减少或规避网络安全风险对投保人造成的损失的险种，泛指对电子活动或系统产生不利影响的事件造成的责任和财产损失进行赔偿的保险产品。具体而言，网络安全保险一般指处理由于事件危及信息系统的保密性、完整性和可用性而给投保人造成损失或给投保人的客户造成损失的保险产品。网络安全保险适用的主要场景有网络勒索、营业中断、恶意程序、钓鱼欺诈、DDoS攻击①、未经授权访问、未经授权披露、数据泄露隐患、APT攻击②、监管风险等。这些场景的具体表现见表9-1。

表 9-1　网络安全保险主要适用场景

| 场景 | 具体表现 |
|---|---|
| 网络勒索 | 数据被勒索病毒加密，被要求支付赎金 |
| 营业中断 | 网络服务商、云平台因黑客攻击或运维失误导致系统宕机，进而导致企业营业中断 |
| 恶意程序 | 系统被感染病毒、木马等恶意程序 |
| 钓鱼欺诈 | 遭遇钓鱼邮件、网络欺诈等导致企业账户资金损失 |
| DDoS攻击 | 遭遇分布式拒绝服务（DDoS）攻击 |
| 未经授权访问 | 第三方未经授权访问和使用企业的计算机系统 |
| 未经授权披露 | 企业保管的其他公司或个人的信息被未经授权披露 |

---

①　DDoS攻击：分布式拒绝服务攻击，指黑客使用网络上两个或两个以上被攻陷的计算机向特定目标发送"拒绝服务"式攻击，使得服务暂时中断或停止，导致其正常用户无法访问。

②　APT攻击：Advanced Persistent Threat，指某组织对特定对象展开的持续有效的攻击活动。

| 场景 | 具体表现 |
|---|---|
| 数据泄露隐患 | 移动办公设备丢失造成数据泄露隐患 |
| APT 攻击 | 关键基础设施遭到网络恐怖主义袭击 |
| 监管风险 | 因网络安全事件或信息泄露而面临的监管风险 |

### （二）网络安全保险的类别

根据责任对象不同，网络安全保险分为个人网络安全保险和商业网络安全保险。个人网络安全保险承保个人的网络安全风险，商业网络安全保险承保企业的网络安全风险。其中商业网络安全保险可细分为第一方网络安全保险和第三方网络安全保险。

1. 个人网络安全保险

国外个人网络安全保险和我国个人网络安全保险的保障范围存在明显差异。国外个人网络安全保险通常提供全面的风险保障，保障范围包含网上购物、金融交易、网络勒索等情景所产生的网络安全风险。我国个人网络安全保险则针对某个场景提供风险保障，包括个人账户安全险、游戏虚拟账户保障保险和电信欺诈资金损失保险等。

2. 商业网络安全保险

与个人网络安全保险不同，国外商业网络安全保险和我国商业网络安全保险的保障范围不存在明显差异。根据保险承保范围的差异，商业网络安全保险分为第一方网络安全保险和第三方网络安全保险。第一方网络安全保险对第一方损失承保，第三方网络安全保险对第三方损失承保。其中第一方损失指网络安全事故对企业自身造成的损失。第三方损失指企业因遭受网络安全事件给第三方造成的损失。美国联邦贸易委员会对第一方网络安全保险和第三方网络安全保险承保内容进行了明确说明。第一方网络安全保险保护被保公司的数据，其承保内容通常包括与公司业务相关的成本、丢失数据恢复、被盗数据替换、客户通知、因业务中断而损失收入补偿、公共关系管理、网络事件调查取证以及相关费用、罚款。第三方网络安全保险使公司免于承担责任，其承保内容通常包括向受网络事件影响的消费者付款，承担与纠纷或诉讼、版权或商标侵权相关费用，承担监管询问费用以及负责其他和解、损害赔偿等。

### （三）网络安全保险的服务流程

网络安全保险服务内容与其他保险产品服务内容存在明显差异。

商业网络安全保险的基本服务流程可分为投保前评估阶段、保单生效后风险管控阶段和出险后鉴定理赔阶段。该服务流程往往会涉及保险公司、网络安全服务公司和保险科技公司。保险公司是网络安全风险的承担者和管理者；网络安全服务公司为保险公司提供事前评估、事中干预和事后溯源服务；保险科技公司帮助保险公司量化和评估风险，并控制系统性风险。

在投保前评估阶段，保险公司（或网络安全服务公司）对投保企业进行风险测评，判断投保企业是否满足投保条件，如是否存在重大网络安全隐患。随后，保险公司（或保险科技公司）利用网络风险模型对达到投保基线的企业开展风险量化和评估工作，并在此基础上进行核保与定价。保单生效后，保险公司（或网络安全服务公司）实时监测投保企业的网络安全风险，并为投保企业提供风险处置和安全事件响应服务。在触发保险理赔条件后，保险公司委托网络安全服务公司提供专业网络安全事件分析、取证和溯源等服务。网络安全服务公司出具安全事件溯源报告，保险公司根据该报告进行理赔。

## 二、网络安全保险的发展历程和现状

### （一）全球网络安全保险的发展历程和现状

1. 全球网络安全保险发展历程

（1）萌芽阶段（20 世纪 90 年代）。20 世纪 90 年代，网络安全保险概念被提出。1997 年，首个互联网安全责任保险条款编写完成。1999 年，美国国际集团（American International Group）推出首款网络安全保险。同年，格雷姆—里奇—比利雷法案[①]通过。在该阶段，网络安全保险以"保险公司+安全服务公司"模式为主，即安全服务公司为用户企业提供涵盖保险服务的全面风险管理解决方案。网络安全保险产品形态多为第一方网络安全保险。

（2）初步探索阶段（21 世纪初）。随着网络攻击手段演变升级，企业的网络安全风险愈发严峻，网络安全保险承保范围的扩大和相关法案的实施标志着网络安全保险进入初步探索阶段。2000 年，网络安全保险承保范围从第一方损失向第三方损失过渡。2001 年，格雷姆—里奇—比利雷法案正式实施。2003 年，美国加利福尼亚安全违规通知法案正式实施，该法案要求泄露用户个人信息的企业及时披露该信息并通知用户。

（3）快速发展阶段（21 世纪 10 年代后期至今）。2015 年，企业受到网络攻击形势愈发严峻，全球网络安全保险市场规模明显扩大，网络安全保险市场进入快速发展阶段，全球网络安全保险保费突破 20 亿美元。2015 年至 2016 年，企业遭遇网络勒索案件数量增长 210%。[②] 欧洲议会于 2016 年 4 月 14 日通过《一般数据保护法案》（简称 GDPR）。该法案于 2018 年 5 月 25 日生效。欧洲注册企业、在欧盟区拥有经营活动的域外注册企业以及两者的上下游供应商、合作公司等对网络安全保险相关投保要求的遵守进一步推动了网络安全保险市场的扩大。

2. 全球网络安全保险的发展现状

网络安全保险的销售形式主要为与财产损失险、责任险等险种结合。安达保险占据全球超过 50% 的网络安全保险市场份额。同时，全球网络安全保险市场发展潜力大。Research and Markets 公司预测，2026 年，全球网络安全保险市场规模将达到 350.6 亿美元，平均年复合增长率达到 26.6%。

### （二）我国网络安全保险的发展历程和现状

尽管我国数字经济发展迅速，但我国网络安全相关法律出台较晚，个人和企业网络安全意识不足，我国网络安全保险发展缓慢。

---

① 格雷姆—里奇—比利雷法案：金融现代化法案，规定了金融机构处理个人私密信息的方式。
② 网络信息安全特殊风险保险面世. 中国银行保险报网，2019-02-14。

1. 我国网络安全保险的发展历程

（1）萌芽期（2013—2017 年）。2013 年，苏黎世财险将网络安全保险首次引入中国，网络安全保险市场进入萌芽期。随后，少数保险公司也尝试推出了网络安全保险产品，包括个人网络安全保险和商业网络安全保险。2013 年，平安产险推出个人账户资金损失保险，保障个人的银行卡账户、网银账户和第三方账户因盗刷等造成的资金损失。2014 年，华泰财险与京东金融合作推出针对互联网个人账户资金安全的个人账户安全保障保险。2016 年，众安保险携手阿里云推出保障使用阿里云企业数据安全的数据安全险。2017 年，《中华人民共和国网络安全法》实施。该时期的网络安全保险产品设计单一、保障范围较窄。

（2）初步探索期（2018 年至今）。随着网络安全保险产品增加和相关法律颁布，网络安全保险逐渐进入初步探索期。2018 年，人保财险针对十大网络风险场景，推出提供一揽子网络信息安全风险保障的网络安全保险。2021 年 6 月，《中华人民共和国数据安全法》颁布。2021 年 8 月，《中华人民共和国个人信息保护法》颁布。相关法律的逐步完善推动了网络安全保险市场的扩大。2021 年，我国网络安全保险保费规模 7 080 万元，较上一年增长了 3.2 倍以上。[①] 2022 年 1 月，众安保险为中小微企业提供全覆盖式的网络安全保险服务。

2. 我国网络安全保险的发展现状

我国网络安全保险市场处于发展初期，发展潜力大。从市场规模看，尽管我国网络安全保险市场呈增长态势，但网络安全保险市场规模远小于其他财险市场规模。2021 年，我国网络安全保险收入占比不足财险收入的 0.2%。从服务机构数量看，约 20 家中资保险公司有网络安全保险相关产品和网络安全风险承保能力，它们备案了超过 50 款网络安全保险产品。从服务模式看，国内保险公司多采用与网络安全专业技术机构合作模式（房文彬，2022）。

### 三、网络安全保险发展面临的挑战与前景展望

网络安全保险面临"叫好不叫座"的局面，即尽管网络安全保险市场的发展前景被认可，但网络安全保险产品的供给侧动力不足。网络安全保险面临的可保性问题也制约着网络安全保险未来发展。

#### （一）网络安全保险发展面临的挑战

（1）网络安全保险面临数据收集困难问题。数据收集是网络安全风险经济模型建立的基础。然而，由于历史经验的缺乏和网络安全事件的敏感性，保险公司面临数据收集困难的挑战。尽管保险公司可以通过自身业务发展逐渐积累数据，但数据积累缓慢且保险公司付出成本较大。保险公司可以考虑通过技术手段解决数据收集问题。如美国公司 Cyence 通过开发的多样化数据引擎解决数据收集问题，该数据引擎可以以非侵略方式收集特定公司的数据。

（2）网络安全保险公司面临分散风险问题。面临较大网络安全风险的大型公司更愿意购买网络安全保险。出于分散或降低风险的需求，保险公司往往会提高保险费用并制定严格的承

---

[①] 预告：护航数字中国，构筑安全底座！网络安全保险如何破局？. 和讯，2022-04-22。

保条件。但上述做法会使网络安全保险无法充分发挥应对网络安全风险的作用，制约网络安全保险市场的发展。对此，保险公司可以通过向不同类型公司提供网络安全保险的方式来分散风险。一方面，保险公司可以把中小型企业纳入客户群。由于大型公司更可能发生网络安全事件，保险公司可通过为中小型企业提供网络安全保险分散风险。另一方面，保险公司可以为所处行业不同的公司提供网络安全保险。不同行业的网络安全风险不同。掌握大量个人信息的行业（如零售行业、金融行业、医疗健康行业等）往往是网络安全事件频发行业。保险公司可以通过为所处行业网络安全风险较低的公司提供网络安全保险的方式来分散风险。但由于规模不同、所处行业不同的公司面临的网络安全风险差异较大，保险公司需提高自身业务水平。

### （二）网络安全保险前景展望

网络安全技术的突破可能为网络安全风险可保问题提供解决方案，推动网络安全保险市场的发展。网络安全事故频发、网络安全风险持续变化、新型网络安全风险涌现等对网络安全风险的可保性提出了挑战。但随着网络安全技术的发展，网络安全风险的可保问题可能被解决。入侵和攻击模拟技术（Breach and Attack Simulation）通过持续模拟针对企业资产的网络攻击验证企业安全防御的有效性。该技术可以降低网络安全事故，及时验证企业安全防御对新型网络安全风险的有效性。

## 第三节　自动驾驶保险

**导读案例**

### 上汽保险推出 5G 智能重卡车辆保险

2020 年下半年，上汽保险针对实现 L4 等级的 5G 智能重卡设计了一款无人驾驶保险。该无人驾驶保险是国内自动驾驶商用车领域首款保险产品。

该款无人驾驶保险是车险、财产损失险、产品责任险的组合险。该组合险有效应对了 5G 智能重卡车辆的四个主要出险点。具体而言，车辆本身的损失可由传统车险承担；无人驾驶设备被撞产生的损失可由财产损失险承担；无人驾驶时，车上货物因意外产生的损毁可由货物损失险承担；针对第三者损失，如果有司机驾驶，由第三者责任险承担，如果无司机驾驶，则由产品责任险承担。截至 2021 年 3 月，已有 15 辆上汽 5G 智能重卡成为这一保险方案的受益者。

（资料来源：无人驾驶车，也可以买保险了. 腾讯云，2021-03-17。）

2017 年 5 月，《中国保险科技发展白皮书（2017）》把自动驾驶列为保险科技的十项核心技术之一。近年来，自动驾驶交通工具逐渐兴起，特斯拉、小鹏汽车、蔚来汽车等公司纷纷进入自动驾驶行业。然而，自动驾驶交通工具出现交通事故时，如何理赔、如何确定责任归属等问题也给保险行业带来诸多挑战。

由于依托于自动驾驶车辆的自动驾驶保险尚处于萌芽阶段，本节不再介绍自动驾驶保险的类别和自动驾驶保险的发展历程和现状，主要梳理自动驾驶相关内容，并重点介绍各国自动驾驶保险模式。基于此，本节首先介绍自动驾驶分级，并阐述自动驾驶保险定义；其次介绍各国自动驾驶保险模式；最后思考自动驾驶保险面临的挑战并展望自动驾驶保险的未来。

## 一、自动驾驶分级和自动驾驶保险概述

### （一）自动驾驶分级

公认的自动驾驶分级标准由 Society of Automotive Engineers-International（简称 SAE-International）[①] 制定。SAE-International 于 2014 年 1 月 16 日发布第一版分级标准，并于 2021 年 4 月 30 日发布最新版分级标准。最新版分级标准把自动驾驶技术分为 L0~L5 六个级别，并把 L2 级及以下定义为高级辅助驾驶技术，L3 级及以上定义为自动驾驶技术。L0~L5 级分别为无自动化、驾驶支援、部分自动化、有条件自动化、高度自动化和完全自动化。

截至 2021 年，自动驾驶 L2 级功能快速普及，部分车型已配置 L2 功能。部分车企已推出配置 L3 级辅助驾驶的车型。L4 级车型未进入量产阶段。预计 L5 级所需技术需到 2030 年以后实现。从市场渗透率看，截至 2020 年，美国和中国 L2 级及以上的辅助驾驶功能渗透率均不超过 10%，而欧盟 L2 级及以上的辅助驾驶功能渗透率为 14%。各自动驾驶级别在三个国家（地区）的渗透率见图 9-1。

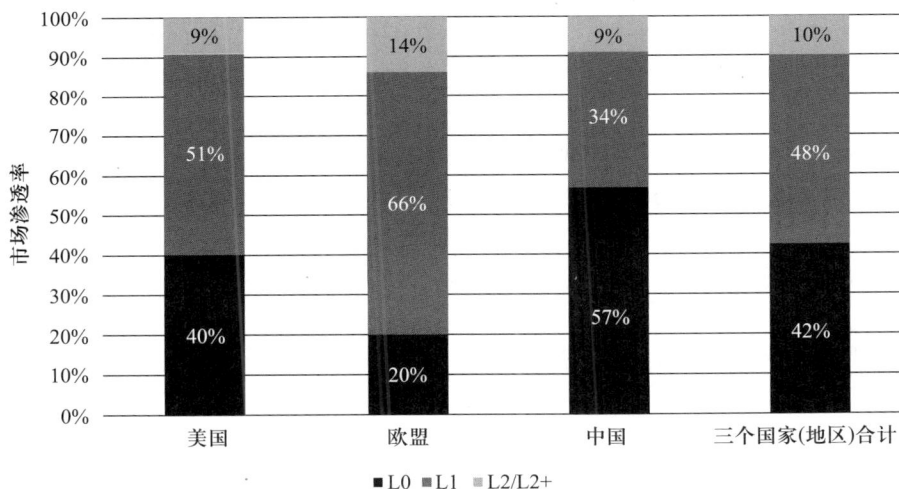

图 9-1　美国、欧盟、中国各自动驾驶等级市场渗透率

资料来源：编者根据前瞻研究院《2021 年全球 ADAS 行业市场现状、竞争格局及发展前景分析》绘制。

截至 2021 年，L2 及以下等级的自动驾驶车辆保险普遍采用 L0 等级的无自动化车辆保险产品，而这些保险产品并不适用于使用自动驾驶技术（L3 及以上等级）的车辆。我们将使用

---

① SAE-International：国际自动机工程师学会，原译为美国汽车工程师学会。

L3 及以上等级的自动驾驶技术车辆对应的所有保险称为自动驾驶保险。

### （二）自动驾驶保险模式

各国自动驾驶保险模式可大致分为市场主导模式和监管主导模式。市场主导模式为由车厂或者保险公司主动开发适用于自动驾驶车辆的保险产品，原有保险政策不变化。监管主导模式为强制立法要求车主、车厂或车辆设计方购买覆盖自动驾驶车辆的保险，保险公司根据具体责任归属进行追偿。美国采取市场主导模式，英国、澳大利亚、加拿大和日本则以承诺充分和有效地赔偿受伤者为中心修改了相关法规。下文简要介绍英国、澳大利亚、加拿大和日本的自动驾驶保险模式。

英国于 2018 年 7 月 19 日开始实施《2018 年自动化和电动汽车法案》，该保险模式强制保险公司对车主和自动驾驶车辆同时承保。该法案第 1 至 8 条涵盖了自动驾驶车辆保险，旨在对 L3 级别自动驾驶保险进行规定。该法案规定被保险人可以在车辆无故障和无法确定驾驶员责任时获得赔偿。截至 2021 年，英国未对 L4 和 L5 级别运行车辆的保险模式进行规定。

澳大利亚国家运输委员会修改了《机动车意外伤害保险计划》①，旨在对全国范围内不同的自动驾驶规则进行统一。截至 2021 年，澳大利亚法律规定自动驾驶车辆前排座位需有一名对车辆发生的任何事故负责的人类驾驶员。该法律并未考虑由于自动驾驶系统操作机动车辆而引发事故的情况，这种情况也无法认定事故责任方。

加拿大保险局建议设立涵盖由驾驶员造成车辆事故和由自动驾驶技术造成车辆事故的单一保险②模式。该模式旨在确保被保险人利益的同时，为车辆提供适当的保险。加拿大的单一保险模式有三点优势：一是单一保险政策可以使自动驾驶车辆索赔程序与传统车辆索赔程序保持一致；二是过错裁定规则使得保险公司保留与技术故障相关的部分责任损失；三是车辆制造商与保险公司可实现数据共享。

日本对自动驾驶车辆施行强制性保险制度。车主被强制要求购买保险，并在发生事故时可获得全额赔偿。其当前的保险制度仅适用于 L3 及以下级别自动驾驶车辆。

## 二、自动驾驶保险发展面临的挑战与前景展望

随着自动驾驶技术不断成熟，L3 及以上等级的自动驾驶车辆也会推进商业化进程，这就要求自动驾驶保险为其保驾护航。

### （一）自动驾驶保险发展面临的挑战

1. 责任分配问题

自动驾驶模式的兴起打破了传统保险上一人对一物的责任归属，保险责任归属变得模糊甚至趋向于多人分担。如车辆在自动驾驶模式下发生事故，事故责任是归属于自动驾驶系统的厂商还是驾驶者？随着制造业智能化的到来，责任评估将面临更大的挑战。如由两辆车或者车辆

---

① 原有的《机动车意外伤害保险计划》旨在覆盖人为错误而不是产品故障所造成的伤害。
② 单一保险指投保人的一笔保险业务同一个保险人订立一个保险合同的保险。

与基础设施之间的通信错误所引起的事故应当如何评估责任？自动驾驶保险需要处理好责任评估和分配问题。

2. 网络安全风险问题

网络安全风险是自动驾驶车辆面临的不可忽视的风险。通过入侵自动驾驶车辆的网络，恶意行为者控制车辆或对数据进行篡改等风险引起行业利益相关者和消费者的担忧。因此，自动驾驶车辆对网络安全风险保险的需求可能会很大。防范网络安全风险的责任方也有待确定。比如，软件及时更新是减少网络安全风险的重要方法之一。随着时间推移，自动驾驶车辆需要频繁地更新软件，改善软件的安全功能，并保护网络安全。软件更新可以通过空中传送（OTA）这一类似于智能手机更新的传送和安装方式，或者在经销商处安装。此时，防范网络安全风险的责任就归于经销商而非保险公司。

3. 数据共享问题

自动驾驶车辆产生的大量数据在原始设备制造商、保险公司和其他利益相关方之间如何共享？一方面，数据作为重要资产，原始设备制造商、保险公司和其他利益相关方可能共享意愿较低。另一方面，自动驾驶车辆产生、收集和传输的数据类型的不统一也进一步加大了数据共享难度。与制造商和保险公司在自动驾驶车辆数据共享上的低意愿形成对比的是，车主们可能会愿意分享自己的车辆数据。2018 年，J. D. Power 公司进行的关于自动驾驶车辆问题的调查报告显示，当受访者被问及是否愿意分享车辆数据（包括摄像头的视频信息）时，74%的受访者表示"肯定"或"可能"会分享这些信息。

**（二）自动驾驶保险前景展望**

自动驾驶保险是自动驾驶车辆实现商业化的前提。无论从政策制定者还是原始设备制造商，抑或是消费者角度，自动驾驶保险都是十分重要的。从政策制定者角度看，政策制定者可能希望先解决自动驾驶车辆事故赔偿问题，后实现自动驾驶车辆的普及。从原始设备制造商角度看，原始设备制造商可能考虑将保险捆绑在自动驾驶车辆的销售中，以表明对自动驾驶技术的信心。从消费者角度看，消费者的信心是其购买自动驾驶车辆的重要影响因素。自动驾驶保险可以为自动驾驶车辆事故造成的损失提供赔偿，一定程度上增强了消费者信心。

# 第四节　智能保险顾问

## 导读案例

### 智能保险顾问——Lemonade 的销售机器人玛雅

美国互联网保险公司 Lemonade 于 2020 年在纽交所上市，并成为美国年内表现最好的 IPO 公司。Lemonade 是一家以向年轻新客户群体销售租客保险为切入点的财险公司，其 70%的客户为 35 岁以下，90%的客户第一次购买保险。

Lemonade 将保险与数字技术相融合，开发面向用户的销售机器人玛雅。玛雅通过自然语言①引导客户加入 Lemonade，完成收集信息、报价和安全付款等任务。有购买保险意愿的客户可与玛雅沟通。玛雅向客户提出有限且高质量的问题，并根据回答及时调整剩下的问题，大幅度减少客户关系管理的时间。在沟通过程中，玛雅收集并处理客户信息，推荐相应的保险产品并报价，最终促成交易。玛雅也会收集对 Lemonade 有持续改进作用的重要数据，帮助 Lemonade 提高竞争力。

（资料来源：解读 Lemonade 上市：租客保险平台重新构建财险业务. 未央网，2020-07-08。）

随着大数据、人工智能等技术的发展，智能投资顾问被金融行业广泛接受。2016 年，智能投资顾问产品呈爆发式增长。智能投资顾问的成熟推动了智能保险顾问的诞生。2017 年是智能保险顾问的元年。但人工智能技术较不成熟、产品同质化严重等问题严重制约了智能保险顾问的发展。目前，我国智能保险顾问在初级发展阶段。然而，长期来看，随着公众保险意识的提升和数字技术的发展，智能保险顾问有望成为发展趋势。考虑到我国智能保险顾问发展速度较为缓慢，本节将不介绍智能保险顾问的发展历程和现状。本节内容将主要分为两部分。一方面，本节阐述智能保险顾问的定义，并介绍我国典型的智能保险顾问产品。另一方面，本节将思考智能保险顾问面临的挑战，并展望智能保险顾问和传统保险代理人的未来。

## 一、智能保险顾问概述

### （一）智能保险顾问的概念

我们将智能保险顾问定义为基于咨询者的保险需求、个人财务状况、风险偏好等，运用智能算法、机器学习等数字技术，为咨询者提供最佳保险购买方案的虚拟机器人。智能保险顾问提供风险测评、产品推荐和产品购买服务，扮演传统保险代理人的角色。智能保险顾问的服务也可分为三个层次：一是通过大量的数据分析为咨询者提供非个性化的保险购买建议；二是根据咨询者的特征或偏好，为其提供个性化的保险购买建议；三是在为咨询者提供个性化保险购买建议的同时，为其提供购买服务。人们通常期望人工保险顾问提供第二层次或第三层次的服务。智能保险顾问根据服务对象的年龄、性别、保险购买目的、保险购买期限、保险购买偏好、预期保险金额等信息提供差异化的保险产品购买建议和购买服务。②

### （二）智能保险顾问的典型产品

截至 2021 年 12 月，阿尔法保险、大白和众安精灵是三款我国典型的智能保险顾问产品。

1. 阿尔法保险

阿尔法保险由中国太保于 2017 年 9 月正式推出，是国内保险行业首款智能保险顾问产品。

---

① 自然语言：人类使用的语言。

② 智能投顾的发展现状及监管建议. 深交所，2016-12-26。

咨询者需要回答基本信息、家庭结构、收入支出、资产负债、社保福利和生活习惯六组问题。在中国太保积累的 1.1 亿保险客户数据基础上，阿尔法保险运用大数据算法为咨询者构建个性化的家庭保险保障组合规划。阿尔法保险以家庭为单位，为不同家庭测算家庭风险防御能力指数，并与全国用户进行对比，进而为家庭提供保险建议。

2. 大白

2018 年 1 月，风险管家与复旦大学中国保险科技实验室合作推出大白。大白可以为用户提供风险评估、保险产品推荐和保险产品解析三大服务。作为我国首个可与用户自由交互的智能保险顾问，大白可以实时为用户提供全面信息，满足用户需求，节约了保险公司和用户的沟通成本。

3. 众安精灵

众安保险于 2018 年 4 月推出众安精灵。众安精灵为用户提供风险测评、保险方案定制和保险问答等服务。它具有语音识别、高度定制化和家庭风险配置三大特点。用户可以与众安精灵进行以语音回答为主的交互、自由增减保额和删减条例以及选择适合自己和家人的保险购买方案。同时，众安保险通过发放红包的形式吸引用户参与 AI 挑战赛。用户如果提出众安精灵无法回答的保险问题，就可以获得红包。通过 AI 挑战赛，众安保险不仅获得了大量用户语音资料，也了解了众安精灵的局限性，有利于进一步完善众安精灵（许闲和康为，2019）。

## 二、智能保险顾问发展面临的挑战与前景展望

### （一）智能保险顾问发展面临的挑战

（1）公众保险意识不足，缺乏购买保险的主动性。智能保险顾问和传统保险代理人有本质区别。传统保险代理人扮演主动者角色，发现并创造保险需求。智能保险顾问则扮演被动者角色，只有公众有购买保险的意识时，智能保险顾问才发挥作用。因此，公众的保险意识和购买保险的主动性是智能保险顾问发展的前提。

（2）智能保险顾问算法的非透明性会引发信任危机。咨询者无法确定智能保险顾问对产品的算法是否带有偏见，也无法验证智能保险顾问输出结果的正确性。因此，咨询者可能不信任智能保险顾问提供的保险产品购买建议。技术的进步可能会提供解决方案。可解释人工智能技术（简称 XAI）可以解释算法输出某一结果的原因和说明影响该输出结果的因素，可能会解决这一问题。

### （二）智能保险顾问前景展望

在强人工智能时代未到来之前，智能保险顾问更多的是承担流程化的销售职责，传统保险代理人仍可发挥自己情感方面优势，提升业务水平，增强不可替代性。一方面，相较于传统保险代理人，智能保险顾问有显著优势，智能保险顾问会成为未来发展趋势。智能保险顾问可以利用大数据技术为用户提供更专业、更标准的回答，并为用户进行风险测评，提供个性化保险方案。在满足用户需求和提升用户体验的同时，智能保险顾问也降低了保险公司人力成本。智能保险顾问也符合保险行业以消费者需求为中心设计并提供保险产品的趋势（陈子印，

2020）。另一方面，在强人工智能时代未到来之前，智能保险顾问无法满足用户的情感需求，传统保险代理人仍有生存空间。保险产品购买者有情感的需求。然而，人工智能技术仍处于弱人工智能阶段，智能保险顾问要实现满足用户情感需求功能还有待人工智能技术的发展。

## 本章小结

　　本章介绍了 UBI 车险、网络安全保险、自动驾驶保险和智能保险顾问的相关内容，对各数字保险产品面临的挑战进行了思考，并展望了各数字保险产品的发展前景。

　　UBI 是基于消费者使用情况或行为厘定保险费用的保险产品，是保险行业在定价方面创新的产品。UBI 车险是 UBI 在车辆上的具体应用，主要包括以行车距离和驾驶行为定价两种模式。UBI 车险发展过程中需要充分考虑消费者接纳、公平和数据安全问题，以及无人驾驶技术对 UBI 车险的冲击问题。

　　网络安全保险是为减少或规避网络安全风险对承保人造成的损失的险种，其泛指对电子活动或系统产生不利影响事件造成的责任和财产损失进行赔偿的保险产品。保险公司需解决网络安全保险面临的数据收集、网络安全风险分散以及网络安全风险可保性问题。

　　自动驾驶保险指 L3 及以上等级的自动驾驶车辆对应的所有保险。自动驾驶保险仍在探索阶段，但随着自动驾驶车辆的普及，自动驾驶保险将成为必需品。自动驾驶保险的设计需要处理好责任评估和分配问题。

　　智能保险顾问是基于客户的保险需求，通过算法和保险产品完成传统保险代理人提供的保险顾问服务的虚拟机器人。在弱人工智能阶段，智能保险顾问更多地承担流程化的销售任务。智能保险顾问的广泛应用以公众的保险意识和购买保险的主动性为前提。智能保险顾问的发展也依赖于人工智能技术的发展。

## 思考与练习

　　1. UBI 的定义是什么？UBI 车险的定义是什么？
　　2. UBI 车险未来的市场格局可能是什么？
　　3. 网络安全保险的定义是什么？网络安全风险是否可保？
　　4. 自动驾驶事故的责任如何分配？
　　5. 智能保险顾问的定义是什么？智能保险顾问发展面临的挑战有哪些？

## 即测即评

## 参考文献

［1］Soleymanian M，Weinberg C，Ting Z. Sensor Data and Behavioral Tracking：Does Usage-Based Auto Insurance Benefit Drivers？［J］. Marketing Science，2019（38）：21-43.

［2］陈子印. 保险科技对传统保险营销业态的冲击影响分析［J］. 上海保险，2020（5）：14-16.

［3］房文彬. 网络安全保险如何叫好又叫座？［N］. 中国银行保险报，2022-04-25.

［4］寇业富. 保险蓝皮书：中国保险市场发展分析（2019）［M］. 北京：中国财政经济出版社，2019.

［5］许闲，康为. 智能保顾：人工智能时代保险服务的创新与机遇［J］. 上海保险，2019（2）：17-19.

［6］张娓. 大数据时代下保险公司的创新之路［M］. 重庆：重庆大学出版社，2020.

# 教学支持说明
## （教学课件）

    建设立体化精品教材，向高校师生提供系列化教学解决方案和教学资源，是高等教育出版社"服务教育"的重要方式。为支持相应课程的教学，我们向采用本书作为教材的教师免费提供教学课件。

    获取方式：烦请授课教师填写如下开课情况证明并发送至邮箱：

E-mail：zengfh@ hep. com. cn

电话：010-58581771/58581020

或请加入管理专业类 QQ 群：23490416

---

# 证　　明

    兹证明_____大学_____系/院第_____学年开设的_____课程，采用高等教育出版社出版的_____（书名和作者）作为本课程教材，授课教师为_____，学生_____个班共_____人。授课教师需要与本书配套的教学课件。

联系人：_____

地址：_____ 邮编：_____

电话：_____

E-mail：_____

系/院主任：_____（签字）

（系/院办公室盖章）

____年____月____日

## 郑重声明

高等教育出版社依法对本书享有专有出版权。任何未经许可的复制、销售行为均违反《中华人民共和国著作权法》，其行为人将承担相应的民事责任和行政责任；构成犯罪的，将被依法追究刑事责任。为了维护市场秩序，保护读者的合法权益，避免读者误用盗版书造成不良后果，我社将配合行政执法部门和司法机关对违法犯罪的单位和个人进行严厉打击。社会各界人士如发现上述侵权行为，希望及时举报，我社将奖励举报有功人员。

反盗版举报电话　（010）58581999　58582371

反盗版举报邮箱　dd@hep.com.cn

通信地址　北京市西城区德外大街4号　高等教育出版社法律事务部

邮政编码　100120

读者意见反馈

为收集对教材的意见建议，进一步完善教材编写并做好服务工作，读者可将对本教材的意见建议通过如下渠道反馈至我社。

咨询电话　400-810-0598

反馈邮箱　zengfh@hep.com.cn

通信地址　北京市朝阳区惠新东街4号富盛大厦1座21层

邮政编码　100029